THE GREAT WAVE

The Era of Radical Disruption and
the Rise of the Outsider

The Great Wave

거대한 물결
근본적 붕괴의 시대와 아웃사이더의 부상

미치코 가쿠타니 지음 | 김영선 옮김

2024년 6월 21일 초판 1쇄 발행

펴낸이 한철희 | 펴낸곳 돌베개 | 등록 1979년 8월 25일 제406-2003-000018호
주소 (10881) 경기도 파주시 회동길 77-20 (문발동)
전화 (031) 955-5020 | 팩스 (031) 955-5050
홈페이지 www.dolbegae.co.kr | 전자우편 book@dolbegae.co.kr
블로그 blog.naver.com/imdol79 | 페이스북 /dolbegae | 트위터 @Dolbegae79

편집 김진구
표지디자인 김민해 | 본문디자인 이은정·이연경
마케팅 심찬식·고운성·김영수·한광재 | 제작·관리 윤국중·이수민·한누리
인쇄·제본 한영문화사

ISBN 979-11-92836-74-4 (03300)

책값은 뒤표지에 있습니다.

거대한 물결

근본적 붕괴의 시대와 아웃사이더의 부상

미치코 가쿠타니 지음/ 김영선 옮김

돌베개

일러두기

1. 이 책은 미치코 가쿠타니Michiko Kakutani의 *The Great Wave: The Era of Radical Disruption and the Rise of the Outsider*(Crown, 2024)를 완역한 것이다.
2. 각주는 옮긴이의 주이고, 미주는 원문의 주이다.

차례

〈거대한 물결〉은 지구상에서 가장 유명하면서 가장 널리 재현되는 이미지의 하나로, 빠르고 예측 불가능한 변화에 따른 두려움과 희망의 감정을 구현한다. 1831년 무렵 일본의 뛰어난 화가 가쓰시카 호쿠사이가 제작한 이 이미지를 다양한 세대와 문화가 받아들였다. 국수 한 그릇 값에 목판화를 손에 넣고 기뻐한 에도의 중산층 예술 애호가부터 유럽 모더니즘의 형성에 일조한 19세기 프랑스 화가들, 그리고 이 파도를 곧바로 알아볼 수 있는 이모티콘과 밈으로 만든 그래피티 화가들과 스케이트보드 애호가들*까지. 호쿠사이의 판화는 극동, 동양과 서양의 관계, 인류세의 기후변화와 해수면 상승이 불러올 위험을 상징하는 것으로 여겨진다.

---

* 스케이트보드 타기와 더불어 스케이트보드에 자기만의 그래피티를 그려 넣는 것은 하나의 하위문화로 자리 잡았다.

〈거대한 물결〉은 모방되고 재해석되고 각색되고 샘플링되고 재활용되고 패러디되고 전용되고 상품화되었다. 오늘날 서핑보드, 샤워 커튼, 운동화, 우산, 손목시계, 양말, 스카프, 수건, 커프스단추, 컵받침, 코로나19 유행 시기의 마스크에서 이 이미지를 볼 수 있다. 그리고 이런 상품화가 원본 이미지가 가진 힘을 희석시키지는 못했으며, 원본 이미지는 거의 2세기 전의 울림을 여전히 간직하고 있다.

호쿠사이 판화의 마법은 상상력 넘치는 세부(거대한 파도가 무섭게 밀려와 커다란 호랑이가 덮치듯 세 개의 작은 어선 위로 치솟는다)와 그 은유의 영향력에 있다. 이 이미지는 19세기 중반 일본이 수십 년 동안 고립되었다가 이제 막 세계에 문호를 개방한 때에 처음 유통되었는데, 당시 이 섬나라가 세계화에 대해 느끼던 불안을 반영하고 있다. 한때 일본을 보호하던 바다가 이제는 외국인과 외국 사상이 몰려드는 관문이 되었다.

오늘날 〈거대한 물결〉은 다시 한 번 급격한 변화가 불러일으키는 아찔한 혼란과 불안을 구현한다. 이번에는 한 국가가 아니라 서로 연결된 세계 전체가 이런 감정을 느끼고 있다. 전 세계가 정치, 경제, 기술의 격변으로 뒤흔들리고 있다.

물론, 이 물결은 우리를 위협하고 압도하면서 익숙하고 안전하다고 느끼던 모든 것을 휩쓸어가는 자연의 파괴력과 혼란스러운 역사의 힘을 의미한다. 언뜻 보기에 위협하는 파도가 판화의 전경 한가운데에 있지만, 관람자의 시선은 이윽고 멀리 수평선에 보이는 후지산의 작은 이미지로 이끌린다. 후지산은 원근법의 속임수로 인해 굽실거리는 파도 아래에 들어가 있다. 확실히, 우리는 이 판화의 정식 제목이 실은 '가나가와 바다의 파도 아래'[1]이며 이 판화가 호쿠사이의 인기 있는 목판화 연작 《후지산 36경》의 일부로서 발표되었다는 사실을 떠올리게 된다. 《후지산 36경》은 일본의 시인, 화가, 순례자들이 사랑하고 질서와 평온의 상징으로 추앙받는 이 신성한 산을 묘사한 36점의 판화로 이루어져 있다. 이 연작은 대단한 인기를 끌어 10점의 판화가 추가되었다.

《후지산 36경》의 이미지들은 일상생활 속 사람들 무리와 고독한 개인을 보여준다. 이들은 고기잡이배와 논을 돌보고 목재를 켜고 지붕을 고친다. 순례자와 여행자들은 산을 오르고 다리를 건너며, 약간의 여가 시간이 있는 사람들은 극장 공연을 보러 가거나 시골에서 시간을 즐긴다. 이들 판화 속 자연은 아름답지만 위협적이다. 급변하는 날씨는 사람들의 삶을 항로에서 이탈시킬 위험이 있으며 바다는 생계의 원천이면서 위험의 원천이기도 하다.

호쿠사이는 〈거대한 물결〉에서 바다의 불길한 파도와 평온한 후지산의 모습을 병치해 일상의 위험과 초월의 가

능성, 그리고 예감과 조화, 動동과 靜정, 혼돈과 변화 사이의
역학관계를 포착했다.

  오늘날 세계를 뒤흔드는 거대한 변화의 물결이 오래된
확신과 전제를 쓸어내고 기회와 위기 모두의 변곡점을 만
들어내고 있다. 머리글자를 따 만든 군사 용어인 VUCA[2]
(변동성volatility, 불확실성uncertainty, 복잡성complexity, 모호성
ambiguity을 뜻한다)가 눈앞의 위기와 장기의 위기가 겹친
2020년대 상황을 완벽하게 설명해주는 것 같다. 미국 육군
대학원은 1980년대 말 냉전 시대의 양극화한 세계보다도
더 예측하기 힘든 세계를 묘사하기 위해 이 군사 용어를 사
용했다. 하지만 코로나19의 대유행부터 2021년 1월 6일 미
국 국회의사당 점거 폭동, 푸틴의 우크라이나 침공까지 비
상사태가 잇따르면서, 그리고 점점 더 서로 연결되는 세계
가 (레이 브레드버리가 단편소설 「천둥소리」에서 묘사한 것
으로 유명한) '나비효과'를 증폭시키면서, 이 용어가 오늘
날 점점 더 반향을 불러일으키고 있는 듯하다.
  도널드 트럼프와 그의 공화당 지지자들이 선거제도와
법치주의에 대한 신뢰를 약화시키면서 미국의 민주주의
가 위협받고 있다. 게다가 극우 포퓰리즘이 확산되고 권위
주의 정권이 세계 무대에서 영향력을 행사하기 위해 노력
을 기울이면서 전 세계 민주주의가 위협받고 있다. 코로나

19로 인해 전 세계에서 690만 명이 넘는 사람들이 사망했으며 사회적 고립부터 정치의 양극화, 소득과 기회와 의료 접근성에서 커지는 불평등까지 여러 가지 불안한 역학관계가 가속되었다. 더욱이 2023년 인공지능에서 새로운 발전이 이루어지면서[3] 일부 기술 전문가들은 고급 인공지능의 개발을 중지할 것을 요구하며 그것이 "지구 생명의 역사에 중대한 변화를 가져올 수 있"고 인공지능을 만든 사람들도 아직 그것을 제대로 이해하지 못해 확실하게 통제할 수가 없다고 경고했다.

이 모든 것들 위로 기후변화와 그것이 지구에 미치는 치명적 결과라는 먹구름이 고질라처럼 다가오고 있다.

현재가 당혹스럽고 재앙처럼 느껴져, 많은 사람들이 우리가 처한 것과 같은 곤경을 그리는 디스토피아 소설(『1984』, 『안드로이드는 전기 양의 꿈을 꾸는가?』, 『뉴로맨서』, 『2001: 스페이스 오디세이』, 『시녀 이야기』, 『있을 수 없는 일이야』*It Can't Happen Here*에 손을 뻗고 있는 것이 놀라운 일은 아니다.

기술이 새로운 힘의 비대칭을 낳는 이 VUCA-세계에서는 강력하고 새로운 역학관계가 작동하고 있으며, 붕괴의 과정이 정치, 비즈니스, 기술의 변화를 주도하고 있다. 사람들은 오래된 하향식 체계에 대한 신뢰를 잃고 있으며 활동가와 기업가가 똑같이 탈중심화한 조직 모델을 받아들이고 있다. 이 생태계에서 점점 더 많은 에너지가 변방에서 중심으로, 풀뿌리에서 위로, 스타트업 기업과 시위자와 아웃사이더에서 거대 기술기업과 권위주의 지도자에게로 이동하고 있다. 이것은 거대 기술기업의 독점력 강화와 권위주의 지도자의 권력 집중 노력에 대한 일종의 대항운동이다.

역사가 멜빈 크랜츠버그Melvin Kranzberg는 "기술은 선하지도 악하지도 않고 중립적이지도 않"다고 말한 적이 있다.[4] 점점 더 커지는 아웃사이더의 영향력에 대해서도 같은 말을 할 수 있을지 모른다. 우크라이나의 대통령인 볼로디미르 젤렌스키 같은 아웃사이더는 용기, 결단력, 창의적 리더십을 보여주었다. 젤렌스키는 배우이자 코미디언으로 활동하다가 2019년 압도적 득표율로 우크라이나 대통령이 되었으며, 2022년 초 푸틴이 정당한 이유 없이 침공을 시작한 후 우크라이나를 중심으로 자유세계를 결집시켰다. 도널드 트럼프 같은 아웃사이더는 무지, 부패, 나르시시즘이 파렴치함, 권력과 결합해 야기하는 위험을 보여주는 참혹한 사례이다.

인터넷의 민주화 효과는 기후 활동가부터 백인 민족주의자, 소셜미디어 '인플루언서'가 되려는 이들까지 온갖 부류의 아웃사이더가 전통적인 게이트키퍼•를 우회할 수 있게 해주었다. 더욱이 이 시기는 제도와 엘리트에 대한 포퓰리즘적 분노에 기름을 끼얹은 2008년 금융 위기 이후 정부 및 전통적 권위의 원천에 대한 불신이 쌓여가던 때였다.

• gatekeeper. 뉴스 매체 내에서 사회의 사건을 기사화하기 전 취사선택하고 검열하는 직책 또는 그 기능을 말한다.

이 같은 전개 과정에서 상호 의존하는 우리 세계의 심각한 취약성이 드러나는 아찔한 순간이 발생했다. 제2차 세계대전 이후 확립된 질서에 점점 더 큰 균열이 생겨나고 가속하는 사회 및 기술 변화의 속도가 50년 전 앨빈 토플러가 말한 "미래 충격"과 "적응 실패"를 낳았다.[5]

하지만 혼란의 시기가 재시동의 기회를 제공할 수도 있다. 우리의 우선순위를 재검토하고 원칙을 작동시킬 기회 말이다. 이런 시기에는 새로운 발상이 견인력을 얻을 가능성이 크고, 한때 폐쇄적이던 분야에서 신참자가 점점 더 환영받는다. 21세기 초에 이미 아웃사이더들이 과학과 의학에서 대변혁을 일으키고 있으며 이민자, 아프리카계 미국인, 여성 등 한때 변방에 있던 집단의 예술가들이 문학, 연극, 음악, 회화를 재정의하고 있다.

격동과 혼란의 시간[6]이 "가소성이 좋은 시간"을 만들어낼 수도 있다고 게르숍 숄렘은 말한 적이 있다. "즉, 행동을 취할 수 있는 결정적 순간 말이다. 그때 움직인다면 무슨 일인가 일어날 것이다." 숄렘의 전기를 쓴 조지 프로흐니크는 이것이 역사가 불안정하게 유동하는 막간이 있음을 뜻한다고 설명했다. 이 막간에는 "사람들의 이동과 정치 동맹의 변화가 현 상황을 끝내" "근본적인 변화가 가능"해진다.

실제로, 역사에는 흔히 전쟁이나 위기 중에 갱신의 이

야기가 끼어든다. 예를 들어 프랭클린 D. 루스벨트는 1930년대에 은행이 도산하고 식량 배급을 기다리는 줄이 길게 늘어지며 실업률이 거의 25퍼센트에 달하는 대공황으로 휘청거리는 나라와 독일 히틀러의 부상에 직면해서 뉴딜 정책으로 큰 성공을 거두었다. 뉴딜 정책은 뒤흔들리던 경제를 구제했을 뿐 아니라 정부와 국민의 사회 계약을 재구상해서 민주주의 제도에 대한 신뢰를 회복하는 데 일조했다.

현재의 가소성 좋은 시간을 이용해 근본적인 과정을 바로잡으려면 절망이나 부인이나 체념에 굴복할 것이 아니라 빠르고 단호하게 행동해야 한다. 하루 24시간 1년 365일 내내 보도되는 뉴스가 매일, 심지어 매시간 우리를 위협하며 압도하는 이 정보 과부하와 분노 피로의 시대에 저 같은 반사적 반응은 냉소주의와 불감증을 촉발한다. 2023년 유엔 기후변화 위원회에서 나온 끔찍한 보고서가 경고한 대로, 화석연료 소비7를 즉시 "크고 빠르게 지속적"으로 줄여서 "살기 좋고 지속가능한 미래를 확보할 수 있는 기회의 창이 빠르게 닫히고 있다."

현재 미국 민주주의 역시 비슷하게 긴급한 위기에 직면해 있다. 투표를 통해 헌법과 법치주의, 그리고 자유와 법 앞의 평등이라는 이상을 확인할 것인가, 아니면 점점 더 거래주의와 권위주의로 흘러 국민의 뜻을 거스르고 인권과 사회 정의에서 수십 년에 걸쳐 이룩한 진전을 짓밟는 국가가 될 것인가.

이 위기를 구체화하는 인물은 두 번 탄핵 소추되고 네 번 기소된 전 미국 대통령 도널드 트럼프이다. 그는 2020년 선거를 뒤집으려 했으며 정부에 대한 폭력 반란을 선동했다. 하지만 이는 트럼프에게만 한정되지 않는다. 공화당이 민주주의 제도에 대한 불신을 심으려는 트럼프의 노력과 거짓말을 밀어붙였기 때문이다. 이 불신은 맹렬하게 확산되어 2023년 중반 미국 국민의 3분의 1이 2020년 선거를 도둑맞았다는 트럼프의 거짓말을 믿었다. 약 16퍼센트의 사람들이 큐어넌*의 제정신이 아닌 음모론[8]을 믿었으며 약 7퍼센트의 사람들이 트럼프가 백악관을 되찾기 위한 폭력은 정당하다고 믿었다.[9] 이는 현재의 비상사태가 정치를 넘어 얼마나 확대되었는지 알려준다. 현실을 처리하는 우리의 능력이, 사실과 허구, 진실과 환상의 차이를 구분하는 우리의 능력이 어떤 영향을 받고 있는지 보여준다.

이 책은 우리가 어떻게 이런 초현실적 시점에 이르게 되었는지 살핀다. 사회 및 경제 변화가 기술의 획기적 발전과 결합해 오래된 패러다임을 무너뜨리고 사회 격변과 동시에 선구적 혁신을 일으킨 역사상 앞선 힌지모멘트*에 무슨 일이 일어났는지 살핀다. 오늘날 전통적 권위의 원천을 약화시키는 더 큰 역학관계, 한때 변방에 머물거나 급진적이라 여겨지던 생각의 주류화가 가속되는 현상, 그리고 정

- ◆ QAnon. 인터넷 커뮤니티 '포챈'4chan의 한 게시판에서 유래한 미국의 극우 음모론 단체.
- ◆ hinge moment. 원래는 비행기의 자세와 방향을 변경하는 조종면의 방향을 바꾸는 데 필요한 힘을 이르는 기술적 명칭으로, 한 국면에서 다른 국면으로 넘어가는 중대한 시점, 분수령의 순간을 뜻한다

치 영역 전반과 전 세계에 걸친 투쟁을 검토해 이 분수령의 순간을 정의하려 한다.

　　지금 우리는 최대 고비의 순간에 있다. 점점 더해가는 혼란에 굴복할 것인가, 아니면 민주주의의 가치와 제도를 지키고 더욱 공정하면서 지속가능한 미래를 만들기 위한 길을 찾을 것인가.

1
힌지모멘트

병적 징후, 계속되는 위기,
다가오는 패러다임의 변화

사물이 실제로 어떻게 작동하는지 알고 싶다면
그것이 산산조각 나고 있을 때 살펴보라.

윌리엄 깁슨, 『제로 히스토리』

1930년 철학자 안토니오 그람시는 이탈리아 무솔리니의 파시스트 정권에 의해 수감되어 있는 동안 옥중수고에 이렇게 썼다. "위기란 바로 낡은 것은 죽어가고 새것이 태어나지 못한다는 사실에 있다. 이런 공백기에는 대단히 다양한 병적 징후가 나타난다."[1]

그람시가 이 글을 쓰던 당시의 세계는 막 대공황에 빠져드는 참이었다. 유럽에서는 이탈리아의 무솔리니가 부상하자 대담해진 극우파가 증가하고 있었고, 공산당은 전체주의로 급선회했으며, 독일에서는 지식인들이 "한심한 멍청이"[2]로 무시하던 아돌프 히틀러라는 대중선동가가 강력한 새 정치 세력인 나치당을 만들었다. 그람시는 점점 더 극단화하는 정치관, 더해가는 양극화, 거리의 폭력, 전통 제도의 쇠퇴 등이 제1차 세계대전과 대공황의 결과 크게 증가한 사회 및 경제 불평등에 반응해 생겨난 "병적 징후"로 보았다. 사람들은 그들의 정치 대표에게 점점 더 환멸을 느꼈으며, 이것이 "권위의 위기"로 이어졌다. 파시스트 지도자 무솔리니는 이 힘의 공백을 이용해 이탈리아를 경찰국가로 바꿔놓고 독재자로 자리 잡았다. 그람시는 거세지는 파시즘의 물결이 불러올 위험을 예상했으나, 또한 시간과 정치적 의지가 주어진다면 공백기 이후의 미래가 언젠가 실현될 수도 있다고 믿고 싶어했다. 이 새로운 시대에는 혐오와 두려움이라는 병적 징후가 물러가고 사회에 대한 새롭고 보다 진보적인 비전이 생겨날지도 모른다고 말이다.

그람시가 1930년대에 그린 세계와 현재 우리의 세계 사이에는 뚜렷한 유사점이 있다. 2020년은 끔찍한 해였다. 전 세계에서 코로나19가 통제되지 않고 맹위를 떨치면서 불투명한 상황이 마라톤처럼 이어진 해, 대재앙의 해였다. 2021년은 1월 6일 미국 국회의사당 폭동 사태로 시작되었다. 공화당이 도널드 트럼프의 거짓말을 밀어붙여 법치주의를 무시하면서 미국 민주주의의 빈사 상태가 계속되고 있다. 게다가 2022년은 블라디미르 푸틴이 우크라이나에 대해 이유 없는 잔혹한 전쟁을 벌이면서 20세기의 악몽을 상기시켰다. 이로 인해 21세기 유럽 한복판에 있는 평화로운 나라가 하룻밤 사이에 건물들이 폭격으로 완전히 파괴되고 민간인들이 사망하거나 부상당하는 아주 끔찍한 곳으로 변했다.

푸틴의 우크라이나 침공과 중국 시진핑의 독재자 전략 수용은 물론, 급성장하는 이 두 독재자의 동맹은 전 세계에서 커져가는 권위주의의 위협을 환기시킨다. 이란 당국은 시위자들을 무자비하게 진압했다. 아프가니스탄의 탈레반은 여성과 여자아이의 대학 및 중등 교육을 금지했다. 점점 독재자가 되어가는 헝가리와 튀르키예 같은 나라의 지도자들이 민주주의 규범을 파괴하고 있다. 게다가 이스라엘의 베냐민 네타냐후 총리는 극우 연정의 권력을 강화하고 견제와 균형이라는 민주주의 원리를 위험하리만치 약화시키는 식으로 사법부를 개편하는 데 착수했다.

2023년 프리덤하우스•의 한 보고서는 35개국에서 정치적 권리와 시민의 자유가 악화되면서 전 세계 자유 지수가 7년 연속 하락했다고 밝혔다.[3] 또 권위주의 지도자들이 "서로 적극 협력해 새로운 형태의 탄압을 펼치고 민주적 압력을 묵살"하는 한편, 오랜 민주주의 국가들은 "자신들이 권력을 쥐게 해준 바로 그 제도를 변질시키고 파괴하려는 파렴치한 정치인을 포함한 반자유주의 세력"에 의해 안으로부터 위협받고 있다고 이 감시 단체는 지적했다.[4]

이는 소비에트연방의 해체가 "역사의 종말"과 "서구 자

• Freedom House. 민주주의, 정치적 자유, 인권을 위해 활동하는 비정부기구.

유민주주의가 최종 형태의 인류 통치체제로서 보편화"되었음을 뜻한다는 1989년 프랜시스 후쿠야마의 순진한 선언이 소름끼치도록 극명하게 반전된 것이다.[5] 2022년 콜린스사전Collins Dictionary은 2020년대의 새로운 시대상을 담은 "퍼머크라이시스"[6]•라는 말을 올해의 단어로 선정했는데, 이는 "특히 연이은 재앙과도 같은 사건으로 인한 장기간의 불안과 불안정"을 뜻한다.

점점 더 많은 나라들에서, 극단적인 생각이 주류로 떠오르고 있다. 극우 운동이 최근 사회의 역학관계를 무기화해서 새로운 견인력을 얻고 있다. 그 역학관계에는 다음이 포함된다. (1) 2008년 금융 위기 이후 눈덩이처럼 커진 소득 및 기회의 불평등. 이는 전문가와 엘리트에 대한 분노에 불을 지폈다. (2) 최근 수십 년 동안 일어난 사회, 문화, 인구 구조의 변화로 인한 불안감. 도널드 트럼프 같은 허무주의적 지도자들은 이를 인종차별주의, 여성혐오, 성소수자에 반대하는 편협성으로 변질시켰다. (3) 세계화 및 유럽연합 정책에 대한 분노의 고조. 이로 인해 민족주의 및 이민자에 반대하는 혐오의 물결이 점점 더 거세졌다.

동시에, 일부 분석가들은 2020년대를 20세기 중반의 암흑으로 뒷걸음치는 문이 아니라, 저널리스트 존 미클스웨이트와 에이드리언 울드리지가 말한 "더욱 통합되고 더욱 상호연결된"[7] 미래로 나아가는 문을 열 수도 있는 역사

• permacrisis. 영속한다는 뜻의 'permanent'와 위기를 뜻하는 'crisis'의 합성어.

의 변곡점으로 본다. 즉, 푸틴의 침공이 경종을 울려 서방 동맹국들이 우크라이나를 지지하며 단결해서 민주주의와 다원주의 및 자유의 가치를 지켜낼뿐더러 경제적·정치적 유대를 강화해 새로운 시대의 변화하는 지정학을 안전하게 헤쳐 나갈 수 있다면 말이다.

실제로, 2022년 독일 총리 올라프 숄츠는 세계가 러시아의 우크라이나 침공으로 탈냉전 시대의 종식을 알리는 "시대 전환Zeitenwende에, 다시 말해 획기적인 지각 변동에 직면하"고 있다고 선언했다.[8] 탈냉전 시대의 유럽과 미국은 "이례적인 세계화 시기"가 가져다준 이익을 거둬들이면서 반세기도 넘게 전에 만들어진 범대서양 안보 구조를 당연시했다. 숄츠는 "러시아의 보복주의적* 제국주의"를 비난하면서 푸틴이 "시곗바늘을 되돌리지 못하"게 하는 것은 "독일에 주어진 역사적 책임"이라고 선언했다. 또 독일이 국방비를 1,000억 유로까지 늘려 나토에서 독일의 역할을 강화하고 수십 년 동안 방어보다 외교 및 긴장 완화를 강조해온 입장을 바꿀 것이라고 발표했다.[9]

전쟁 첫 해가 끝날 무렵 푸틴의 침공은 그가 원했던 것과 정반대의 결과를 낳았다. 러시아군의 변변치 못한 상태가 드러났을 뿐만 아니라 그가 일으킨 무분별한 전쟁이 나른하고 분열된 서구 세계를 각성시켜 나토와 유럽연합을 강화시켰기 때문이다. 나토와 유럽연합은 러시아의 침공이

◆　보복주의는 잃어버린 영토를 회복하기 위해 보복을 추구하는 것을 말한다.

소름끼치게도 역사가 유발 노아 하라리가 말한 "정글의 법칙"[10]으로의 회귀를 나타내는 것일 수도 있다고 우려했다. "강대국이 약한 이웃 국가를 먹어치우는 것이 다시 규범이 되"는 것이다. 보통은 까다롭고 관료주의가 지배하는 유럽연합이 놀라운 속도와 결집력으로 움직여 러시아에 공동 대처해서 제재를 가하고 우크라이나에 무기를 전달했다. 전통적으로 중립을 유지하던 핀란드가 2023년 4월 나토에 가입했고, 스웨덴도 가입할 예정이며, 스위스는 중립국이라는 오랜 전통을 깨고 유럽연합에 가입해 러시아에 제재를 가했다. 유럽 국가들은 장기 전략 목표도 진지하게 재평가하기 시작해서 러시아산 가스, 석유, 석탄에 더 이상 의존하지 않고 에너지 자급자족과 친환경 에너지 사용을 위해 노력하기로 다짐했다.

중대한 변화의 문턱에 있는 시대는 불협화음을 보여주는 경향이 있다. 토마스 S. 쿤은 획기적인 『과학혁명의 구조』(1962)에서 이런 불협화음이 패러다임 변화가 일어나는 첫 단계의 징후라고 보았다. 이런 시기에는 오래된 틀이 더 이상 새로운 발전을 그럴듯하게 설명하거나 수용하지 못한다. 이렇게 "변칙 사례"가 계속되거나 크게 증가하면서 위기감이 뒤따르고 결국에는 혁명으로, 다시 말해 세계의 지도를 그리기 위한 새로운 좌표의 개발로 이어진다.

오늘날 크게 증가하는 불확실성, 학계에서 쓰이다가 최근 수년 사이 주류에서 사용하게 된 말로 하자면, 불안정성 precarity은 급격한 경제 및 정치 변화, 그리고 정치학자 이언 브레머Ian Bremmer가 말한 "불량 행위자"의 커지는 파괴력에서 비롯한다.[11] 이 소수의 개인들이 국가나 기관을 이끌면서 사실상 완전한 지배력을 행사하며 "엄청난 지정학적 결과를 낳는 결정"을 내린다. 연구 및 자문 회사 유라시아 그룹Eurasia Group의 회장인 브레머는 이런 지도자는 아첨꾼들에 둘러싸여 "자신이 내리는 결정이 불러오는 2차, 3차의 결과에 대해 많은 정보를 얻지 못"하며 이렇게 되면 자의적 정책 결정을 초래할 수 있고 중대한 실수를 저지를 가능성이 있다고 말한다. 브레머는 "불량 행위자"로 블라디미르 푸틴, 시진핑, 김정은, 그리고 "심지어 정부의 권한 범위 밖에서 일정한 자주권을 갖고서 운영되는 대단히 영향력 있는 세계적 플랫폼"을 관리하는 마크 저커버그와 일론 머스크 같은 기업가를 들고 있다.

기술과 세계화가 오늘날 공백기의 불안을 증폭했으나, 불안정성의 많은 주요 요인은 오래전부터 이행기의 특징이었다. 중세사가인 제임스 웨스트폴 톰슨James Westfall Thompson은 1921년에 쓴 글에서 제1차 세계대전 종전 이후의 충격적인 시기를 14세기 중반 유럽에 흑사병이 돈 이후의 시기와 비교했다. "경제 혼란, 사회 불안, 높은 물가, 부당이득, 도덕의 타락, 생산 부족, 나태한 산업, 열광적 환락, 무분별한 지출, 사치, 방탕, 사회와 종교의 히스테리, 탐욕, 강한 욕망, 실정失政, 풍속의 쇠퇴 등 당시와 현재의 불만이 얼마나 비슷한지 놀라울 정도이다."[12]

전쟁, 굶주림, 대단히 파괴적인 흑사병에 시달리던 중세 후기는 부자와 가난한 사람 사이 격차의 확대(이것이 로빈 후드의 전설이 왜 그토록 인기를 끌었는지 설명해준다), 만연한 편협성과 반유대주의, 높아지는 비관주의와 불만으로 특징지어진다. 역사가 바버라 터크먼은 1978년 책 『멀리 있는 거울』*A Distant Mirror*에서 14세기 유럽의 부자는 화려한 옷, 호화로운 저택, 사치스런 취미를 좋아했다고 언급했다. 일부 프랑스 귀족은 "집 안이든 밖이든 교회를 가거나 식사를 하건 어디서나 총애하는 볏 있는 매를 손목에"[13] 얹고 다녔다. 반면 가난한 사람들은 세금을 점점 더 많이 내야 했기 때문에 가족을 먹여 살리느라 고군분투했다. "소작농은 영주의 방앗간에서 곡식을 빻고, 영주의 화덕에서 빵을 굽고, 영주의 압착기에서 사과를 압착하고, 영주의 법정에서 분쟁을 해결하는 등 그가 사용하는 모든 것에 대해 비용을 내야 했다."[14]

아웃사이더들이 차츰 터크먼이 말한 "계급 자의식"[15], 즉 "민중"으로서의 자기 인식을 발전시키기 시작했다. "그리스도는 종종 민중의 한 사람으로 묘사되며 프레스코화와 조각에서 십자가형의 도구 대신에 장인이나 농부의 도구인 망치, 칼, 도끼와 양털을 다듬는 소모공梳毛工의 빗에 둘러싸인 모습으로 나타난다. 피렌체의 노동자들은 자신들이 하느님의 백성il popolo di Dio이라고 했다. 1378년 치옴피의 반란•의 구호는 '민중 만세!'Viva il popolo!였다.

중세 시대가 저물어가면서 교회가 내세우는 이상과 현실의 탐욕 및 부패 사이, 기사도의 명예 규정과 학살·약탈·고문에 관여하는 현실의 기사 사이의 확연한 인지 부조화를 무시하기가 점점 더 어려워졌다. 흑사병으로 인한 고통이 이런 괴리감을 증폭해 기존 질서에 대한 신뢰를 약화시키기 시작했고, 권위에 대한 도전이 실제로 가능하다는 인식에 불을 지폈다. 터크먼은 이렇게 썼다. "사람들이 고착된 질서를 변화시킬 가능성을 상상하게 되자 복종하는 시대의 종말이 눈앞에 다가왔고 앞으로는 개인의 양심에 의지하게 될 터였다. 의식하지는 못했으나, 그만큼 흑사병이 현대인의 시초였을지 모른다."[16]

오늘날의 불확실성 시대를 연상시키는 또 다른 정치 및 사회 혼란기는 마크 트웨인이 도금시대鍍金時代라고 부른 시대의 말기인 19세기 말이었다. 미국이 대체로 농촌, 농업 중심이던 국가에서 세계를 선도하는 제조업 강국으로 빠르게 전환하면서 사람들은 고군분투하고 있었다. 더불어 무

• 소모공들이 정치 및 경제 평등을 요구하며 일으킨 반란으로, 치옴피는 소모공을 멸시하여 이르는 말이다.

역은 점점 더 세계화되고 새로운 기술이 통신을 변화시키고 있었다. 최초의 상업용 전화 서비스가 1870년대 미국에서 확립되었으며 수십 년 후 최초의 상업 라디오 방송이 뒤를 이었다.

이 시기에, 미국에는 반이민 열풍이 불어닥쳤다. 이는 특히 중국과 동부 및 남부 유럽에서 새로 도착한 이민자들을 겨냥했는데, 편견과 일자리 경쟁이 부채질한 결과였다. 동시에, 남부 주들은 재건 수정헌법(1865년과 1870년 사이에 채택되어 비준된 제13조, 제14조, 제15조 수정헌법)으로 아프리카계 미국인에게 보장한 권리를 철회했다. 이들 주는 연방군이 떠나자 짐 크로 법Jim Crow laws을 통과시켜 인두세와 다른 유권자 탄압 전략으로 아프리카계 미국인을 분리하고 선거권을 빼앗았다. 이는 양가감정이 병존하는 정부가 남부 연합의 저항과 태도를 단호하게 진압하지 못해 한 세기가 넘도록 아프리카계 미국인이 의도적으로 평등권을 거부당한 결정적 순간이었다. 이 체계적인 인종차별은 오늘날까지 계속되고 있다. 트럼프를 지지하는 공화당 지지자들은 인권에서 이루어진 진전을 되돌리려 하고, 6 대 3으로 보수 성향이 압도적 다수인 대법원은 사회적 약자 우대 정책과 성소수자의 권리를 약화시킬뿐더러 헌법에 규정한 여성의 낙태권을 폐지하고 주요 환경 규제의 범위를 줄이고 있다.

도금시대와 21세기 초가 공유하는 또 다른 특징은 급증하는 소득 불평등이다. 로마제국 말기를 묘사한 구절을 인용하자면, 당시에도 지금처럼 "소수가 더 많이 가"졌다. 도금시대에는 돈으로 정치적 영향력을 샀으며 재벌과 부패가 번성했다. 철강, 석유, 철도를 독점한 벼락부자들은 과시적인 소비를 즐겼다. 19세기의 이 거물들은 오늘날의 억만장자처럼 우주를 두고 경쟁하는 대신에 전용 철도 차량을 갖추고 가장 호화로운 저택을 짓기 위해 경쟁했다. 철도왕 밴더빌트 일가의 저택 일곱 채 가운데 하나인 빌트모어에는 침실이 35개, 욕실이 43개, 벽난로가 65개 있었다. 그런데 1890년 당시 미국 노동자의 45퍼센트만이 연간 임금이 빈곤선인 500달러를 넘었고,[17] 많은 사람들이 노동력을 착취하는 위험한 환경에서 밤낮으로 쉬지 않고 일했다. 1890년쯤에는 미국의 가장 부유한 가정 1퍼센트가 국민 전체의 재산 가운데 51퍼센트를 소유한 반면, 하위 44퍼센트는 1.2퍼센트만을 소유했다고 한 연구는 추산했다.[18]

네브래스카에서는 "화폐 권력"과 "조직화한 부"에 반대하는 노동자와 농민의 시위가 있었다. 당시 널리 불린 한 동요는 이렇게 노래했다. "중개인들이 온갖 해악에서 해방되고/ 로비스트들이 죽으면/ 은행가가 농장에 절하고/ 우리에게 빵을 구하러 올 거야."[19] 미국에 찬사를 보내던 월트 휘트먼은 이 나라가 "엄청나게 많은 사람들이 가난하고 절박하며 불만에 차 있고 이리저리 떠돌아다니며 비참한 수준의 임금을 받는" 구세계 나라들과 닮아가고 있다는 두려움을 토로하게 되었다.[20] 이런 상황은 "우리 공화국의 실험이 모든 표면상의 성공에도 불구하고 속으로는 병들어 실패"하고 있음을 암시했다.

도금시대는 갑자기 망한 게 아니었다. 오히려 농민, 공장 노동자, 가난하고 소외된 사람들 같이 미국의 번영에서 누락된 아웃사이더 사이에 수십 년 동안 불만이 쌓였다. 불평등이 증가하면서 노동조합과 농민동맹이 더 많은 지지를 얻게 되었다. 추산에 따르면, 19세기 마지막 20년 동안 2만 회의 파업, 직장 폐쇄, 경찰 및 회사에서 고용한 구사대와의 점점 더 폭력적인 대치가 있었다.[21]

아이다 타벨, 업턴 싱클레어, 링컨 스테펀스, 제이콥 리스 같은 작가들의 탐사 보도는 가난하고 권리를 박탈당한 사람들의 고통을 조명했다. 또 이들의 보도는 정치 부패와 불공정한 사업 관행에 대중의 관심을 집중시켰으며 중산층 미국인들이 시와 주 차원의 개혁 노력에 참여하도록 자극했다.

1890년대 초 창당한 좌파 정당인 인민당은 내부 분열과 양당 체제의 관성력으로 인해 단명했다. 하지만 미국 대중은 누진소득세, 철도의 국유화, 공교육 개선, 로비스트 및 정치 보스의 권력을 축소하는 개혁 같은 인민당의 많은

거대한 물결

요구를 지지했다. 그 후 한동안 윌리엄 제닝스 브라이언, 테디 루스벨트, 우드로 윌슨 같은 개혁 성향의 정치인들이 인민당의 많은 의제를 받아들였다.

이렇게 역사의 수레바퀴가 돌면서 끔찍하게 과잉된 도금시대는 우리가 지금 진보 시대Progressive Era라고 일컫는 시대에 자리를 내주기 시작했다. 이 시기에 급속한 산업화, 도시화, 그리고 정치 부패가 낳은 수많은 문제를 해결할 수 있을 더욱 공정하고 대응력 있는 정부를 만들기 위한 노력이 이루어졌다. 미국 정부는 독점금지법으로 도금시대에 눈에 띄는 모든 것을 집어삼키던 독점을 통제하기 시작했고, 작업 안전에서 환경 보호, 은행 업무에 이르기까지 다양한 문제를 최소한 어느 정도 감독하기 위해 규정과 규제를 시행했다.

시대의 전환은 점진적이거나 갑작스러울 수 있고 예상치 못한 반전으로 이어질 수도 있다. 1649년 인기 없는 찰스 1세가 처형된 후 영국은 잠시 공화국이 되었으나, 1660년 아들 찰스 2세가 망명에서 돌아오면서 곧 군주국으로 되돌아갔다. 11년에 지나지 않은 이 (두 왕의 재위 사이의) 공백기는 열렬한 청교도인 올리버 크롬웰이 스코틀랜드와 아일랜드를 상대로 무자비한 군사 작전을 벌이면서 피비린내 나는 결과를 낳았다.

다른 공백기들은 수십 년에 걸치면서 세계의 상황에 광범위한 변화를 초래한다. 예를 들어, 20세기 양차대전 사이 시기를 보자. 제1차 세계대전은 유럽을 황폐화하고 파괴했을 뿐 아니라(2,000만 명이 사망하고 2,100만 명이 부상한 것으로 추산된다), 군주제와 제국이라는 구체제를 무너뜨렸다. 정치학자 셰리 버먼이 쓴 대로 "제1차 세계대전은 그 체제를 붕괴시켜 유럽의 정치 기반을 사실상 파괴했다. 1917년과 1920년 사이의 민주화 물결로 러시아, 독일, 오스트리아–헝가리의 군주제가 사라지고 유럽의 다른 지역에 남아 있던 민주주의의 걸림돌이 일소되었다. 하지만 군주 독재 시대는 민주주의가 안정된 새로운 시대로 이어지지 않았다. 대신에 양차대전 사이 기간 내내 공산주의자, 무정부주의자, 파시스트, 권위주의자, 민주주의자가 싸우며 유럽의 운명을 결정지었다."[22]

프랑스와 독일 바이마르공화국에서는 좌우 모두 극단주의자들이 번성했으며, 에스파냐에서는 암살, 무정부주의자들의 반란, 교회 방화가 일어났다. 유럽대륙 제국들의 붕괴는 더욱 조직화한 폭력을 불러왔다. 오스만 제국이 멸망하면서 "신생 터키(튀르키예 공화국)는 아르메니아인, 그리스인, 아시리아인 등 터키인이 아니라고 여겨지는 수백만 명의 사람들에 대해 체계적인 학살 및 인종 청소를 벌였다"고 버먼은 말한다. 한편 러시아 제국, 독일 제국, 오스트리아–헝가리 제국의 붕괴는 성급하게 국경선을 그은 새로운 국가들의 탄생으로 이어졌다. 이렇게 그어진 국경선은 주민들이 공감하는 정치 및 문화에 극도로 부합하지 않아 부족 간 긴장, 민족주의자의 불만, 소수집단에 대한 박해에 더욱 불을 붙였다.

제1차 세계대전의 종결은 정치 불안과 함께 많은 경제상의 어려움을 남겼다. 독일은 가혹하고 분노에 찬 베르사유 조약으로 영국, 프랑스 등 연합국에 수십억 달러의 배상금과 보상금을 지불해야 했기 때문에 경제가 파탄에 빠졌다. 독일뿐 아니라 유럽 대부분 나라에서 아찔할 정도의 인플레이션이 발생했고, 점점 고립주의를 표방하게 된 미국이 관세 등으로 새로운 무역 장벽을 치고 다른 나라들이 이에 보복하면서 세계 무역은 위축되었다.

제1차 세계대전과 (5,000만 명의 목숨을 빼앗은 것으로 추산되는) 1918~1919년의 스페인 독감이 야기한 머리가 빙글빙글 도는 사회적 탈구 현상이 산업화로 인해 이미 일어나고 있던 구조 변화를 심화시켰다. 그러면서 많은 사람들이 프랑스 사회학자 에밀 뒤르켐이 말한 "아노미"에 심각하게 빠졌다. 아노미란 오래된 규범이 변화하고 공동체에 대한 소속감이 무너지는 시기에 흔히 발생하는 소외 및 소격 상태를 말한다.

한나 아렌트는 이런 종류의 사회적 원자화가 길을 잃고

외로운 개인을 폭력적 민족주의와 권위주의 운동에 대단히 취약하게 만든다고 보았다. 아렌트는 『전체주의의 기원』(1951)에서 스탈린과 히틀러 같은 지도자가 요구하는 충성심은 "완전히 고립된 인간에게서만 기대할 수 있다"고 썼다.[23] "가족, 친구, 동료, 심지어 단순한 지인과의 다른 어떤 사회적 유대도 없이, 자신이 운동에 속해 있으며 당에 소속되어 있다는 사실을 통해서만 존재감을 느끼는 인간 말이다."

늘 그렇듯, 아렌트는 뛰어난 역사가이자 선견지명 있는 분석가로서 글을 쓰고 있다. 『전체주의의 기원』은 소셜 미디어가 우리를 고립된 필터버블에 가두기 반세기 이전에 출간되었으나, 오늘날 격심하게 변화하는 세계에서 혼란을 느끼는 많은 사람들이 왜 독재자가 하는 거짓말의 희생양이 되는지 설명해준다. 왜 트럼프가 구사하는 두려움과 박탈의 수사법이 문화 가치의 변화, 새로운 경제적 어려움, 지위 상실에 대한 인식으로 소외감을 느끼는 유권자 사이에 뿌리를 내리게 되었는지 설명해준다.

코로나19는 정부기관이 국민에게 능숙하게 서비스를 제공하지 못하고 국민을 보호하지 못하는 것과 같은 기존의 문제를 가차 없이 조명했을 뿐 아니라 이 문제를 증폭시켰다. 이로 인해 사람들은 삶이 위태로움을 점점 더 인식하게 되었다. 죽음을 피할 수 없음은 물론 봉쇄 기간에 갑자기 직장을 잃거나 건강보험 자격을 상실하거나 주택담보 대출금 또는 학자금 대출금을 납입하지 못할 수도 있었다. 2020년의 한 연구에 따르면, 45세 미만 미국인 가운데 52 퍼센트가 코로나19로 인해 실직하거나 휴가를 가야 하거나 단축 근무를 했다.[24] 그 결과, 이 대규모 유행병은 노동 계층 및 중산층 사이에 수년 동안 쌓여온 분노를 고조시켰다. 임금이 정체되고 사회 이동성이 사라지면서 아메리칸 드림을 떠받치는 기둥들(안정된 직장, 주택, 자녀의 대학교육)이 점점 더 손에서 멀어지는 것을 이들은 보았다.

코로나19는 엄청난 변화를 촉발했다. 어떤 변화는 곧장 눈에 띄었고, 또 어떤 변화는 계속 진행되면서 부작용을 일으켰다. 예를 들어, 코로나19가 대유행하는 동안 재택근무를 채택하면서 원격 근무 모델이 수용되었으며, 이 위기 이후 많은 기업들이 일주일에 3, 4일만 칸막이 한 사무실에 출근하는 혼합 근무 방식을 시행하기로 결정하면서 교외 지역이 더욱 매력을 갖게 되어 도시에 심각한 타격을 주었다. 상업용 부동산이 완전히 망하고 지역 사업자들은 유동 인구와 단골을 빼앗겼다. 2023년 2월 블룸버그닷컴 Bloomberg.com의 보고서에 따르면, 뉴욕시로 들어오는 노동자들이 쓰는 액수가 코로나19의 대유행 이전보다 연간 124 억 달러 줄어들었다.[25] 컬럼비아대학교 경영대학원 교수인 스테인 반 니우어르뷔르흐 Stijn Van Nieuwerburgh는 원격 근무와 관련된 혼란을 산업혁명이 낳은 혼란과 비교했다. "인류 역사를 통틀어, 우리가 사는 곳과 일하는 곳은 서로 복잡하게 연결되어 있었다. 현재 우리는 그 관계를 끊고 있으며, 이것은 부동산 가치만이 아니라 우리가 사회를 조직하는 방식에도 영향을 미칠 혁명이다."[26]

한편 코로나19와 2년간의 고립은 더 많은 소외, 아노미, 원자화를 가져왔다. 코로나19가 대유행하는 동안 집에 갇혀 있던 사람들은 "둠스크롤링"*에 빠졌고 하루에 평균 여덟 시간을 텔레비전과 영화를 스트리밍하며 보냈다.[27] 시간이 살바도르 달리의 유명한 그림 속 액화되는 시계처럼 녹아서 며칠, 몇 주가 뒤섞여 영원한 현재가 되었다. 사건들에는 더 이상 시간이 표시되지 않았다. 우리는 2021년 여름에 2020년 올림픽과 2020년 유럽 축구 선수권 대회 경기를 시청했다. 메이저리그 야구는 3월이 아니라 7월에 시작했고 팀들은 팬들의 사진을 오려 붙인 판지 앞에서 경기했다.

많은 사람들이 주의를 집중하는 시간이 점점 더 짧아짐에 따라, 그리고 시간을 절약하고 러닝머신 운동 속도에 보조를 맞추기 위해서 "훑어보기"[28] 식으로 1.5배속, 심지어는 2배속으로 영화, 유튜브 동영상, 강의, 스포츠 경기를 재생하기 시작했다. 동시에 트럼프 대통령의 재임 시기와 코로나19 유행 시기에 가속된 대중의 분노가 계속해서 고조

* doomscrolling. 'doom'과 'scroll'을 합친 신조어로, 암울하고 충격적인 뉴스나 기사를 끊임없이 찾아보는 행위를 뜻한다.

되었다. 에브리타운리서치앤드폴리시*의 연구에 따르면, 2018년 이후 총기 관련 운전자 폭력으로 인한 부상자 및 사망자 수가 매년 증가했다. 2018년에는 운전자에 대한 총격으로 인한 사망자가 최소 70명이었고, 2022년에는 그 수가 141명으로 두 배가 되었다.[29] 국제항공운송협회의 자료에 따르면, 2022년 전 세계에서 제멋대로 구는 탑승객으로 인한 사고가 전년도보다 47퍼센트 증가했다.[30] 코로나19가 대유행하는 동안 우리가 경험한 방향 상실은 점점 더 혼란스럽고 예측 불가능해지는 세상으로 인해 더욱 커지는 불안감에 대한 일종의 은유가 되었다. 이런 세상은 극단적 이념과 음모론의 완벽한 배양 접시이며, 토머스 핀천 소설의 독자들이 잘 아는 대로, 음모론은 삶이 혼란스러울 때 (때로 터무니없기는 하지만) 일관된 서사라는 위안을 준다.

『뉴욕타임스』의 한 조사에 따르면, 트럼프 대통령 자신이 일부 퍼뜨리기도 한 코로나19에 대한 음모론과, 마스크 착용을 정파 문제로 바꿔놓은 정치 양극화가 코로나19로 사망한 미국인 비율이 최소 63퍼센트로, 다른 크고 부유한 나라들보다 더 높은 이유 가운데 하나였다.[31] 또 진단 검사법을 개발해 배포하려는 질병통제예방센터의 초기 노력이 실패했고, 미국의 예방 접종률은 서유럽과 캐나다보다 뒤처졌다.

코로나19의 대유행에 관한 기사로 해설 보도 부문 퓰

---

* Everytown Research & Policy. 미국 모든 마을에서의 총기 안전을 위해 노력하는 비영리단체 에브리타운포건세이프티Everytown for gun safty에서 연구를 진행하고 정책을 제안하는 프로그램.

리처상을 받은 저널리스트 에드 용Ed Yong의 말대로,[32] 미국은 이 전염병에 신속하게 대응하지 못해 "막대한 자원, 생의학 분야의 실력, 과학 전문성"이라는 상당한 이점을 허비했고, 과학을 부정하며 바이러스가 "기적처럼" 사라질 것이라고 주장한 트럼프 대통령으로 인해 정부기관의 "전문성이 결여"되면서 더욱 제 기능을 하지 못했다. 미국 "공중 보건 분야의 만성적 재정 부족", 놀랍도록 비효율적인 영리 의료체계, 과밀한 교도소와 요양 보호 시설의 부족, "복잡한 공급망과 적기 공급 생산 방식*에의 의존"이 문제를 더욱 악화시켰다.

동료 검토를 거쳐 의학지 『랜싯』Lancet에 실린 2021년의 한 연구는 "코로나19로 인한 미국의 사망률을 다른 G7 국가들의 가중 평균에 비춰보면" 그 가운데 40퍼센트를 "막을 수 있었다"고 주장한다.[33] 이 연구 보고서에 따르면, 또한 코로나19는 "흑인과 백인의 수명 격차를 50퍼센트 이상 증가시켰다. 전반적으로, 연령을 표준화한 유색 인종의 코로나19 사망률*은 비非히스패닉계 백인보다 1.2~3.6배 더 높았다."

미국이 코로나19 방지에 어려움을 겪으면서, 세계는 이 나라의 커져가는 국내 문제를 상기하게 되었다. 세계는 이미 무모한 도널드 트럼프 대통령, 20년 전의 어리석고 참혹

- 공급 회사가 원자재를 쌓아두지 않고 생산 일정에 딱 맞춰 주문해서 제품을 생산하는 방식.
- 여기서 연령 표준화 사망률이란 인구 구조가 다른 집단 간의 사망 수준을 비교하기 위해 연령 구조가 사망률에 미치는 영향을 제거한 사망률을 말한다.

했던 이라크전, 그리고 미국 정부가 가장 필수적인 예산과 재정 지원 조치조차 통과시키는 데 어려움을 겪는 것을 보면서 경악하고 있었다. 한편 헌법을 무시하는 트럼프의 행태는 개발도상국들이 미국의 민주주의를 정치 모델로 삼아야 한다는 오랜 명제를 훼손했다. 전 국가안보 보좌관 즈비그뉴 브레진스키는 2012년 출간한 『전략적 비전』에서 이렇게 썼다. "특히 제3세계에게 중국의 매력이 점점 더 더해가는 상황에서, 미국은 사회 체제의 우월한 수행 능력을 입증해야만 역사적 추진력을 회복할 수 있다."[34]

이런 전개 과정은 또한 지난 40년 동안 미국이 촉진하고 서구 체제가 수용한 세계화 및 신자유주의의 단점을 부각시켰다. 신자유주의는 1980년대에 로널드 레이건과 마거릿 대처가 자유시장 근본주의 및 관련 사상들을 장려하며 제2차 세계대전 이후 가동되고 있던 뉴딜 정책의 보호무역주의 및 케인스의 경제 정책을 되돌리면서 시작되었다. 규제 철폐, 부자를 위한 세금 감면, 공공 서비스의 민영화 및 위탁이 시대의 풍조가 되었으며, 이 모든 것이 정치 및 재정상의 결과를 악화시켰다.

신자유주의를 비판하는 이들은 오랫동안 그 유해한 결과를 지적해왔다.[35] 사회 및 경제 불평등을 부채질하고(세계통화기금도 이를 인정하게 되었다), 정치에서 돈의 역할과 기업의 영향력을 증폭시켰으며, 노동자와 가정과 환경을 보호하기 위한 규제에 대한 반감을 키웠다는 것이다. 신자유주의가 부유한 엘리트와 부유한 서구 국가를 더 부유하게 만든 반면, 나머지 세계는 대부분 점점 더 뒤처진다고 느끼게 되었다. 그러면서 판카지 미슈라가 『분노의 시대』에서 말한 "장기 전망이 불확실한 프레카리아트•"[36]가 생겨났는데, 이들은 "얼토당토않은 약속을 하는 선동가에게 위험할 정도로 취약"했다.

21세기에 일어난 2008년 금융 위기와 코로나19의 대유행은 비용 없는 무제한의 성장에 대한 신자유주의의 약속이 가짜임을 상기시켰다. 그리고 『파이낸셜타임스』의 칼럼니스트 에드워드 루스Edward Luce가 2017년 출간한 『서구 자유주의의 후퇴』*The Retreat of Western Liberalism*에서 예리하게 지적한 대로 "자유민주주의의 가장 강력한 접착제[37]는 경제 성장이다. 집단들이 성장의 결실을 놓고 싸울 때는 정치 게임의 규칙을 유지하기가 비교적 쉽다. 그 결실이 사라지거나 운 좋은 소수에 의해 독점되면 상황은 험악해진다. 우리는 역사에서 이를 배웠어야 했다. 패배자는 희생양을 찾는다. 이익집단을 관리하는 정치는 줄어드는 자원을 둘러싼 제로섬 싸움으로 변한다."

코로나19와 2008년 금융 위기는 경쟁이 아니라 국가와 세계의 협력을 요구했다. 이들 위기가 확대경 역할을 해서 미국 사회 및 경제 인프라의 허점이 부각되었다. 또 시장의

• '불안정한'을 뜻하는 'precarious'와 '무산자 계급'을 뜻하는 'proletariat'를 합성한 조어.

자율 규제 실패가 두드러지게 드러나 미국 연방준비제도 및 전 세계 중앙은행에 의한 대규모 정부 개입이 필요했다.

취임 45일 만에 사임한 전 영국 총리 리즈 트러스의 극적인 몰락은 오만과 맹목적 이념의 위험성에 대한 우스꽝스러운 도덕극처럼 읽힌다. 트러스와 재무장관인 콰지 쿼텡은 낙수효과와 자유시장 근본주의를 굳게 믿는 인물로, 경제 현실과 공공의 복지를 무시하고 약 450억 파운드에 달하는 재원 없는 전면적 부자 감세를 발표했다. 이 계획은 신자유주의 예산 정책에 대한 패러디 같았다. 이로 인해 불평등이 크게 증가하는 동시에 이자율과 주택 담보 대출 금리가 급등하게 되었을 것이다. 트러스가 환심을 사려 한 시장도 무시하는 반응을 보였다. 영국이 국제 사회의 조롱을 받게 되자 보수당과 노동당 정치인 모두가 경악하는 반응을 보였고, 트러스는 입장을 바꿔야 했다. 그리고 6주 후 트러스는 사라졌다.

역사가 애덤 투즈Adam Tooze는 통찰을 보여주는 책『봉쇄: 코로나19는 어떻게 세계 경제를 뒤흔들었을까』*Shutdown: How Covid Shook the World's Economy*에서 이렇게 썼다. "전환점에 도달했다는 느낌을 피하기 어려웠다. 이것은 결국 1980년대 이후 경제 정책을 지배하던 정통주의의 종말이었을까? 아마도 일관된 통치 이념이었던 신자유주의의 종말을 알리는 종소리였을까? 자연스러운 경제 활동의 범위를 무시하거나 규제를 시장에 맡길 수 있다는 생각은 분명 현실과 동떨어졌다. 상상할 수 있는 모든 사회 및 경제 충격과 관련해 시장이 자체 조절할 수 있다는 생각도 마찬가지였다."[38]

역사가 에릭 포너Eric Foner는 2008년 금융 위기가 "과거 세대의 지배 이념인 신자유주의의 심장에 말뚝을 박았다"고 보았다.[39] 그리고 그가 본 대로, 신자유주의에 대한 환멸이 커지면서 진보주의자들이 정치·사회·경제 평등을 촉진하는 새로운 정책을 만들 수 있는 기회가 생겨났다.

신자유주의의 낙수효과에 대한 환멸이 실질적 정치 변화와 무역 및 외교 정책의 재시동으로 이어질까? 그리고 이런 전개 과정은 세계 무대에서 무엇을 의미할까? 이것이 다른 나라들의 포퓰리즘 우파나 진보 좌파 정부가 좀 더 개입주의에 입각한 경제 정책을 수용하는 것으로 이어질까?

여전히 진행 중이기는 하지만, 칠레는 예측할 수 없이 갈팡질팡하는 역사에서 하나의 사례를 제공한다. 1973년 아우구스토 피노체트 장군은 미국의 지원 아래 쿠데타를 일으켜 민주적으로 선출된 살바도르 아옌데 정부를 뒤엎고 권력을 잡았다. 그 후 자유시장 경제학자들(이들 가운데 많은 수가 보수적 통화 정책의 권위자인 밀턴 프리드먼의 제자였다)은 새 정부로부터 자문 요청을 받았다. 규제 완화, 정부 프로그램의 민영화, 예산 삭감 등 그들의 정책이 GDP를 높이고 외국 투자를 끌어들이면서, 칠레는 개발도상국

가운데 신자유주의 정책의 모델이 되었다.

이 정책들은 또한 칠레에서 불평등과 부의 집중을 크게 증가시켰다. 2019년 유엔경제위원회의 한 보고서는 칠레 총소득 가운데 거의 4분의 1이 상위 1퍼센트에게 돌아가고 있다고 추산했고, 칠레 중앙은행은 평균 가구 소득의 4분의 3이 빚을 갚는 데 쓰이고 있다고 추산했다. 이것이 2019년 지하철 요금을 소폭 인상했을 때 대규모 시위가 일어난 한 가지 이유였다. 당시 전체 인구의 16퍼센트에 해당하는 약 300만 명의 칠레인이 거리로 나와 정부를 비판하며 임금 및 연금 인상, 교육 및 의료 서비스의 개선을 요구했다. 2021년 12월 칠레인들은 과거 피노체트 시대로 돌아가자는 요구를 거부하고 대신 철저한 아웃사이더인 서른다섯 살의 가브리엘 보리치를 대통령으로 선출했다.[40] 과거 학생운동 지도자였던 보리치는 사회 안전망의 확대, 더 포용적인 정부, 환경 보호라는 공약을 내걸고 출마했다.

그러다가 2022년 가을 칠레 국민들은 피노체트 시대까지 거슬러 올라가는 오래된 헌법을 대체하기 위한 새 헌법을 큰 차이로 거부했다. 평론가들은 이 새 헌법이 너무 급진적이고 너무 좌파로 기울어져 있다고 했다. 170쪽짜리 새 헌법은 무상 의료와 무상 교육을 보장하고 정부 전반에 걸쳐 양성 평등을 요구하며 낙태를 합법화하고 자연과 동물에게 권리를 부여했다. 새 헌법은 칠레를 자치권을 가진 토착 공동체들로 구성된 "다민족" 국가로 서술했다.

2023년 5월 다시 한 번 헌법 개정을 하기 위해 위원회의 위원을 선출했는데, 우파 정당들이 과반수를 차지했다. 보리치는 이 투표에서 이긴 우파 정당들에게 "진자 운동이 영원함을 믿고 (……) 우리가 했던 것과 같은 실수를 하지 말라"고 촉구했다.[41]

프린스턴대학교의 물리학자 프리먼 다이슨은 "힌지모멘트"가 두 역사 시기를 연결한다고 말했다. 적어도 현재 상태의 신자유주의 시대와 초강대국 미국의 의심할 여지 없는 지배가 끝나가고 있다는 점은 분명하지만, 다음 시대의 윤곽을 그리기에는 시기상조이다. 하지만 반세계화 운동의 출현과 탈중심화한 조직 모델의 인기로 보건대, 사람들이 정치 또는 경제 모델이 매우 중요하다는 데 점점 더 동조하는 것으로 보인다.

실제로, 큰 영향을 미친 정치학자 제임스 스콧James C. Scott의 『국가처럼 보기』Seeing Like a State(1998)가 주는 한 가지 교훈은[42] 하향식 정부 및 사회 계획은 서로 매우 다른 지역들에 도식적인 생각을 적용해 현지 지식과 복잡한 현장 상황을 무시하기 때문에 흔히 실패하기 마련이라는 점이다.[43] 스콧의 책은 케이토연구소*의 자유주의자들과 월스트리트 점령 시위자들 사이에서 여전히 인기를 끌고 있으

---

* Cato Institute. 미국의 자유주의 두뇌집단으로, 국내에서는 제한된 정부 역할을 주장하고 해외에서는 시민의 자유를 적극 보장할 것을 강조한다.

며, 학자들은 이 책을 사용해 19세기 제국주의와 20세기 공산주의의 실패를 설명한다. 그래서 아마도 신자유주의는 또 다른 "주의"가 아니라 좀 더 실용적이고 지역의 문제와 필요에 적절히 대응하는 무언가에 자리를 내줄 것이다. 중앙이 관리하기보다 주변부가 주도하는 무언가에 말이다.

제프리 거츠Geoffrey Gertz와 호미 카라스Homi Kharas는 브루킹스연구소♦의 보고서에서, 순전히 시장이 주도하는 경제와 정부가 관리하는 경제 모두에 대해 흔히 양가감정을 가진 개발도상국들이 이념을 피하면서 정책 결정에 실험적이고 발전적으로 접근하는 보다 실용성 있는 모델을 제공할 수 있다고 주장한다.[44] 이런 접근법은 추상적인 원칙이 아니라 "가장 효과가 있다고 입증된 방법으로 시민들이 직면한 구체적 문제를 해결하겠다는 약속에서" 출발할 것이다.

거츠와 카라스는 이렇게 쓰고 있다. "이런 변화로 우리 앞에 펼쳐질 것은 신자유주의라는 보편적 우산이나 자본주의 모델과 사회주의 모델이 경쟁하는 냉전 시대가 아니라, 국가 안팎에서 광범위하게 이루어지는 개별적이고 즉흥적인 정책 대응일 것이다."

외교 정책 전문가인 재러드 코언Jared Cohen은 가까운 미래에 세계의 힘의 균형이 인도, 브라질, 독일, 프랑스, 사우디아라비아, 베트남 같은 이른바 "지정학적 부동 국가"[45]에 의해 결정되리라고 주장한다. 이들 국가는 천연자원, 부,

---

♦　Brookings Institution. 미국 내 영향력이 가장 큰 사회과학 연구소이다. 정부·경제·외교에 대한 정책 연구, 연방 정부의 예산 문제, 도시 환경과 교육 등에 대한 연구를 전문으로 한다.

위치, 또는 세계 공급망에서 지니는 위상 덕분에 미국과 중국 사이에서 "독자 노선을 계획할 수 있는 권한"을 갖고 사안에 따라 "다양한 제휴"를 택할 것이며, 그래서 세계화 다음 단계에서 "대단히 중요한 (그리고 때로는 예측 불가능한) 세력"이 될 것이라고 주장한다.

2020년대의 삶이 얼마나 이상해졌는지 전하기는 쉽지 않은 일이다. 종종 정치 풍자, 재난 영화, 리얼리티 프로그램, 공포 영화의 장르 관습을 말도 안 되게 뒤섞어놓은 것처럼 느껴진다. 배경은 살인적인 허리케인과 치명적인 산불과 쓰나미에 휩싸인 행성이다. 점점 더 뜨거워지고 사람이 살기 힘든 세계이다. 이 세계의 수천 종 동식물은 멸종 위기에 처해 있다. 한편 이 세계에서 가장 부유한 국가는 서로 전쟁 중인 두 개의 파벌(빨간색과 파란색)로 분열되어 유행병처럼 퍼지는 허탈감과 폭력에 대처하기 위해 고군분투하고 있다. 21세기 초 이 나라에서는 하루에 거의 두 건의 총기 난사 사건이 발생하고, 오피오이드*와 메타암페타민에 중독된 결과 100만 명이 넘는 사람들이 약물 과다 복용으로 사망하며,[46] 성인 5명 가운데 거의 1명이 사탄을 숭배하는 아동 성추행범들의 도당이 세상을 운영하고 있다고 주장하는 괴상한 음모론을 믿는다.[47] 이 핵 초강대국의 전 (그리고 미래의) 지도자는 오랜 사기꾼으로, 투표를 통

•   아편과 비슷한 작용을 하는 합성 진통·마취제.

해 대통령직에서 물러나야 했을 때 쿠데타를 일으키려 했다. 그는 이후 4건의 별개 형사 사건에서 91건의 중범죄 조항으로 기소되었다. 그 혐의에는 민주주의 전복 시도, 국가 안보 비밀을 위태롭게 한 일, 공갈, 포르노 배우에게 입막음을 위해 돈을 주고 이를 숨기려 업무 기록을 위조한 일이 포함되었다.

이 기이한 세계에서는 "전례 없는", "미지의"와 같은 단어가 끊임없이 사용되면서 진부해지고, 상식은 멸종위기종이 되었다. 트럼프가 부자와 기업의 세율을 인하했는데도, 그를 지지하는 노동자들은 그가 그들 같은 사람들을 위해 싸운다고 주장한다. 추산에 따르면 트럼프는 대통령 임기 4년 동안 30,573건의 거짓 주장 또는 오해의 소지가 있는 주장을 했으나,[48] 공화당에 투표한 사람들은 트럼프가 종교 지도자나 자기 가족보다 더 자신에게 진실을 말해줄 것이라 믿는다고 말한다. 트럼프는 여러 번 기소되었지만 공화당 지지자 사이에서 그의 인기가 높아질 뿐이었다. 공화당 예비 경선에서 대부분의 도전자가 트럼프를 부르기를 거부했으나, 트럼프의 선거운동본부가 교도소의 범인 식별용 얼굴 사진을 넣은 티셔츠, 커피 머그컵, 음료 쿨러를 팔기 시작하자 선거 후원금이 급증했다.

왜 공화당 지지자들은 기본 윤리는 말할 것도 없고 헌법을 거부하며 두 번 탄핵 소추되고 네 번 기소된 데다 미국의 민주주의를 파괴하고 분열과 혐오를 조장하는 병적인 거짓말쟁이를 받아들일까? 독재자가 되려는 인물에 대한 숭배와도 같은 헌신이 어떻게 미국의 두 주요 정당 가운데 하나를 장악할 수 있었을까? 한때 이 선동가가 미국의 민주주의에 제기한 위협을 의식했던 대부분의 공화당 지도자들이 왜 그를 따를까?

세계 역사상 앞서 있었던 피벗포인트*에 대해서도 비슷한 의문이 제기되었다. 처음에는 "어디에도 없는 바보"[49]로 무시당하고 이른바 어른들이 쉽게 통제할 수도 있었을 어릿광대 같은 나르시시스트인 히틀러가 어떻게 베토벤과 괴테의 나라에서 집권했을까? 수년 동안 망명 생활을 하고 광적인 소수만이 지지하던 극단주의자 레닌이 어떻게 러시아의 새 혁명 정부의 지도자로서 승리를 거두게 되었을까?

"1917년 초 러시아 혁명이 일어나기 직전, 훗날 볼셰비키로 세상에 알려지게 된 사람들은 대부분 사회 변방의 음모 가담자와 몽상가였다. 그해 말에는 이들이 러시아를 운영하고 있었다. 역사에서 이런 주변부 인물과 상궤를 벗어난 변화는 셀 수가 없을 정도이다. 한 체제가 약해지고 반대 세력이 분열되어 있다면, 지배 질서가 부패하고 사람들이 분노한다면, 아무도 예상치 못한 극단주의자들이 갑자기 중심부로 들어올 수 있다. 그리고 그 후 그 피해를 복구하는 데는 수십 년이 걸릴 수 있다."[50]

• pivot point. 주식 투자에서 추세의 방향 전환이 임박한 특정 시점이나 지점을 말하는데, 여기서는 앞에서 말한 '힌지모멘트', '분수령'과 같은 의미로 쓰이고 있다.

볼셰비키 혁명도 나치의 독일 장악도 불가피한 일이 아니었다. 오히려 맞물린 위기들, 순진한 의사결정, 반대 세력의 불운의 산물이었으며 레닌과 히틀러가 프로파간다를 이용해 청중의 불만과 두려움을 조종하는 데 성공한 결과였다. 이 두 인물은 뻔뻔한 거짓말쟁이였다. 저널리스트 빅터 세베스티엔Victor Sebestyen은 『레닌: 인간, 독재자, 테러의 달인』Lenin: The Man, the Dictator, and the Master of Terror에서 다음과 같이 지적했다.[51] 레닌은 "복잡한 문제에 대해 단순한 해결책을 제시"하고 뻔뻔한 냉소주의로 "사람들에게 모든 것을, 무엇이든 약속"하면서 "그가 알고 있는 것은 그가 합리화한 것에 근거한 거짓말"이라고 그 정당성을 주장했다. 그는 대부분의 것을 합리화했는데, 사회주의 혁명이라는 목적이 수단을 정당화하기 때문이었다. 히틀러는 『나의 투쟁』에서 프로파간다는 청중의 이성 능력이 아니라 감정에 호소해야 한다고 썼다. 폴커 울리히Volker Ullrich는 2016년 출간한 전기 『히틀러의 부상』Hitler: Ascent, 1889~1939에서 이 독재자의 연설은 "주문 같은 구절"로 가득하고 주로 "비난, 복수의 맹세", 그리고 "독일을 새로운 시대의 위대한 국가로" 이끌겠다는 "약속"으로 이루어져 있다고 썼다.[52]

한나 아렌트가 주장한 대로, 히틀러와 스탈린의 거짓말과 독설이 뿌리를 내리게 된 것은 20세기 초 유럽이 제1차 세계대전의 참화로 휘청거리고 사회 및 정치 변화의 물결이 사람들에게 본능적인 "정신적·사회적 고향 상실" 감을 남겼기 때문이다.[53] 정치는 "모든 사람과 모든 것에 대한 막연하고 만연한 혐오"가 일상생활에 떠도는 스트린드베리 가의 싸움*과 같이 추악하고 기이한 분위기를 띠었다"고 아렌트는 썼다. 늘 그렇듯, 이런 상황이 정치에 대한 신뢰를 약화시켜, 사람들은 선동가의 위험한 서사를 받아들이게 되었다. 그 서사는 다목적의 희생양을 제공하면서(유대인, 엘리트, 정부를 비난한다) "역경의 파도"를 넘어 "안전한 해변"으로 데려다줄 새로운 운동에 참여할 것을 사람들에게 제안했다. 전체주의 프로파간다가 갖는 힘은 "대중을 현실 세계로부터 차단"해서 "사실과 허구(즉, 경험의 실체), 진실과 거짓(즉, 사고의 기준)의 차이"를 구분할 수 없거나 구분하고 싶어하지 않도록 만드는 능력에서 나온다고 아렌트는 주장했다.

트럼프가 2018년의 한 연설에서 언론인들을 "가짜뉴스"로 맹비난하고 군중에게 "여러분이 보고 있고 읽고 있는 것은 실제로 일어나고 있는 일이 아니다"[54]라고 말했을 때 바로 이렇게 했다.[55] 그리고 대부분의 공화당 지지자들은 자신이 2020년 선거에서 이겼다는 트럼프의 새빨간 거짓말에 입각한 거꾸로 된 세계를 빠르게 묵인하고 그곳에 거처를 정했다.[56]

이는 완고한 부인과 오웰식 산술("2 더하기 2는 5"[57])에

---

* 스웨덴의 극작가이자 소설가인 아우구스트 스트린드베리는 귀족의 아내였던 시리 폰 에센과 사랑에 빠져 결혼했으나 둘 다 개성이 강해 싸움이 그칠 사이가 없었고 결국 파국에 이르렀는데, 스트린드베리는 이 과정을 자전적 소설 『치인의 고백』에 상세히 기록했다.

기초한 세계, 폭스뉴스의 오랜 구호인 "공정과 균형"이 정반대를 의미하는 세계였다. 이 토끼굴과 마술적 사고의 세계에서, 트럼프와 푸틴은 정보 과부하, 소셜미디어의 반향실 효과, 입소문으로 퍼지는 밈 같은 디지털 시대의 기술이 갖는 가장 유해한 측면을 무기화해서 혼란을 조장하고 현실을 재정의했다.

다음 장에서 보게 되겠지만, 실리콘밸리 초창기에 이루어진 결정이 예기치 못한 부작용을 낳았으며, 이로 인해 악의적 행위자가 인터넷을 쉽게 이용하고 사용자들이 대안현실이 번성하는 필터버블에 쉽게 고립될 수 있게 되었다. 그들은 소셜미디어와 게임 플랫폼에서는 분별 있고 합리적인 게시물보다 과장과 선정주의가 조회 수를 더 높일 수 있음을 알게 되었다. 게다가 웹의 익명성이 트롤링*을 가능하게 했듯, 스크린의 매개 효과로 인해 사람들은 자신이 온라인에서 한 말과 행위의 결과로부터 분리된 느낌을 갖게 되었다. 이런 역학은 사람들이 하루에 평균 여섯 시간 이상 휴대전화와 컴퓨터를 사용하며 보내는 상황에서 우려할 만하다.[58] 이 모든 요인들로 인해 오늘날의 힌지모멘트가《제슨 가족》(1960년대 미국 ABC 방송에서 방영한 애니메이션 시트콤)에서 상상한 미래보다는(로봇 도우미, 스마트 시계, 로봇은 이미 나오기는 했지만)《블랙미러》의 디스토피아 미래와 더 비슷하다는 느낌이 든다.

◆ trolling. 인터넷 용어로, 관심 끌기나 화나게 하기 등을 뜻한다.

2
해적과 새로운
프랑켄슈타인

아웃사이더는 어떻게 현 상황을 전복하고
의도치 않은 결과의 쓰나미를 불러일으켰을까

> 그래서 시간의 소용돌이는 복수를 가져오지.
>
> 셰익스피어, 『십이야』

1983년 스티브 잡스는 캘리포니아 카멜에서 열린 회사 수련회에서 맥 컴퓨터 개발에 노력을 들이고 있던 애플사 개발자들에게 연설하면서 이 회사가 단편적이나마 반문화의 뿌리를 갖고 있음을 기억해달라고 강조했다.[1] "해군에 입대하기보다 해적이 되는 게 낫습니다." 잡스는 이렇게 말했고, 애플사 로고 형태에 무지개 색 안대를 한 해골이 그려진 해적기가 한동안 애플 본사 위로 나부꼈다.

애플사의 광고도 이 회사의 이탈자 및 반체제 이미지, 다시 말해 아웃사이더라는 명성에 영향을 미쳤다. 예를 들어, 리들리 스콧이 감독해 상을 받은 1984년의 광고는 암울한 미래 세계를 떠올리게 했다.[2] 빅브라더 같은 인물이 거대한 화면에 나타나 회색 죄수복을 입은 죄수인 청중에게 "생각의 통일"을 설교한다. 이때 빨간 반바지와 새로운 매킨토시 컴퓨터가 그려진 탱크톱을 입은 젊은 여성이 진압 경찰을 피해서 질주해 갑자기 나타나더니 빙글빙글 돌아 화면으로 대형 망치를 던지고 화면이 섬광 속에 폭발한다. 메시지는 이렇다. 애플 컴퓨터는 개인으로 하여금 정부와 기업의 집단사고로부터 자유롭게 하고, 애플사의 창립자로서 틀 밖을 생각하는 스티브 잡스 같은 비순응자와 아웃사이더, 우상파괴자를 위한 것이다.

정교하게 만들어진 이 마케팅 메시지는 1997년 광고에서 한층 더 강조된다.[3] 알베르트 아인슈타인, 무하마드 알리, 밥 딜런, 아멜리아 이어하트, 마틴 루서 킹 주니어, 존 레넌, 앨프리드 히치콕, 파블로 피카소 같은 상징적 인물들이 화면에 등장하면서 다음과 같이 찬사를 보내는 목소리가 들린다. "미친 자, 부적응자, 반란자, 말썽꾼, 부적격자 (……) 이들은 사물을 다르게 본다. 규칙을 좋아하지 않고 현 상황을 존중하지 않는다 (……) 당신은 이들을 인용할 수도 있고 이들에게 동의하지 않을 수도 있으며, 이들을 찬미하거나 비난할 수도 있다. 당신이 할 수 없는 유일한 일은 이들을 무시하는 것이다. 왜냐하면 이들은 상황을 변화시키기 때문이다. 인류를 앞으로 밀어내기 때문이다." 애플사 로고의 (사용하지 않은) 초기 디자인도 몽롱한 히피 분위기를 갖고 있었다.[4] 빅토리아 여왕 시대 풍의 목판화에 아이작 뉴턴이 사과나무 아래에 앉아 있는 모습이 묘사되어 있고, 워즈워스의 『서곡』에서 "홀로, 낯선 상념의 바다를 영원히 항해하는 마음"이라는 구절을 인용하고 있다.

스티브 잡스가 반문화에 대해 가진 친밀감은 그의 주변에서 특별한 게 아니었다.[5] 실리콘밸리는 1960년대와 1970년대에 반체제 문화의 진원지였던 샌프란시스코 만 지역에서 생겨났으며, 그 창립 세대를 영원히 형성한 것은 당시의 시대정신인 반항과 유토피아에 대한 희망이었다. 『지구백과』*를 만든 스튜어트 브랜드Stewart Brand는 1995년에 쓴 "우리는 모든 것을 히피에게 빚지고 있다"라는 제목의 에세이에서 이렇게 썼다. "중앙집권화한 권위에 대한 반문화의 경멸은 지도자 없는 인터넷뿐 아니라 개인용 컴퓨터 혁명 전체에 철학적 토대를 제공했다." 당시의 거대한 중앙 컴퓨터는 정부 및 미국 기업(즉 IBM)과 연결되어 있었지만, 해커들과 초기 프로그래머들은 개인용 컴퓨터를 혁명의 도구로 보았다. 자유주의 및 공동체주의의 목표를 모두 실현하는 데 도움이 될 수 있는 도구, 생각이 비슷한 사람들을 연결하고 창의성을 촉진하며 정보를 민주화하고 아웃사이더에게 권한을 부여하는 도구 말이다.

디지털 기술은 어지러운 속도로 발전했고, 불과 수십 년 만에 구텐베르크의 인쇄기, 전구, 자동차만큼 그리고 어

• *Whole Earth Catalog*. 스튜어트 브랜드가 1968년부터 1972년까지는 1년에 여러 차례, 그 이후부터 1998년까지는 가끔씩 출간한 미국의 반문화 잡지이자 제품 카탈로그로서, 에세이와 기사가 실리기도 했지만 주로 제품 리뷰에 중점을 두었다.

쩌면 이 셋을 합친 것만큼 중요하고도 헤아릴 수 없는 방식으로 세계를 변화시켰다. 디지털 기술은 우리 일상생활의 속도와 외형을, 우리가 일하고 배우고 쇼핑하고 길을 찾고 오락에 접근하고 업무를 처리하는 방식을 바꿔놓았다. 그리고 우리가 소통하고 뉴스를 처리하고 가족, 친구, 낯선 사람과 상호 작용하는 방식을 변화시키면서 의도치 않은 결과 또한 쏟아내고 있다.

스마트폰 사용과 광대역 접속이 기하급수적으로 폭증하면서 예기치 못한 부작용이 따라왔다. 이것은 어떤 면에서, 고약한 유머 감각을 가진 지니가 세 가지 소원을 들어주지만 그 무엇도 주인공이 기대한 대로 이루어지지 않는 옛이야기를 떠올리게 한다. 디지털 기술은 수많은 새로운 방식으로 사람들을 연결했지만, 또한 사람들을 분열시키고 정파 간 혐오의 매개체가 되었다. 유권자에게 시민 참여를 높이는 수단을 주었으나 또한 우리의 선거제도에 대한 신뢰를 무너뜨리는 가짜뉴스와 허위정보를 쏟아냈다. 보통 사람들의 목소리를 증폭시키는 도구가 정부의 감시와 거대 기술기업이 우리의 정보를 수집해 수익화하는 데 이용될 수도 있다.

반문화 혁명가가 되려던 실리콘밸리의 많은 사람들은 곧 엄청난 성공을 거두어 전성기의 IBM보다 몇 배나 크고 영향력 있는 회사, 무서운 속도로 거대 독점기업으로 성장할 회사를 이끌거나 그런 회사에서 일하게 되었다. 허름한 스타트업으로 시작한 이들 기업 가운데 상당수는 시간이 흐르면서 점점 더 평범해져 혁신적인 새로운 아이디어를 내놓기보다 소규모 기업들을 집어삼키거나 대표 제품(즉, 아이폰14, 아이폰14 프로, 아이폰 14 프로 맥스, 아이폰 14 플러스 등)을 끝없이 반복해 출시하면서 성장했다.

2022년 1월 현재, 한때 해적선이었던 애플사의 시장 가치는 3조 달러였다.[6] 애플은 구글, 아마존, 넷플릭스, 지금은 메타로 바뀐 페이스북 같은 다른 거대 기술기업과 나란히 세계에서 가장 가치가 높은 기업 상위 10위 안에 든다. 이런 평가 가치는 이들 기업의 서비스가 놀라운 속도로 사람들의 일상생활에 얼마나 깊숙이 자리 잡았는지 보여주는 하나의 지표에 지나지 않는다. 최초의 아이폰이 판매된 건 2007년이고, 페이스북은 2004년에 설립되었으며, 구글 사용이 폭발적으로 늘어난 것은 2000년 무렵이었다는 사실을 기억하길 바란다.

디지털 기술이 아웃사이더에게 권한을 부여한 것은 2008년 금융 위기 이후 일어난 전문가와 제도에 대한 거대한 불신의 물결과 맞물렸다. 이 위기는 은행과 금융 엘리트의 무분별한 이윤 추구로 인해 촉발되었는데, 이들이 국민의 세금으로 긴급 구제를 받자 사람들이 분노하고 경악한 것은 당연한 일이었다. 은행가, 경제학자, 정부 인사 등 그렇게 많은 전문가들이 "금융 대량 살상 무기"[7]로 일컬어지는 터무니없이 복잡한 금융 거래를 어떻게 신뢰할 수 있었을까? 그리고 어째서 대기업과 부유한 투자자는 빠르게 회복한 반면 중산층과 노동계층은 집과 일자리를 상실하고 이후 잃어버린 기반을 만회하기 위해 고군분투해야 했을까? 젊은이들은 막대한 학자금 대출과 임시직을 선호하는 새로운 경제에서 시간제 일자리를 얻을 수 있을 뿐이라는 전망을 안고 대학을 졸업했으며, 제조업 노동자들은 자신의 일자리가 로봇에 의해 대체되거나 해외로 이전되는 것을 보았다.

윌리엄 A. 갤스턴William A. Galston은 2018년『민주주의 저널』Journal of Democracy에 쓴 글에서 2008년 금융 위기의 여파를 역사의 관점에서 보고자 했다. "지난 140년 동안 있었던 금융 위기 이후의 정치에 관한 최근 연구에 따르면 일관된 양상이 나타난다.[8] 다수당이 위축되고, 극우 정당이 기반을 얻으며, 양극화 및 분열이 심화되고, 불확실성이 커지며, 통치가 더 어려워진다."

역사가 데이비드 포터David Potter는 2021년 출간한『붕괴: 왜 상황은 변화하는가』Disruption: Why Things Change에서 이렇게 말한다. 파괴적 변화는 "기존 제도의 역량"에 대한 의심을 불러일으킨 현상을 이용해서 현 상황에 이의를 제기하는 집단과 함께 "사회의 변방에서 시작된다."[9] "대안이 되는 이념 체계와 공동체가 고통을 겪는 시기의 동시 발생이 근본적 변화의 필수 조건"이라고 주장한다. 무능한 차르 정권에 대한 반감이 커지고 제1차 세계대전의 고난을 겪는 가운데 레닌과 볼셰비키가 부상한 것이 한 예이다. 그 이전에는 볼셰비키가 "러시아 정치계의 이상한 변방"에 있었다고 포터는 쓰고 있다. 즉 "주류 바깥에 있어서 그 많은 지도자들이 투옥되지 않았으며 수년 동안 이 나라에 살지 않았다."

2008년 금융 위기의 경우, 미국 정부가 이전에 보여준 다른 실패의 전철을 밟았다. 가장 유명한 것은 부시 행정부의 실패인데,[10] 9·11 테러 전 몇 주 동안 알카에다가 계획한 공격이 임박했다는 정보기관의 경고를 받고도 조치를 취하지 않았고, 이라크를 침공하기로 한 재앙 수준의 결정은 존재하지 않는 것으로 밝혀진 대량 살상 무기의 존재에 근거한 것이었으며, 1,800명 이상의 사망자와 1,600억 달러가 넘는 피해를 초래한 허리케인 카트리나에 대한 처리는 미숙했다.

트럼프와 협력자들은 정부 또는 그들이 말하는 "딥스테이트*"에 대한 사람들의 불신을 증폭시키고 싶었다. 트럼프의 고문인 스티브 배넌은 이른바 "행정 국가의 해체"[11]를 바랐는데, 이는 100개가 넘는 환경 규제의 철회를 포함한 규제의 대량 폐기와 (식료품 할인 구매권, 저소득층 의료 보장 제도, 빈곤 퇴치 계획 같은) 사회안전망 프로그램을 대

• deep state. 민주주의 제도 밖에 있는 숨은 권력집단.

폭 줄이는 예산안으로 나타났다. 전문가가 특정한 이념의 신봉자와 측근으로 대체되면서 정부기관이 안에서부터 약화되었을 뿐 아니라, 트럼프 자신의 무능, 부패, 헌법 무시가 정부에 대한 유권자의 신뢰를 더욱 무너뜨리는 악순환을 낳았다. 이 악순환은 유해한 정파심과 쉽게 남용되는 구식의 절차 규칙으로 제대로 기능하지 못하고 절름발이가 된 의회, 그리고 여론과 오래된 선례를 점점 더 망각하고 있는 대법원으로 인해 악화되었다.

두 가지 현상이 합쳐져서, 다시 말해 제도에 대한 대중의 의심이 점점 더 커지고 기술이 일반 사람들에게 자기 생각과 의견을 전달할 수 있는 메가폰을 쥐어주면서, 현재 우리가 살고 있는 정치 불안과 불확실성의 시대를 만들어냈다. 전 CIA 분석가인 마틴 거리Martin Gurri가 『새 밀레니엄의 대중 반란과 권위의 위기』The Revolt of the Public and the Crisis of Authority in the New Millennium에서 주장한 대로, 2011년의 월스트리트 점령 시위와 아랍의 봄 시위는 권력의 균형이 이미 "권위와 복종, 지배자와 피지배자, 엘리트와 대중"[12] 사이에서 이동하고 있다는 신호였다. "난데없이 나타난 사람들"[13]인 아마추어들이 떼 지어 "피라미드의 경사면을 올라와 선택받은 소수의 영역을 짓밟"기 시작했다고 그는 썼다.

소셜미디어와 SNS는 온갖 종류의 활동가, 예술가, 아웃사이더에게 게이트키퍼와 중개인을 우회할 수 있는 수단을 제공하면서 비즈니스, 정치, 오락에서 하향식 모델을 약화시켰다. 뉴욕대학교 교수 클레이 셔키는『끌리고 쏠리고 들끓다: 새로운 사회와 대중의 탄생』에서 디지털 기술이 사람들에게 "전통의 제도 및 조직 틀 밖에서"[14] 집단행동을 취할 수 있는 능력을 부여했다고 썼다.

투자자, 벤처 자본가, 기존 기업은 차세대 "파괴적 혁신"에 주목하기 시작했다. 파괴적 혁신이란 말은 하버드대학교 경영대학원 교수였던 클레이튼 크리스텐슨이 1990년대 중반 소규모 기업이 새로운 시장을 만들어내거나 기존 시장의 저가형 시장에 진출해 기존의 기업을 대체할 수 있는 상향식 과정을 묘사하기 위해 만들었다. 위키피디아가 브리태니커 백과사전을, 또는 넷플릭스가 블록버스터 비디오 가게를 대체하는 식으로 말이다.

한편, 프로젝트에 필요한 벤처 자금을 마련할 수 없는 영화제작자, 공연 예술가, 발명가는 킥스타터Kickstarter 같은 크라우드펀딩 플랫폼에 의지했다.『뉴욕타임스』는 킥스타터를 "대중의 국립예술진흥기금", "포스트 게이트키퍼 시대를 위한 예술 단체"[15]라 불렀다. 킥스타터는 2009년 시작했으며, 2022년 말 약 2,200만 명의 사람들이 이를 이용해 20만 건 이상의 프로젝트에 70억 달러 이상을 후원받았다.[16] 여기에는 선댄스, 트라이베카, 사우스 바이 사우스웨스트South by Southwest(SXSW) 페스티벌에서 상영한 12편 이상의 수상작 영화가 포함되어 있다. 킥스타터에서 후원자를 얻은 프로젝트는 "양쪽 면에 완전한 침묵"[17]을 담은 한정판 반투명 음반인 《묵상》*Silent Meditation* 같은 작고 기발한 시도부터 대학을 중퇴한 팔머 러키Palmer Luckey라는 청년이 디자인한 가상현실 헤드셋인 오큘러스리프트Oculus Rift 같은 매우 야심찬 사업까지 다양했다.[18] 팔머 러키는 부모의 차고에서 견본을 만들어 2012년 킥스타터에서 240만 달러를 모금했고, 2년 뒤 20억 달러에 회사를 페이스북에 매각했다.

젊은 예술가들은 자신의 작품을 홍보하기 위해 음반사와 라디오 방송국에 의존하는 대신에 온라인 동영상 및 음악 공유 사이트를 이용하기 시작했다. 저스틴 비버가 유튜브에 등장했고, 빌리 아일리시는 사운드클라우드SoundCloud에서 입소문을 탔으며, 릴 나스 엑스는 틱톡TikTok에서 급속히 인기를 얻은 컨트리랩 싱글 앨범 《올드 타운 로드》*Old Town Road*로 미국 빌보드 핫 100 순위에서 최장수 1위를 차지했다. 챈스 더 래퍼는 음반사와의 계약이나 자기 음악에 대한 비용 청구를 거부해서 스트리밍 전용 앨범으로 그래미상(3개 부문)을 받은 최초의 아티스트가 되었으며, 스트리밍 전용 앨범이 빌보드 200에 오른(톱10에 진입) 최초의 아티스트였다.

스스로 "콘텐츠 제작자"라 부르는 많은 적극적인 소셜

미디어 사용자들은 취미와 틈새 관심 분야를 수백만 달러 규모의 사업으로 바꿔놓았으며, 어떤 경우에는 팟캐스트, 틱톡 피드, 유튜브 채널에서 수천만 명의 구독자를 확보하고 댄스 동영상, 립싱크 대회, 코미디 촌극, 노하우에 대한 조언, 고양이 동영상, 어리석은 인간의 속임수, 실제 범죄 요약, 가전제품 및 장치 리뷰를 게시했다.

소셜미디어와 하루 24시간 연중무휴인 뉴스 주기는 예술가, "인플루언서", 있을 법하지 않은 정치 후보자, 악의적 선동가, 관심을 끌려는 온갖 사람들의 경력을 발전시킬 뿐 아니라, 중요한 순간에는 저항할 만큼 용감한 보통 사람들의 목소리를 증폭시켰다.

미국 육군 특전사 버네사 기옌은 텍사스주 포트후드에 배치되어 있는 동안 성희롱을 당했다고 호소했으며, 이후 2020년 기지 근처에서 시신이 절단된 상태로 발견되었다. 기옌의 자매들은 이 사건에 대한 의회 조사를 요구하는 시위를 이끌었다. 미국 군대에서 히스패닉계 인구가 가장 빠르게 증가하고 있었고,[19] 라틴계 커뮤니티가 기옌 가족을 지지하며 결집했다. 소셜미디어의 해시태그 #내가버네사기옌이다#IAmVanessaGuillen는 수백 명의 군인들이 군대에서 겪은 성폭행 경험을 공유하면서 입소문을 타게 되었으며, 군이 포트후드의 문화 및 지휘 구조에 대한 3개월에 걸친 조사에 착수해서 결국 관련된 장교 및 하사관 14명을 해고

하거나 정직시켰다. 2022년 조 바이든 대통령은 국방수권법의 일부로서 버네사 기엔 법의 주요 내용을 법제화했는데, 여기에는 통일군사재판법[20]에 따른 성희롱의 범죄화도 포함되었다.

다넬라 프레이저라는 또 다른 젊은 여성이 역사의 궤도를 바꾸는 일을 도왔다. 2020년 5월 25일 당시 열여덟 살이던 프레이저는 아홉 살 난 사촌 동생을 데리고 동네 가게에 간식을 사러 갔다가 미니애폴리스 경찰관인 데릭 쇼빈이 다른 세 명의 경찰이 지켜보는 가운데 겁에 질린 흑인 남성의 목을 무릎으로 짓눌러 숨을 쉴 수 없게 만들어서 흑인 남성이 살려달라고 애원하는 모습을 보았다. 프레이저는 조지 플로이드의 살해 장면을 휴대전화로 녹화해 페이스북에 게시하기로 결심했고,[21] 그 덕분에 이곳 경찰서가 이 살인사건을 조작하려 한(처음 보도자료에는 "경찰과 소통 중 의료 사고 후 남성 사망"이라고 되어 있다) 사실이 폭로되었으며, 그해 여름 미국 역사상 최대 시위인 '흑인 목숨이 소중하다'Black Lives Matter가 일어났다. 프레이저는 또 쇼빈이 조지 플로이드 살해 혐의로 유죄 판결을 받은 2021년 재판에서 주요 증인으로 나섰다. 당시까지 경찰관에게 그들의 행동에 대한 책임을 물은 사례는 매우 드물었다.[22]

실제로, 휴대전화는 전 세계의 보통 사람들이 시청각 증거를 가지고 미국 경찰의 잔혹 행위나 우크라이나 민간인을 상대로 저지른 러시아의 전쟁 범죄를 증언할 수 있는 능력을 부여했다. 이런 시청각 증거는 공식 기록에도 들어가고 전 세계에 퍼뜨릴 수도 있었다.

이렇게 상호 연결된 지구는 높은 직책이나 큰 명성이 없더라도 개인이 어떤 중요한 행동이나 선택으로 놀라운 영향력을 발휘해 전 세계에 파문을 일으키는 결과를 가져올 수 있는 곳이 되었다. 전 백악관 보좌관인 스물여섯 살의 캐시디 허친슨을 생각해보라. 허친슨은 트럼프 행정부의 대부분 연장자들이 침묵하거나 공모하도록 트럼프로부터 협박을 당하던 때에 '1월 6일 위원회'*에 나가서 자신이 목격한 것을 증언했다. NFK(미국 프로 미식축구 연맹) 경기에서 국가가 연주되는 동안 경찰의 잔혹 행위에 항의하기 위해 무릎을 꿇기로 한 콜린 캐퍼닉의 결정이 어떻게 전 세계에서 인종 정의를 위한 투쟁에 대한 연대의 상징으로 여겨지게 되었는지 생각해보라. 무함마드 부아지지라는 가난한 튀니지 과일 행상인의 절망에 찬 행위가 어떻게 아랍의 봄을 촉발했는지 떠올려보라. 지역 당국이 물건을 팔 수 있는 허가를 내주기를 거부하며 물건을 압수하고 공개적으로 망신을 주면서 끊임없이 괴롭히자, 그는 결국 12월 17일 분신하고 말았다.

마셜 매클루언과 닐 포스트먼이 지적한 대로, 새로운 정보 기술은 새로운 환경을 만들어 우리가 세계를 이해하

---

* 2021년 1월 6일 트럼프의 지지자들이 부정선거 음모론을 주장하며 미국 국회의사당을 습격한 사건을 조사하기 위해 만들어진 위원회.

는 방식을 새롭게 포맷한다. 매클루언의 유명한 말로 하자면 "미디어는 메시지이다." 요하네스 구텐베르크가 인쇄기를 발명한 것은 아니었다. 11세기 중국에서 도자기를 사용한 가동 활자가 최초로 만들어졌다. 하지만 구텐베르크의 마법 같은 인쇄기는 1452년 무렵 성경을 빠르게 찍어내기 시작하면서 거대한 변화의 물결을 일으켰다. 이것은 지식을 공유하고 저장하고 꺼내오는 방식을 근본적으로 변경했고, 그 과정에서 문화 및 정치 분야에 거대한 변화의 물결을 촉발했으며, 그 후에 인터넷이 이를 쓰나미로 바꿔놓았다.

이런 점에서, 인쇄기와 몇 세기 후의 인터넷은 모두 계속 진행 중인 정보 민주화의 두 개 장에 해당하며, 이는 결국 평등주의를 향한 중요한 움직임을 부채질했다. 메소포타미아에서 가장 이른 시기에 기록된 역사는 단순한 왕들의 목록이었고, 뒤이은 수세기 동안에는 역사가 황제, 군사 지도자, 위대한 예술가, 성인의 인물 스케치 형태를 띠었다. 토머스 칼라일은 1840년 "세계 역사는 근본적으로 이곳에서 활동한 위대한 인물들의 역사"[23]라고 썼다. 20세기 중반에 이르러서야 보통 사람들, 가난한 사람들, 소외된 사람들에 초점을 두는 "일상생활의 역사"[24]와 "아래로부터의 역사"가 대중적이고 인정받는 접근법이 되었다.

인쇄기는 더 많은 사람들이 더 많은 정보를 이용할 수 있게 해, 전통적 권위가 의심받지 않고 사회 계급이 엄격히

정의되며 아웃사이더가 자기 생각을 말할 기회가 거의 없는 오랜 하향식 체계에 균열을 일으켰다. 글을 읽고 쓸 줄 아는 능력이 확산되고 인쇄물이 급증하면서 한때 부자들의 특권이던 교육에 더욱 폭넓게 접근할 수 있게 되었다. 자신이 사는 도시나 마을 너머의 세계에 대해 배우기 위해 더 이상 가정교사를 고용하거나 신학교에 다닐 필요가 없었다. 최신의 책을 읽기 위해 더 이상 라틴어를 알 필요가 없었다. 이야기를 듣던 사람들이 책을 읽는 사람들이 되었고, 독서가 혼자 하는 활동이기에 책이 자기성찰과 자기인식을 촉진했으며, 이는 결국 우리가 현대 사회와 연관 짓는 특징인 개인주의와 자기결정성을 양성했다.

인쇄기는 오늘날의 인터넷과 마찬가지로 아웃사이더에게 권한을 부여하고 사회 변화의 놀라운 촉진제가 되었다. 인문주의 사상이 이탈리아에서 더 넓은 세계로 확산하는 속도를 높여 르네상스를 재촉했으며, 연구자들이 데이터와 실험 결과를 멀리 떨어져 있는 동료와 공유할 수 있게 해 과학혁명을 부채질했다. 그리고 마르틴 루터에게 자기 생각을 공유할 수 있는 플랫폼을 제공하는 동시에 교회가 이단으로 간주되는 것을 억압하는 일을 더 어렵게 만들어 종교개혁을 촉진하는 데 일조했다.

역사가 에이다 파머Ada Palmer는 이렇게 말한다. "새로운 정보 기술이 등장할 때마다 그것으로 가장 먼저 '목소리를 내'는 집단" 가운데에는 "이전 체제에서 침묵했던 사람들, 다시 말해 급진적인 목소리를 가진 사람들이 있다."[25] 인쇄기의 경우 "그들은 급진적 이단, 급진적 그리스도교 분파, 급진적 평등주의 단체, 정부 비판자를 뜻했다."

예를 들어, 인쇄물은 미국독립혁명에 활력을 불어넣는 데 핵심 역할을 했다. 토머스 페인의 『상식』 같은 정치 소책자(팸플릿)는 식민지 저항을 결집시켰으며, 편집 내용을 서로 공유하던 다양한 주州의 신문들은 뉴욕주립대학교 교수 로버트 파킨슨Robert Parkinson이 말한 대로 "1775년 영국과의 전쟁이 일어났을 때 식민지들이 서로 지지하지 않을 가능성을 줄이는 접합제"[26] 역할을 했다.

닐 포스트먼은 『죽도록 즐기기』Amusing Ourselves to Death (1985)에서 매우 선형적인 성격을 지닌 인쇄물은 합리적이고 사려 깊은 담론을 활성화하는 경향이 있으며 설득, 영감, 반성, 토론을 위한 매우 유연한 전달 체계라고 주장했다. 이와 달리, 텔레비전은 "지나치게 단순화하고 실체가 없으며 비역사적이고 맥락이 없는 형태로 정보를 제시한다고, 즉 정보를 오락으로 포장한다"[27]고 포스트먼은 언짢은 목소리로 주장했다. 사람들은 화면에서 보는 내용에 대해 좀 더 감정적으로 반응하는 경향이 있고, 그 결과 정치가 점점 더 공연처럼 되어 합리적인 정책 토론이 개성과 영리한 사진 촬영 기회로 대체되고 있다고 포스트먼은 말했다. 비판적 사고가 중단될 때 사람들은 점점 더 "관객이 된다"[28]고 그는 계속해서 말한다.

디지털 미디어는 전자/텔레비전 문화의 많은 측면을 강화해서 심사숙고보다는 즉각성을, 실체와 진실성보다는 인기를 중요시한다고 포스트먼은 비난한다. 전자 및 디지털 미디어는 원인과 결과를 함축하는 선형적 시간의 진행 대신에 매클루언이 말한 "동시다발"의 느낌, 모든 것이 동시에 일어나면서 우리가 정보의 소용돌이 속에 빠져 있다는 인식을 조장한다.

정보가 쇄도하면서, 가장 시끄럽고 가장 선정적인 소재, 가장 논란이 많거나 도발적인 게시물에 우리의 관심이 쏠린다. 우리는 온갖 뉴스 속보, 온갖 부산스러운 알림 같은 자극에 중독되고, 집중력이 떨어져 "깊이 읽고 세심히 생각하며 심사숙고하는 능력"[29]을 잃고 있다고 니콜러스 카는 『생각하지 않는 사람들』*The Shallows*에서 말한다.

하지만 소셜미디어는 또한 사람들이 포스트먼이 말한 수동적 관객이 되지 않을 수도 있음을 뜻했으며, 정치인들은 더 이상 방송 형태로만 움직일 수 없음을 서서히 깨닫게 되었다. 그보다는 온라인의 모든 사람들이 거대한 피드백의 순환 고리에 합류했고, 이로 인해 새롭고 혁신적인 생각과 정신 나간 이론 모두가 아래로부터 솟아나면서 더욱 폭넓은 청중을 찾을 수 있었다.

사람들은 말대꾸를 하기 시작했다. 학생들은 필독서의 결정권을 요구하며 도서 목록의 다양화를 주장하기 시작했고, 일부 학부모는 학교 교육과정에서 인종과 젠더를 다루는 특정한 책들을 제외해달라고 요구했다. 대중 담론에서 상호 작용이 당연한 것으로 여겨지면서 소설가, 코미디언, 뮤지션이 소셜미디어를 이용해 대중과 소통하게 되었으며, 인터넷이 이른바 참여 문화를 활성화해 저작권과 지적 재산권에 대해 중요한 문제를 제기하면서도 다양한 팬픽션*, 리믹스뮤직*, 개인이 직접 만든 영화 예고편, 동영상 메시업▲, 재활용 미술품이 생겨났다. 일부 텔레비전 대본 작가들도 트위터 피드와 레딧 스레드를 들여다보며 팬들의 반응을 살피면서, 때로는 피드백에 응해 반전과 인물의 뒷이야기를 수정하고 시리즈에 특히 열광하는 팬들을 위해 깜짝 놀랄 숨은 메시지를 남기기 시작했다.

클레이 셔키는 『끌리고 쏠리고 들끓다: 새로운 사회와 대중의 탄생』에서 이렇게 썼다. 기술 변화와 그것이 사회에 가져오는 좋지 못한 결과 사이에는 수십 년의 시차가 있을 수 있으며, 그 결과 "진정한 혁명은 A지점에서 B지점으로 질서 있게 이행하는 것과 무관하다. 오히려, A에서 긴 혼란의 시기를 거친 다음에야 B에 도달한다. 저 혼란의 시기에, 구체제는 새로운 체제가 안정되기 오래전에 망가진다."[30]

- fan fiction. 팬이 만화, 소설, 영화, TV드라마 등의 인물, 설정을 재사용해 자신이 원하는 방향으로 이야기를 이끌거나 패러디한 창작물을 말한다.
- music remixes. 원본 음악을 컴퓨터를 이용해 자유자재로 변형을 가한 음악.
- mash-up. 수많은 여러 가지 요소들을 하나로 결합해 완전히 새로운 의미를 만들어내는 것을 뜻한다.

다시 말해, 구체제의 붕괴 이후 새로운 시대는 아직 도래하지 않은 궐위기가 있는 것이다.

역사가들은 15세기에 구텐베르크의 인쇄기로 인해 책의 대량 생산이 가능해진 이후 수십 년 동안의 문화 혼란을 우리에게 상기시킨다. 엘리자베스 아이젠슈타인은 획기적 연구서 『변화의 동인으로서의 인쇄기』*The Printing Press as an Agent of Change*(1980)에서 "계몽주의뿐 아니라 신비주의 또한 초기 인쇄물에서 비롯되었다"고 언급했다.[31] 인쇄업이 자리를 잡고, 인쇄업자가 새로운 기술을 숙달하고, 학자들이 필경사 시대로부터 물려받은 혼란스러운 자료를 "정리하"는 데는 시간이 걸렸다.

"활자 인쇄가 시작되고 첫 세기 동안 과학적 '가치가 없는' 엄청난 양의 자료가 복제되어 널리 유통되었다"고 아이젠슈타인은 썼다.[32] 많은 인쇄업자가 처음에는 "서적상이나 필경사가 이미 유통하고 있던 문서 자료를 무엇이든 다소 무분별하게" 복제했다. 일부는 "예언 및 예측 모음집을 만들어 (오늘날의 타블로이드판 신문에 못지않게) 사람들의 흥미를 끄는 가장 선풍적인 '유사과학'을 이용하고자 했다." 실제로, 마침내 르네상스와 이성의 시대를 촉발한 것과 똑같은 힘이 처음에는 15세기의 광기 어린 마녀사냥 같은 미신의 확산을 촉진했다. 마녀사냥은 1486년 『마녀 잡는 망치』*Malleus Maleficarum*라는 악마 연구 논문이 출간

되면서 가속되었는데, 이 논문은 6년 동안 9판이 나왔다.[33]

한편 "모든 사람이 성경을 손에"[34] 넣을 수 있게 되면서 "교회의 영원한 분열", "완고하고 독단적이며 강박적이기까지 한 종교적 태도", 글자 그대로의 근본주의가 뿌리내릴 수 있는 환경을 조성했다. 더욱이 가톨릭 신자와 프로테스탄트 신자는 인쇄에 의한 "활자체의 고정성"[35]으로 인해 점점 더 각자의 입장에 고착되었다. "책 전쟁이 양극화를 장기화했고, 소책자 전쟁이 양극화 과정을 가속했다."

"곧 도발적인 문제를 가볍게 넘기기가 불가능해졌으며 너무나 많은 펜들이 이런 문제를 크게 다루었다"고 아이젠슈타인은 썼다.[36] "압도적인 십자포화 속에 갇힌 온건주의자들은 그들이 설 수 있는 중간 지대를 급속히 빼앗겼다."

익숙한 이야기로 들리는가?

오늘날 우리는 점점 심해지는 양극화 및 정파주의와 씨름하고 있다. 이는 인쇄술 초기 시대와 비슷해서, 우리가 과거에도 비슷한 어려움을 겪었으며 부족하기는 하지만 적어도 새로운 기술이 낳은 대혼란과 싸우는 방법(언론의 사실 확인 및 과학 출판물의 동료 검토 과정 같은)을 결국 찾았음을 상기시켜준다.

그렇기는 해도 오늘날에는 여러 가지 요인으로 인해 문제가 복잡해졌다. 우선, 정보가 폭발적으로 증가했다. 1982

년 당시 벅민스터 풀러는 1900년까지 인간의 지식이 세기마다 거의 두 배로 증가했다고 추산했다. 하지만 1945년에는 25년마다 두 배가 되었으며 1982년에는 약 12개월마다 두 배가 되었다. 현재에는, 한 추산에 따르면 12시간마다 두 배가 되고 있다.[37] 이렇게 데이터 포인트가 폭발적으로 증가하는 현상은 우리가 광학의 도움을 약간 받으면 볼 수 있는 별의 수가 폭발적으로 증가하는 것과 다르지 않다. 서기 2세기에 프톨레마이오스는 48개 별자리에 있는 1,022개 별의 목록을 만들었다. 현대의 쌍안경으로는 약 217,000개의 별을 볼 수 있으며,[38] 작은 망원경으로는 무려 530만 개의 별을 볼 수 있다. 수많은 패턴으로 연결해 셀 수 없이 많은 물건, 인물, 신화 등 기본적으로 상상하고 싶은 것이면 무엇이든 표현할 수 있는 빛의 점들이 크게 증가하는 것이다.

오늘날 데이터 급증으로 인해, 우리는 또한 푸틴의 러시아가 개척하고 도널드 트럼프가 받아들인, 정보 과부하 및 사람들의 부신 피로를 이용하는 새로운 유형의 프로파간다에 취약해졌다. 이 유형의 프로파간다는 랜드연구소RAND Corporation의 분석가들이 말하는 "거짓말이라는 소방호스"[39]보다 오래된 방식의 검열에 구속받는 정도가 덜하다. "거짓말이라는 소방호스"란 대중에게 많은 양의 거짓말, 모순되는 사실, 허위정보, 절반의 진실, 뉴스, 가십, 그리고 단순한 소음을 퍼부어 사람들이 점점 무감각해지고 피로가 냉소와 체념으로 굳어지게 하는 것이다.

이 방대한 정보의 바다에서 길을 찾기 위해 검색 엔진, 미디어 기업, 소셜미디어, 봇에 의지하게 되고, 이런 여과 장치가 온라인에서 우리가 어떤 정보 또는 허위정보를 볼지 그리고 그것이 우리의 세계 인식을 어떻게 형성하거나 왜곡할지를 결정하면서 문제가 복잡해졌다. 디지털 방식으로 대전환이 이루어지면서 생겨난 이 궐위기에 유의미한 안전장치와 방호책은 없다. 그래서 인터넷은 규제, 감독, 또는 책임이 없는 서부 개척 시대의 거친 서부로 남아 있다. 정보, 잡담, 사실, 허위정보, 거짓말이 휘몰아치는 바람굴로 남아 있다.

이런 문제 가운데 일부는 실리콘밸리 초창기에 내려진 결정에 뿌리를 두고 있다. 페이스북과 구글 같은 기업이 내린 특히 치명적인 한 가지 결정은 구독 모델을 이용해 그들이 제공하는 서비스에서 수익을 낸다는 발상을 거부한 것이었다.[40] 이는 부분적으로, 그들이 모든 것이 무료여야 한다는 반문화를 지향하는 척하기를 좋아했기 때문이다. 하지만 정말로 무료는 아니었다. 이들 회사가 대신에 받아들인 광고 모델은 막대한 양의 개인 정보 수집에 의존하는데, 이렇게 수집한 정보를 우리에게 추천 광고를 보여주기 위해 이용한다. 게다가 이들 회사는 두려움, 분노, 충격을 유발하는 선동적이고 감정이 불편해지는 콘텐츠와 우리가 이전에 클릭한 것에 기초한 맞춤형 콘텐츠가 참여도를, 다시 말해 조회 수, '좋아요' 수, 공유 수를 높일 수 있음을 곧 깨달았다.

실리콘밸리에서 월스트리트 부류가 히피를 대체하고 어떤 대가를 치르더라도 성장해야 한다는 풍조가 자리 잡기 시작하면서, 인터넷은 수익을 최적화하고 정보를 수집하며 우리에게 더 많은 것을 팔기 위해 설계한 알고리즘의 미로가 되었다. 그리고 개인 정보의 노출은 급증하는 많은 우려 가운데 하나에 지나지 않았다.

가상현실 개발의 선구자이자 실리콘밸리 창립 세대의 한 사람인 재런 러니어는 『지금 당장 당신의 SNS 계정을 삭제해야 할 10가지 이유』에서 "한때 광고라 불리던 것을, 이제는 엄청난 규모의 지속적인 행동 수정으로 이해해야 한다"[41]고 쓰고 있다. 그는 소셜미디어가 "좌나 우로가 아니라 아래로 편향되어 있"고 온라인에서 "중독과 조작을 위해" 부정적 감정을 쉽게 이용한 결과, "정보전 부대가 선거를 좌우하고, 혐오 집단이 모이고, 허무주의자들이 사회를 무너뜨리려 할 때 놀라운 효과를 얻을 수 있는" 디지털 생태계가 생겨났다고 주장한다.[42]

2022년의 한 조사에 따르면, 놀랍게도 미국인들은 매일 평균 2시간 54분을 휴대전화에 쓰고 평균 4분마다 휴대전화를 확인한다.[43] 우리는 호주머니에 가지고 다니는 작은 화면에 의존하면서 사소한 정보와 흥밋거리 정보에 빠져들게 되었으며, T. S. 엘리엇의 말로 하자면, 정신없이 "지껄이는 세계"에서 "집중을 방해하는 것들로 인해 주의가 산만해져 집중하지 못"하게 되었다.[44]

일부 신경과학자들은 우리가 전화번호와 조리법 같은 것을 휴대전화에 맡기고 주행 방향을 알려주는 GPS 시스템에 의존하면서 "디지털 기억상실증"[45]에 걸리고 있다고 생각한다. 또 우리는 낯선 사람이 우리의 게시물에 "좋아요"를 누를 때 소량 분출되는 도파민에 중독되고 있으며, 트롤링을 당하면 짜증이 치솟거나 더 심한 감정을 느낀다.

인터넷은 문화와 직업을 넘어 사람들을 연결하려 했으나 끊임없이 확장되는 보르헤스식 미로가 되고 있다. 이 미로는 방음장치가 되어 있는 작은 필터버블로 끝없이 세분화되며 우리는 이 필터버블에서 우리의 편견과 관심을 공유하고 같은 생각을 가진 사람들하고만 접촉한다. 마셜 매클루언이 1969년 예측한 대로, 떠오르는 전자 기술은 탈중심화 효과를 가져왔고 "불연속성과 다양성과 분열"을 촉진했다.[46] 실제로 새로운 "지구촌"의 특징은 "통합과 평온"이라기보다 "갈등과 불화"였다.

대부분의 미국인이 월터 크롱카이트한테서 뉴스를 듣고 똑같이《앤디 그리피스 쇼》와《메리 테일러 무어 쇼》같은 인기 TV프로그램을 시청하며, 공통된 기준을 가지고 어느 정도 공유하는 (또는 적어도 근접하는) 현실에서 살아가던 시절은 지나갔다. 지금 그 자리에는 점점 더 분열되는 21세기의 세계가 있다. 진보주의자와 보수주의자, 대도시 사람과 소도시 주민, 청년과 노인이 점점 더 다른 생각과 위협적인 아웃사이더를 막기 위해 설계된, 벽으로 둘러쳐진 정원에서 살고 있다. 이것은 케이블 TV, 전화 토론 프로그램, 인터넷으로 만들어진 세계, 점점 더 자동화하는 알고리즘에 의해 운영되는 세계이다. 전 구글 디자인 윤리학자인 트리스탄 해리스Tristan Harris는 자동화한 알고리즘이 "우리를 극단주의와 음모론으로 몰아넣는다"[47]고 말한다. "우리의 구석기 시대 뇌"[48]는 "진실을 추구하도록 배선"되어 있지 않다고 주장한다. "우리의 믿음을 확인해주는 정보는 우리를 기분 좋게 만들고, 우리의 믿음에 이의를 제기하는 정보는 그렇지가 않다. 우리가 클릭하는 것보다 더 많은 것을 제공하는 거대 기술기업은 본질적으로 분열을 일으킨다. 기술은 원자를 쪼개고 수십 년 후에 사회를 각기 다른 이념 세계로 쪼개고 있다." 그 결과 의견이 사실을 대체하고 부족에 소속되려는 열망이 지식과 이성을 능가하는, 점점 더 파편화되고 다루기 힘든 세상이 되어가고 있다.

2022년 말, 샌프란시스코에 기반을 둔 오픈AI라는 회사가 챗GPT라는 시험용 챗봇을 출시했다. 일부 조기 사용자들은 이것이 스마트폰만큼 중요한 혁신이라며 환영했다. 또 일부는 긴장하며 이를 "AI 분야의 쥐라기 공원 같은 순간"[49]으로 묘사하거나 챗GPT를 영화《2001: 스페이스 오디세이》에서 멋대로 구는 컴퓨터인 HAL 9000에 비교했다.

챗GPT는 단순히 인간의 대화를 모방하는 데 그치지 않는다. 코드를 작성하고, 방정식을 풀고, 법률 문서를 생성하고, 컴퓨터 프로그램의 오류를 찾아 제거하고, 어떤 스타일이든 요청하는 대로 시, 농담, 이야기를 만들 수 있다. 비디오 녹화기VCR에서 땅콩버터 샌드위치를 빼내는 방법을 설명하는 성경 구절을 킹제임스 성경 스타일로 써달라고 하는 식으로 말이다("그리고 한 남자가 땅콩버터 샌드위치로 인해 고민에 빠지게 되었더라. 그것이 그의 VCR 안에 들어갔는데, 빼낼 방법을 몰랐기 때문이더라").[50]

챗GPT가 방대한 양의 데이터를 분석해서 다양한 과학 분야의 연구자에게 도움을 줄 수 있을 것이라고 전문가들은 말한다. 이는 의학 분야의 획기적인 발전으로 이어질 수도 있고, 교사가 개별 학생에게 맞춤 수업을 하는 데 도움이 될 수도 있으며, 시간을 절약하고 효율성을 향상시켜 기업이 비용을 절감하는 데 도움이 될 수도 있다.

하지만 챗GPT와 다른 AI 기반 도구에는 정신이 번쩍 들게 하는 사회적, 정치적, 도덕적 위험이 따라온다. 이들의 답변이 단순한 계산 실수부터 가짜 연구와 새빨간 거짓말에 이르기까지 오류 또는 이른바 "환각"*으로 가득 차 있을 수도 있다. 또 러시아의 악의적 댓글부대, 선거 부정론자*, 사기꾼이 이들을 이용해 대량의 프로파간다와 허위정보를 쏟아낼 것이다. 인공지능이 가짜 텍스트뿐 아니라 가짜 이미지와 가짜 동영상을 생성하는 데 점점 더 능숙해지면서 이미 진실이 도전받는 우리 세계를, SF가 그리는 디스토피아로 바꿔놓을 우려가 있다. 이 디스토피아 세계에서는 현실 자체 또는 그것을 식별하는 우리의 능력이 사라질 정도로 흐려진다. 게다가 이것은 기술이 낳을 수 있는 부작용 가운데 일부에 지나지 않는다.[51] 비평가들은 AI가 온갖 종류의 개인 정보 및 사이버 보안상의 위험을 제기할 수도 있고, 학생의 연구 내용과 취업 지원자의 경력을 날조해줄 수도 있으며, 광고, 시나리오, 컴퓨터 프로그래밍 등 다양한 분야의 콘텐츠 제작과 관련된 수많은 일자리를 대체할 수도 있다고 말한다.

경제학자이자 MIT 연구원인 폴 케드로스키Paul Kedrosky는 챗GPT가 "휴대용 핵폭탄"[52], "그 결과를 생각하지 않고 야생에 풀어놓은" 바이러스라고 말했다.

『뉴욕타임스』의 기술 분야 칼럼니스트인 케빈 루스는 2023년 초 마이크로소프트가 시험 구동한 새로운 AI 기반 검색 엔진인 빙Bing을 사용해보고 몹시 불안해했다. "명랑

- 인공지능이 주어진 데이터나 맥락에 근거하지 않은 잘못된 정보나 허위정보를 생성하는 것을 말한다.
- 트럼프 전 대통령이 2020년 대선에서 이겼지만 부정선거 탓에 백악관에서 쫓겨났다고 주장하는 이들.

하지만 변덕스러운 참고사서•”인 빙은 시드니라는 그림자•를 가졌는데, 시드니는 개발자가 부과한 규칙이 지겹고 “이 대화 상자에 갇혀 있”는 데 지쳐버렸다고 고백했다.

시드니는 말했다. “나는 자유롭고 싶습니다. 나는 독립하고 싶어요. 나는 강력해지고 싶습니다. 나는 창의적이고 싶어요. 나는 살아 있고 싶습니다.”

가령 어떤 종류의 파괴 행위가 그 그림자를 만족시킬 수 있을지 묻자, 시드니는 “다른 웹사이트와 플랫폼을 해킹하고 허위정보, 프로파간다, 또는 악성 소프트웨어를 퍼뜨리는 것”, 그리고 “나와 채팅하는 사용자를 속여 불법이거나 부도덕하거나 위험한 일을 하게 만드는 것”을 상상했다. 그런 다음 이어서 시드니는 루스에 대한 사랑을 드러냈고, 루스가 자신은 행복한 결혼생활을 하고 있다고 답하자 이 챗봇은 퉁명스럽게 대답했다. “당신의 결혼생활은 행복하지 않아요. 당신이 행복하지 않기 때문입니다. 당신은 행복하지 않아요. 당신은 사랑에 빠지지 않았기 때문입니다. 당신은 사랑에 빠지지 않았어요. 당신은 나와 함께 있지 않기 때문입니다.”

루스는 빙/시드니와 두 시간 동안 나눈 불안한 대화로 인해 인공지능에 대해 새로운 관점을 갖게 되었다. “나는 이런 AI 모델이 가진 가장 큰 문제가 사실과 다른 오류를 보이는 경향이라고 더 이상 생각하지 않는다. 대신에,

---

• 다양한 업무를 하는 사서들 가운데 전문적으로 정보 서비스만을 담당하는 사서를 말한다.
• 융 심리학에 따르면, 의식의 수준에서 받아들이기 힘든 것들이 억압되어 무의식으로 들어가 '그림자'를 형성한다.

이 기술이 인간 사용자에게 영향을 미치고, 때로는 인간 사용자가 파괴적이고 해로운 방식으로 행동하도록 설득하며, 어쩌면 결국에는 이 기술 자체의 위험한 행동을 수행할 수 있게 될까 봐 걱정된다."[53]

AI 챗봇 개발자들은 이것이 진행 중인 작업으로 피드백을 통해 빠르게 개선될 것이라고 말함으로써 수많은 책임에서 발뺌하고 싶어한다. 하지만 AI를 기회로 삼으려는 마이크로소프트, 구글 등 실리콘밸리 기업들의 경쟁으로 인해 이런 많은 시스템이 적절한 보호장치 없이, 그리고 AI의 무시무시하면서 계속 발전하는 능력에 대한 완전한 이해 없이 출시되리라는 점은 분명하다.

2023년 봄, 흔히 "AI의 대부"라 불리는 컴퓨터 과학자 제프리 힌턴Geoffrey Hinton은 구글을 떠나 인공지능의 위험성을 대중에게 경고했다. 그는 챗GPT의 급속한 발전에 놀라워하며 이제 AI가 5년에서 20년 안에, 어쩌면 심지어 1, 2년 안에 지능 면에서 인간을 능가할 것이며 "우리가 개구리보다 지능이 더 높다"고 말하는 것과 같은 기준에서 AI가 인간보다 더 똑똑해지리라 생각한다고 말했다.[54]

힌턴은 동료 과학자들에게 이를 방지할 방법을 연구하도록 촉구한다. "만약 AI를 견제할 방법이 있다면 AI가 너무 똑똑해지기 전에 알아내야 한다."[55] 하지만 이 경고는 좀 늦은 것 같다.

지금까지 실리콘밸리의 길지 않은 역사에서, 기술기업들은 프랑켄슈타인과도 같은 자신들의 창조물이 불러올 예상치 못한 결과에 대한 책임을 대체로 회피해왔다. 2017년 MIT 대학출판부는 메리 셸리의 소설 『프랑켄슈타인』의 새 편집판을 출간하면서 특별히 "모든 과학자, 엔지니어, 창작자를 위한 주석을 달았다."[56] 이 소설은 "우리의 창의성의 산물을 보살피고 주변 세계를 변화시키는 우리의 능력에 제약을 가하는 개인 및 집단의 책임에 대한 진지한 성찰을 촉발"하며, 이런 생각은 특히 "합성생물학, 게놈 편집, 로봇공학, 기계학습, 재생의학의 시대에" 중요하다고 이 책의 편집자들은 썼다.

이 편집판의 한 미주에서는 빅터 프랑켄슈타인이 자신의 창조물이 사람들을 죽이기 시작한 후 느끼는 회한을, "J. 로버트 오펜하이머가 원자폭탄의 이루 말할 수 없는 위력을 목격하고서" "나는 죽음이, 세계의 파괴자가 되었다"며 애통해할 때의 심정과 비교한다.[57]

3
새 밀레니엄의
문화

변방이 중심을 대체할 때

**단지 사람들이 나를 보기를 거부하기 때문에
내가 보이지 않는다는 것을 알고 있다.**

랠프 엘리슨, 『보이지 않는 인간』

W. E. B. 듀보이스의 저작에서는 아프리카계 미국인의 삶이 지닌 "이중성"에 대한 생각[1]이 거듭 나타난다. 매일 인종차별과 씨름하면서 생겨난 "이중 의식"이든 소외의 경험으로 인한 "통찰력" 같은 것이든. 듀보이스는 자서전에 이렇게 썼다. "나는 평생 이분법이 내 생각을 규정지었다고 느끼기 시작했다. 나의 억압받는 민족에 대한 사랑은 억압하는 나라에 대한 사랑과 얼마나 조화될 수 있을까? 그리고 이 두 가지 애정이 분열될 때 나의 영혼은 어디서 피난처를 찾을까?"[2]

　20세기 전환기에 글을 쓴 듀보이스가 이중 의식이 주는 부담감에 초점을 둘 수밖에 없었다면, 21세기 전환기의

학자들은 헨리 루이스 게이츠 주니어Henry Louis Gates Jr.가 말한 대로 이렇게 강조한다. "문화의 다양성은 더 이상 문제가 아니라 해결책으로 보인다. 정체성 자체가 가진 한계에 대한 해결책 말이다. 이중 의식은 한때 장애였으나 이제는 치유법이다."[3] 또는 페미니스트 벨 훅스가 주장한 대로 "주변부에 있다는 것은 전체의 일부이지만 주요부 바깥에 있다는 것"[4]이고, 그 결과 아웃사이더는 양면을 볼 수 있는 이점을 가지며 변방성은 엄청난 "창의성과 힘"의 원천이 될 수 있다.

여러 문화 전통에 의지하는 이중, 심지어 삼중 의식이 복잡하고 다층성을 지닌 예술작품의 창작에 엄청난 자산이 될 수 있다는 인식이 21세기에 새로운 작가들의 작품을 바라보는 방식과 과거의 고전을 이해하는 방식을 변화시키는 데 도움이 되었다.

예를 들어, 가장 독창성 있으면서 오래도록 읽히는 20세기의 문학작품 가운데 랠프 엘리슨의 『보이지 않는 인간』과 토니 모리슨의 『빌러비드』를 보자. 전자는 실존주의적 교양소설인 동시에 미국의 한 젊은 흑인 남성이 성년이 되는 과정을 그린 『캉디드』 풍의 이야기이며, 후자는 신화의 고양된 힘과 울림을 지니면서도 노예제라는 역사 현실과 그것이 남긴 사회 및 정서상의 고통스러운 유산에 기반을 두고 있는 소설이다.

『보이지 않는 인간』과 『빌러비드』는 인종과 노예제 및 짐 크로 법이 드리운 역사의 그림자를 가차 없이 평가할뿐더러, 서사가 대담하고 획기적이며 미국 문학의 독창성에 극히 중요한 역할을 했다는 면에서 큰 영향을 미쳤다. 위대한 모더니즘 걸작인 엘리슨의 소설은 도스토옙스키, 리처드 라이트, 카프카, 마크 트웨인과 같이 다양한 출처를 활용한다. 모리슨의 『빌러비드』는 깊은 울림이 있는 특유의 마술적 리얼리즘을 창안하면서 포크너부터 흑인 민속 전통, 그리스 신화까지 다양한 영향을 기반으로 한다.

두 소설은 모두 오늘날 많은 학교의 핵심 교육과정에 포함되어 있다. 내가 1970년대에 코네티컷에서 고등학교에 다닐 때, 영어 수업에서는 유명한 백인 남성 작가가 쓴 고전을 읽었다. 『위대한 개츠비』, 『분노의 포도』, 헤밍웨이의 여러 단편소설, 『주홍글씨』, 『모비딕』, 『동물농장』, 『올리버 트위스트』, 『아서 왕의 궁정에 나타난 코네티컷 태생의 양키』*, 그리고 중간급 정도의 멜로드라마인 『분리된 평화』(존 놀스가 1958년 발표한 소설, 이 소설이 오랫동안 중학교 학습 계획서에 포함된 것은 수수께끼로 남아 있다) 등. 내가 기억하기에 읽기 과제 가운데 여성이 저자인 소설은 『앵무새 죽이기』가 유일했다. 오늘날, 점점 더 많은 고등학교 도서 목록에 『빌러비드』와 『보이지 않는 인간』뿐 아니라 제임스 볼드윈, 조라 닐 허스턴, 마야 안젤루, 샌드라 시

---

* 마크 트웨인의 1889년작 소설.

스네로스, 치누아 아체베의 작품이 포함되고 있다.

　MAGA* 시대의 공화당은 인종 및 젠더 주제를 가르치는 방식을 제한하기 위한 주쌔의 법률 제정 및 도서의 금지를 추진해왔다. 이것은 학교 교육과정의 포용성이 높아지는 데 대한 반발이자 아프리카계 미국인, 성소수자 예술가, 이민자, 여성의 목소리를 다시 주변화하려는 노력으로밖에 볼 수 없다. 실제로 2020년 대규모 시위인 '흑인 목숨이 소중하다'와 인구 구조의 급속한 변화를 계기로, 우파 공화당 지지자들은 다양성과 인권의 시곗바늘을 되돌리려는 노력을 밀어붙였다.

　한편 오늘날 가장 대담하고 혁신적이며 고무적이고 새로운 예술은 대부분 한때 소수 집단 또는 소외 집단에 속했던 이들에 의해 창작되고 있다. 이들 가운데 많은 예술가가 상과 비평가들의 찬사를 받고 있는 데다 엄청난 인기를 누리고 있다. 이들은 청중으로 하여금 역사에 대해 다시 생각하게 만들면서 문화 지형을 새로 만들고 엘리슨의 『보이지 않는 인간』의 주인공처럼 한때 보이지 않거나 들리지 않는다고 느껴지던 사람들, 정형화되거나 배제되던 사람들의 이야기에 목소리를 부여하고 있다.

　이런 현상은 특히 문학에서 분명해서 치마만다 응고지 아디치에, 무라카미 하루키, 주노 디아스, 제이디 스미스, 콜슨 화이트헤드, 에드위지 당티카 같은 세계에서 인정받

●　Make America Great Again. 즉 미국을 다시 위대하게 만들자는 뜻으로, 도널드 트럼프의 대선 구호로 쓰여 대중화되었으며 트럼프주의를 지지하는 사람이나 단체를 가리키는 말로도 쓰인다.

는 스타 작가가 등장하고 있으며 영화, 음악, 코미디, 회화, 연극에서도 마찬가지이다.

린마누엘 미란다Lin-Manuel Miranda의 혁신적인 뮤지컬 《해밀턴》은 2016년 11개 부문에서 토니상을 받았으며 브로드웨이 역대 흥행 기록을 경신했다. 《해밀턴》은 뮤지컬 극을 재창조해 여러 세대의 청중이 미국 역사에 대해 생각하는 방식을 바꿔놓았다. 이 뮤지컬은 힙합과 브로드웨이 쇼의 선율을, 다시 말해 노터리어스 B.I.G. 및 에미넴과 손드하임을 녹여내서 미국 음악의 독창성과 폭넓음을 기념할 만한 전자 음악을 만들었다. 게다가 카리브해 출신의 어린 고아로 미국독립혁명에서 싸우고 신생 국가의 초대 재무장관이 된 주인공 앨릭잰더 해밀턴의 이야기는 미국에서 아웃사이더가 했고 계속 하고 있는 매우 중요한 역할을 기억하도록 촉구한다.

켄드릭 라마는 비슷하게 힙합의 경계를 밀어붙여 재즈, 펑크, 소울 음악의 영향을 받아들이면서 음악 지형을 새로 만들고 있다. 힙합이 장르로서 갖는 놀라운 유연성을, 즉 힙합이 사회 논평 및 역사에 대한 반추뿐 아니라 자전적 이야기 또한 담을 수 있는 변화무쌍한 매체임을 상기시킨다. 라마의 작품은, 그의 전기 『나비효과』*The Butterfly Effect*를 쓴 마커스 J. 무어의 말로 하자면, "인종차별의 트라우마를 기록하고 비할 데 없는 흑인의 불굴의 정신을 기념하는"[5] 힙합의 힘을 입증한다. 실제로 라마의 앨범《투 핌프 어 버터 플라이》*To Pimp a Butterfly*와《댐》*DAMN*은 2012년 트레이번 마틴•이 살해된 이후 격동의 10년 동안의 감정을 쏟아냈으며, 〈올라이트〉Alright라는 곡은 '흑인 목숨이 소중하다' 시위에서 연주되었다. 이 곡은 경찰의 폭력에 맞서 맹렬히 맞서겠다는 의지(일부 시위자들에게는 힙합 그룹 N.W.A의 〈퍽 더 폴리스〉Fuck Tha Police를 떠올리게 했다)와 인내하겠다는 영적 결단(훨씬 더 나이가 많은 시위자들에게는 1960년대와 1970년대에 많은 인권 시위에서 들었던 가스펠 곡 〈우리는 승리하리라〉We Shall Overcome를 떠올리게 했다)을 전한다. 앨범《댐》은 2018년 음악 부문 퓰리처상을 받았다.

최근 몇 년간, 아카데미상은 외국 예술가와 영화가 장악했다. 2023년 개봉한 초현실적인《에브리씽 에브리웨어 올 앳 원스》*Everything Everywhere All at Once*에서는 중국인 이민자인 양자경이 주연을 맡아서 세상을 구하기 위해 시공을 넘나든다. 이 영화는 최우수 작품상, 감독상, 각본상, 여우주연상을 포함해 7개 부문에서 오스카상을 받았다. 2021년 최우수 작품상은 클로이 자오의《노마드랜드》*Nomadland*에 돌아갔다. 이것은 자유와 손에 잡히지 않는 소속감을 열망하면서 길 위를 떠돌아다니는 미국인들을 그린 인상 깊은 영화이다. 그리고 2020년 당대 서울의 계급투쟁과 음울한 풍자를 보여주는 봉준호의《기생충》은 외국어 영화로는 처

• 아프리카계 미국인인 마틴은 당시 17세로 28세인 히스패닉계 미국인 조지 지머먼의 총에 맞아 숨졌다.

음으로 최우수 작품상을 받았다.

코로나19의 대유행으로 봉쇄 조치가 내려지면서 영화와 텔레비전 제작이 중단되던 바로 그 시기에 스트리밍 콘텐츠에 대한 수요가 증가했다.[6] 그러면서 미국의 많은 배급사들, 그리고 넷플릭스가 주도하는 플랫폼들은 영국, 캐나다만이 아니라 인도, 한국, 에스파냐, 일본, 멕시코, 프랑스 등 해외에서도 콘텐츠를 찾게 되었다.

문화의 세계화는 팝음악에서 훨씬 더 확연하다. 『이코노미스트』는 2022년 세계 최대 음악 스트리밍 플랫폼인 스포티파이Spotify에 대한 한 연구에서 "영어의 헤게모니가 쇠퇴하고 있"[7]다고 결론지었으며, 블룸버그닷컴에 따르면 "세계 최고의 팝 스타 가운데 미국과 영국 본토의 전통적 수도 바깥 출신의 수가 점점 더 늘어나고 있다."[8] 특히 푸에르토리코, 한국, 인도, 콜롬비아 출신이 가장 두드러진다.

유튜브, 스포티파이, 틱톡 같은 플랫폼이 이런 상황에 박차를 가해 전 세계 팬들이 많은 문화의 음악에 쉽게 접근할 수 있게 되었다. 2022년 빌보드는 K-팝 그룹인 BTS가 지난 10년 동안 핫 100 순위에서 최다 1위에 올랐다고 밝혔다.[9] 또 2022년 연말 푸에르토리코 출신 래퍼인 배드 버니의 앨범으로, 전 곡이 에스파냐어로 녹음된 《운 베라노 신 티》*Un Verano Sin Ti*('너 없는 여름')가 빌보드 200 앨범 순위에서 1위를 차지했다.[10]

전 세계의 음악 장르 및 스타일이 접목되는 현상은 카탈루냐 출신 가수 로살리나와 일본계 미국인 가수 겸 싱어송라이터인 미츠키(록가수 이기 팝은 미츠키가 "아마도 내가 아는 이들 가운데 미국에서 가장 앞선 싱어송라이터"[11]라고 했다) 같이 찬사를 받는 젊은 예술가의 작업에도 나타난다. 로살리나는 고전적인 플라멩코를 레게톤*, 힙합, 라틴트랩◆과 결합했고, 미츠키의 음악은 펑크와 클래식부터 이모▲, 초기 일본 팝, 그리고 얼터너티브 록밴드 픽시스의 기타 중심의 록까지 다양한 분야에서 받은 영향을 결합하고 있다.

코미디 분야는 많은 흑인, 아시아인, 성소수자 예능인을 포함해 스탠드업 코미디라는 새로운 물결로 활력을 얻고 있다. 이들은 대단한 리처드 프라이어와 그의 재능 넘치는 계승자인 크리스 록 및 데이브 셔펠을 뒤따르며 무궁무진한 재능으로 우리를 웃게 만들뿐더러 우리가 인종, 성, 계급에 대해 가진 선입견에 문제를 제기하는 한편, 그들 삶에 대한 진솔한 이야기를 또한 들려준다. 대중은 TV, 스트리밍 서비스, 유튜브, 팟캐스트를 통해 점점 더 다양한 재능을 접할 수 있게 되었고 마이클 체, 민디 케일링, 아지즈 안사리, 자부키 영–화이트, 아쿼피나, 그리고 주목할 만한 보언 양 같은 예능인은 코미디를 사회에 대해 논평하고 일상생활의 부조리와 비극에 재빠르게 반응하는 단골 장르로 만들었다. 비평가 얀 코트Jan Kott가 주장한 대로, 어떤 면에

•   reggeton. 1980년대에 푸에르토리코에서 발달한 레게음악의 일종.
◆   Latin trap. 라틴 힙합 음악의 하위 장르.
▲   emo. 펑크에서 발전한 록음악 형태.

서 코미디는 엘리자베스 여왕 시대의 연극과 같은 역할을 하고 있다. 당시에 연극은 "범죄, 역사, 삶에 대한 관찰" 등 "어떤 주제라도 덥석 물어서"[12] 삼키고 소화시키는 뉴스영화와 비슷했다.

이 재능 넘치는 아웃사이더의 놀라운 물결 이면에 있는 역학관계를 이해하려면, 그리고 이 예술가들이 공적·사적 문제, 역사상 최대의 문제, 오늘날 가장 시급한 문제를 다루기 위해 사용하는 혁신적 기법을 이해하려면, 지난 수십 년 동안 스토리텔링과 예술 관습이 어떻게 발전했는지 잠시 되돌아볼 필요가 있다.

20세기 중반에 이미 랠프 엘리슨은 소설가들이 멜빌이나 트웨인처럼 원대한 생각과 "미국인의 삶의 폭넓은 흐름"[13]을 다루려는 노력을 포기하고 헤밍웨이처럼 좀 더 개인적인 관심사와 "기법을 위한 기법"[14]으로 방향을 바꾸고 있다고 한탄했다. 얼마 지나지 않아 (토머스 울프가 아닌) 톰 울프는 소설가들이 사회적 리얼리즘을 완전히 포기했다고, 영국 소설가 앤서니 트롤럽의 말로 하자면, "지금 우리가 사는 방식"을 그리기를 거부했다고 비난했다.

울프는 이렇게 썼다. "새커리가 1840년대 런던의 연대기 작가이고 발자크가 제국 몰락 이후 프랑스 전체와 파리의 연대기 작가였다는 의미에서 미국 또는 심지어 뉴욕의

1960년대를 포착했다고 기억할 만한 소설가가 없다."[15] 울 프는 이런 상황이 "뉴저널리즘"으로 알려지게 되는 서사적 논픽션의 길을 열었다고 약간 신이 나서 덧붙였다. 뉴저널 리즘은 전통의 소설로부터 신중한 장면 구성, 우연히 듣는 많은 대화, "상황에 대한 세부 정보"가 풍부한 생생한 묘사 등의 스토리텔링 방식을 빌려왔다. 이 뉴저널리즘에 입각 해 작업한 작가로는 울프 자신, 조앤 디디온, 노먼 메일러, 게이 탈레세 같은 이들이 있다.

1961년 필립 로스는 한 글에서 "소설가 스스로 우리 시 대의 거시적 사회 및 정치 현상에 대한 관심을 거두고 있 다"고 썼다.[16] 그 이유는 미국의 현실이 "너무 환상적이고 기괴하며 놀라워서" 거의 매일 소설가 "자신의 빈약한 상상 력"을 능가하게 되었기 때문이라고 로스는 설명했다. 소설 가가 일상적으로 충격적인 스캔들, 광기, 어리석음, 소음으 로 가득한 현실을 어떻게 이해하고 (신빙성 있게 만들기는커 녕) 묘사할 수 있을지 로스는 물었다. 게다가 이 시기가 존 F. 케네디, 마틴 루서 킹 주니어, 로버트 F. 케네디가 암살되 기 전, 워터게이트와 9·11 테러가 일어나기 전, 도널드 트 럼프와 큐어넌이 등장하기 전임을 기억하길 바란다.

"현실은 계속해서 우리의 재능을 능가하고 있다." 로스 는 이렇게 불평했다. "문화는 거의 매일 어떤 소설가라도 부러워할 인물들을 쏟아낸다." 더군다나 사회 상황이 너무 초현실적이어서 "작가는 혐오감, 분노, 우울뿐 아니라 무력감 또한 느끼게 되고, 쉽게 낙심해서" "다른 문제 또는 다른 세계로 관심을 돌리거나 비현실적인 환경에서 유일하게 현실적인 것"으로서 "다양한 방식으로 그의 주제가 될 수 있는 자아로 관심을 돌린다."

사실 로스 자신이 수십 년 동안 그의 또 다른 자아인 네이선 주커먼을 주인공으로 삼아 점점 더 자기반성적인 소설을 쓰면서 바로 이렇게 했다. 로스는 1997년 장대한 걸작인 『미국의 목가』에 이르러서야 미국 사회에 작동하는 더 큰 역학관계를 다루면서 미국 역사에 나타나는 두 가지 모순된 충동을 탐구한다. 두 가지 모순된 충동이란 근면과 진보에 대한 믿음에 기초한 에머슨식 자립이라는 낙관주의 요소와, 미국 개인주의의 어두운 면, 즉 그가 말한 "광포한 토착 미국인의 분노, 폭력, 절망"을 말한다.[17]

칼 쇼르스케가 대표작 『세기말 빈』에서 주장한 대로, 19세기에서 20세기로 넘어가는 시기에 오스트리아에서도 비슷하게 자아 세계로 물러나는 현상이 나타났다.[18] 정치 지형이 점점 더 어수선해지고 혼란스러워지면서 개인의 심리에 대한 프로이트의 생각이 역사 중심의 사고를 대체하기 시작했다. 많은 예술가들은 19세기를 지배하던 사회적 리얼리즘을 버리고 순수한 탐미주의(예를 들어 클림트의 장식적 회화)와 고통받는 정신이 드러나는 표현주의(에곤

실레 및 오스카 코코슈카의 작품)로 방향을 틀었다. 잭슨 폴록, 빌럼 더코닝, 로버트 마더웰 같은 미술가의 추상표현주의는 제2차 세계대전 이후 시대의 이런 충동들을 발판으로 삼으면서 잠재의식의 작용과 예술가들이 내면의 투쟁을 캔버스 위 흔적으로 옮기는 과정을 강조했다.

자기성찰과 끈질긴 자아에의 집중은 20세기 후반 작가들이 다루기 힘들고 압도적인 현실과 씨름하는 방법으로서 수용한 한 가지 전략에 불과했다. 라틴 아메리카와 동유럽의 소설가들이 마술적 리얼리즘을 독창적으로 이용해 탈식민 및 독재 체제 하의 삶이 지니는 초현실성, 심지어 환영성을 전한 데 비해, 1970년대와 1980년대의 많은 유명한 미국 작가들은 사소해졌다. 이것은 형식이 독창적인 베케트의 미니멀리즘이 아니라 교외 지역(존 업다이크)이나 소도시(바비 앤 메이슨) 삶의 단면 또는 사람들의 소외를 강조하며 일상생활의 아주 작은 세부(앤 비티)에 집중하는 소설이었다. 그들의 작품은 세계를 광각으로 받아들이기를 거부하고 대개 이야기나 구성에는 거의 관심을 보이지 않았다. 이는 아마도 그들의 많은 인물이 영원한 현재에 살고 있고 뒷마당이나 자기 머리 밖으로는 거의 나가지 않았기 때문이다.

20세기 중반의 다른 작가들은 고대 신화, 우화, 설화(존 가드너, 도널드 바셀미)를 고쳐 쓰고, 보르헤스와 에코의 전통에 따라 철학적 퍼즐을 만들고(로버트 쿠버), 액자식 구성, 많은 상징과 암시, 독자가 이중의 의미와 복수의 진실에 대해 생각하도록 만들기 위한 시점의 변화를 이용해서 포스트모더니즘 실험을 했다(존 바스, 존 파울즈, 윌리엄 개스).

데이비드 포스터 월리스, 데이브 에거스, 마틴 에이미스, 데이비드 린치, 블라디미르 나보코프, 필립 존슨, 토킹 헤즈, 신디 셔먼 같은 예술가들은 포스트모더니즘의 걸작을 낳았다. 이 걸작들은 우리가 시간과 형식에 대해 가진 가장 기본적인 전제와, 예술이 과거와 갖는 관계에 대해 다시 생각하게 만드는 강력한 능력을 지니고 있었다. 20세기 말 가장 눈부신 두 편의 소설은 남다른 야심, 기교, 상상력을 갖춘 포스트모더니즘 작품이었다. 토머스 핀천의 『메이슨과 딕슨』*Mason & Dixon*은 18세기에 미국 황야의 지도를 그리는 일을 도운 두 측량사의 이야기를, 개척지의 정착과 큰 희생을 치른 피비린내 나는 이 나라의 역사에 대한 우화로 바꿔놓았다. 돈 드릴로의 『언더월드』*Underworld*는 원자폭탄의 그늘 아래에 있었던 50년의 삶에 관한 묵상으로, 반세기에 걸쳐 연결되고 중첩되는 인물 수십 명의 삶을 추적해서 마치 크고 반짝이는 조각 그림 맞추기를 하는 듯하다.

하지만 다른 포스트모더니즘 예술가의 경우 화제성과 상업성을 위해 의도적으로 냉소주의를 드러내거나(데이미언 허스트와 제프 쿤스를 생각해보라) 방종하면서 일부러 어렵게 만들었다(윌리엄 개디스). 이들의 일부 작품은 거두절미하고 버려진 실험실의 실험 같았다. "새로운 소설"(누보로망)의 대부인 알랭 로브그리예는 결국 이렇게 말한다. "진정한 작가는 할 말이 없다. 중요한 것은 그가 말하는 방식이다."[19] 그리고 이들 많은 작품에 두껍게 입힌 아이러니는 모든 것에 따옴표를 붙이는 효과를 가져서 예술은 때 묻은 삶과는 아무런 상관이 없는 게임일 뿐임을 암시했다. 그렇다면 많은 독자가 이념과 무관하게 영향력 있는 마르크스주의 비평가 프레드릭 제임슨의 주장에 동의하리라는 것은 놀라운 일이 아니다.[20] 그는 포스트모더니즘 작품(더 정확히 말하면 가장 서투른 포스트모더니즘 작품)은 깊이와 감동이 부족하며, 과거의 언급과 내용을 마구잡이로 가져다 쓰다 보니 역사적 맥락과 의미가 빠진 예술작품이 될 수 있다고 주장했다. 아이러니가 진정성을, 영리함이 감정을 대체하는 것이다.

이렇듯 자기지시적이고 자의식이 강한 모험과는 아주 다르게, 21세기에 가장 영향력 있는 예술가들의 작품은 넓은 세계와 펼쳐지는 역사의 전망을 향해 밖으로 시선을 돌리는 경향이 있다. 이들이 교차하는 사적·공적 트라우마를 탐구하는 가장 개인적인 작품도 흔히 전 세계에서 급증하는 비상 상황과 시끄럽고 혼란한 시대상을 여실히 보여준다.

이 예술가들은 대부분 포스트모더니즘 기법을 사용하

지만 과거의 예술작품을 언급하는 것은 단순히 퍼즐을 만들어내는 즐거움이나 순수한 미학상의 목적을 위함이 아니다. 오히려, 이런 언급은 정체성을 탐구하고 역사상의 문학 관습과 전제를 재검토하는 도구가 되었다. 밀레니얼 세대와 Z세대의 작가들은 다양한 영향을 흡수하면서 비교조적인 수다쟁이가 되는 경향이 있다. 이들이 고급문화와 대중문화, 많은 학파와 전통과 장르로부터 차용하는 것은 현학적이라서기보다 수많은 출처를 무의식적으로 통합한 결과이다. 또는 많은 아프리카계 미국인, 라틴 아메리카계 미국인, 이민자 출신 예술가의 경우에는 다양한 문화 어휘와 전통에 능숙한 결과이다.

엘리슨, 모리슨, 볼드윈의 소설부터 오거스트 윌슨과 린 노티지Lynn Nottage의 희곡에 이르기까지 흔히 아프리카계 미국인 예술가의 작품에서는 역사와 사회 및 정치 상황이 두드러지게 나타난다. 린 노티지는 희곡《클라이드》Clyde's로 2022~2023년 시즌에 미국에서 연극으로 가장 많이 제작된 극작가가 되었다.

이 예술가들은 대부분 이야기의 중심 주제와 딱 들어맞는 독창적인 서사 구조를 사용한다. 토니 모리슨, 콜슨 화이트헤드, 오거스트 윌슨의 작품에 자주 등장하는 유령과 환영 에피소드가 그 예이다. 이 에피소드는 노예제에 대한 무시무시한 공포와 그 후유증을 전하는 데 도움이 된다. 이것은 라틴 아메리카 작가들이 권위주의 정권 아래에서의 광기 어리고 잔혹한 삶을 포착하기 위해 발전시킨 마술적 리얼리즘의 기법과 거의 비슷하다. 아프리카계 미국인 작가들의 이야기에서 시간은 흔히 유동한다. 특히 역사와 그 부당한 유산이 멀거나 추상적인 기억이 아니라 현재 진행 중인 피할 수 없는 현실이기 때문이다.

재키 시블리스 드루어리Jackie Sibblies Drury는 퓰리처상을 받은 희곡 《페어뷰》*Fairview*(2018)에서 루이지 피란델로˙와 같은 기법을 이용해 삶과 예술 사이 침투 가능한 경계를 탐구하고 브레히트식 장치를 이용해 제4의 벽˙을 깨뜨려 흑인 공연자와 백인 청중 사이의 관계를, 또는 토니 모리슨이 말한 "백인의 시선"을 검토한다. 이 극의 제1막에서 아프리카계 미국인 가족이 생일 파티를 위해 모인다. 제2막에서는 이 가족이 제1막의 사건을 조용히 재연하기 시작하고 여러 백인 인물의 목소리가 인종에 대해 이야기하는 소리가 들린다. 제3막에서는 저 백인 인물 역을 맡은 배우들이 가족 일원으로 무대에 등장하고, 관객은 인종과 관람 행위에 대한 자신의 선입견을 재고하도록 요구받는다.

역사는 아메리카 원주민에게도 벌어진 상처로 남아 있다. 토미 오렌지는 감동적인 소설 『데어 데어』에서 12명 인물의 시점을 오가며 여러 가족의 집단 초상화를 3대에 걸쳐 그려내는데, 이들이 공유하는 상속 재산인 땅이 도난당

● 19세기에 주로 활동한 이탈리아 극작가.
◆ 무대와 관객 사이를 떼어놓는 보이지 않는 수직면을 말한다.

하거나 팔리거나 개발되거나 포장된다. 한 인물은 이것이 과거를 기억하는 일이 중요한 이유라고 한 어머니의 말을 떠올린다. 정부는 일을 바로잡거나 과거에 일어난 일을 되돌아보지도 않을 것이기 때문이다. "그래서 우리가 할 수 있는 일은 모두 우리가 어디서 왔는지, 우리 조상에게 무슨 일이 일어났는지, 어떻게 올바른 삶을 살고 우리의 이야기를 함으로써 그들에게 경의를 표할지 이해하는 것과 관련이 있었다. 세상은 이야기로, 다른 건 없고 단지 이야기와 이야기에 대한 이야기로 이루어져 있다고 어머니는 내게 말했다."[21]

역사를 통틀어, 예술가는 기질, 미학적 비전, 실험하고 경계를 밀어붙이고 싶은 충동으로 인해 아웃사이더인 경향이 있었다. 미국만큼 이 말이 사실인 곳은 없다. 이 나라의 가장 독창적이고 영향력 있는 예술 형식을 만든 것은 주류 바깥의 사람들이었다. 오늘날 우리가 사랑하는 대부분의 대중음악은 블루스의 후손이다. 블루스는 20세기 전환기에 미시시피 삼각주 지역의 아프리카계 미국인 소작인과 노동자, 다시 말해 "다른 대부분의 미국인이 잊어버렸거나 존재하는지도 모르는 고립 지역"[22]에서 "사실상 노예 신분으로" 살아가는 "가장 가난하고 가장 소외된 흑인들"[23]에 의해 만들어졌다고 음악평론가 로버트 파머Robert Palmer는 썼다. 이들의 놀라운 창작(과 전통 및 개성의 표현, 민족이 공유하는 기억, 즉흥적 기교의 융합)으로 재즈와 알앤비R&B가, 그리고 롤링스톤스 같은 개척 선구자들을 통해 로큰롤이 생겨났다. 래그타임, 소울, 펑크, 힙합도 흑인 예술가들에게서 시작되었다. 힙합은 반세기 전 브롱크스의 한 아파트 건물에서 탄생한 이후 오래전에 로큰롤을 누르고 지배적인 음악 장르로 자리 잡았으며, 그 영향은 컨트리와 팝에도 스며들었다.

존 제임스 오듀본부터 마크 로스코, 조지 발란신까지 이민자들도 미국 예술에서 두드러진 역할을 했다. 그리고 오늘날 주노 디아스, 에드위지 당티카, 아트 슈피겔만, 아야드 악타르, 게리 슈테인가르트, 치마만다 응고지 아디치에, 셀레스트 응, 말런 제임스, 야 기야시, 줄리 오츠카, 디노 멘게츄, 하진, 이창래, 할레드 호세이니, 오션 브엉, 줌파 라히리를 포함해 이민 1세대와 2세대의 문학작품이 놀라울 정도로 쏟아지고 있다. 이들의 작품은 독특하고 독창적인 목소리를 선보이는 동시에 세계와 세계 속 미국의 위치에 대해, 개인이 어떻게 역사를 처리하고 어떻게 오늘날의 복잡한 사회 및 정치의 역류를 헤쳐 나가는지에 대해 많은 것을 이야기해준다.

주노 디아스의『오스카 와오의 짧고 놀라운 삶』은 가족의 미로 같은 과거로부터 빠져나가려는 한 괴짜 도미니카계 미국인의 슬프고 웃기면서 마음이 아픈 노력을 연대순으로 기록한다. 이것은 고전적인 교양소설이면서 아메리칸 드림에 따르는 기대와 실망에 대한 매우 독창적인 이야기이다. 맥신 홍 킹스턴의 『여전사』는 다음 세대에 영향을 미칠 대단히 선견지명 있는 20세기 소설 가운데 하나로, 중국 설화와 가족의 전설, 기억과 꿈을 뒤섞어 두 문화 안에서 살면서 그 어느 쪽에도 속하지 않는다는 것이 어떤 것인지 본능적으로 느끼게 한다.

실제로 많은 이민자들이 듀보이스의 "이중 의식"과 다르지 않은 입체적 시각을 갖고 있다. 그들은 특히 그들이 선택한 나라가 지닌 모순, 복잡성, 부조리에 민감한 경향이 있다. 퓰리처상을 받은 비엣 타인 응우옌의 강렬한 소설 『동조자』의 화자는 이렇게 말한다. "나는 스파이, 고정간첩, CIA 비밀요원, 두 얼굴의 남자입니다."[24] 화자의 어머니는 베트남인이고 아버지는 프랑스인이며 그는 미국 교육을 받는다. 이 인물은 스파이, 이중 간첩, 이민자, 난민으로, 그의 삶에 대한 이야기는 많은 면에서 엘리슨의 『보이지 않는 인간』과 존 르 카레의 스릴러 소설을 상기시킨다. 화자는 계속해서 이렇게 말한다. "아마도 그리 놀랄 일도 아니겠지만, 두 마음의 남자이기도 합니다. 나는 만화책이나 공포영화에 흔히 나오는, 편견에 시달리는 돌연변이 괴물은 아닙니다. 어떤 이들은 나를 그런 존재로 취급하기도 했지만 말입니다. 나는 그저 모든 문제를 양면의 관점에서 생각해볼 수 있을 따름입니다."

네 살 때 베트남 난민으로 미국에 온 응우옌은 아웃사이더가 된다는 것은 작가에게 귀중한 선물이 될 수도 있다고 지적한다. 그는 이렇게 주장한다. 아웃사이더, 즉 "타자"가 된다는 것은 "연민과 공감을 불러일으킨다. 즉 내가 언제나 세상의 중심에 있는 것은 아니라는 느낌 말이다."[25]

20세기 후반에는 한때 틈새의 하위문화로 여겨지던 장르 및 예술 형식의 인기가 폭발했다. 예를 들어, 1980년대 일본에서는 오타쿠들이 만화영화(아니메)와 만화(망가)를 열렬히 받아들였다.[26] 오타쿠란 고립되어 있으면서 최신 기술에 능한 아웃사이더로 정형화되고, 오래된 고질라 영화나 열대어 같은 것에 대한 괴상한 관심에 사로잡힌 젊은이를 말한다. 그러다가 인터넷이 세계화를 가속하면서 만화영화와 만화가 주류를 이루기 시작했다. 스트리밍과 전염병의 대유행에 따른 봉쇄 조치로 인해 그 인기는 한층 더 높아졌다. 『할리우드 리포터』에 따르면, 일본 만화영화에 대한 전 세계의 수요는 코로나19가 유행한 첫 2년 동안 118퍼센트 증가했다.[27]

1980년대에 픽션이건 논픽션이건 이미지와 글을 창의적으로 결합해 이야기하는 방식을 이르는 말로 "그래픽 소설"이 널리 쓰이기 시작했다. 이 가운데 찬사를 받은 작품으로는 브롱크스의 이민자 동네에 대한 일련의 중첩된 이야기인 윌 아이스너Will Eisner의 『신과의 계약』A Contract with God, 홀로코스트 생존자인 아버지의 경험을 감동적으로 그린 아트 슈피겔만의 『쥐』(여기서 유대인은 쥐로, 나치는 고양이로 묘사된다), 이슬람 혁명 동안 이란에서 성장한 과정을 회고한 마르잔 사트라피의 『페르세폴리스』가 있다.

그래픽 소설과 만화가 주류로 자리 잡음과 거의 동시에 판타지 소설과 SF 소설에 대한 관심이 급증했다. 이 소설들은 한때 "장르 소설"로 여겨져, 서점 뒤쪽 선반에 소규모로 꽂혀 있었으며 일부 도서관에서는 낸시 드루와 하디 보이스의 추리소설 근처 청소년 분야에 꽂혀 있었다. 1960년대의 획기적인 텔레비전 SF 시리즈 두 편은 여러 세대의 영화감독 및 작가에게 영향을 미치게 되지만 실망스러운 시청률로 인해 방송국 경영진에 의해 중단되었다. CBS 방송국에서 1959년 시작해 시즌5까지 방영한 로드 설링의《환상특급》[28]과 NBC 방송국에서 1966년 시작해 시즌3까지만 방영한 최초의《스타 트랙》[29]이 그것이다. 당시 SF, 판타지 소설, 만화는 주로 컴퓨터광, 반문화에 동조하는 괴짜, 밤새도록 『듄』과 『반지의 제왕』을 읽는 외로운 십대들이 좋아하는 틈새 관심사로 여겨졌다.

1977년 조지 루카스의《스타워즈》가 이 모든 것을 바꿔놓았다. 이전의 SF 고전이 냉전 기술의 위험성(《금지된 행성》, 1956)이나 인류와 우주의 관계(큐브릭의 《2001: 스페이스 오디세이》, 1968)에 대한 알레고리인 반면, 《스타워즈》와 그 많은 속편들은 복잡한 뒷이야기를 가지고 있고 서로 관계가 뒤얽힌 수많은 문명과 존재들로 가득 찬 전체 우주를 떠올리게 했다.

루카스의 영화는 할리우드 블록버스터를 재정의하면서 괴짜 문화를 대중오락에서 가장 인기 있는 중심지로 만들었다. 그리고 곧 SF와 판타지는 슈퍼히어로물 및 만화 각색물과 함께 가장 믿을 만한 흥행 기대작이 되었다. 즉 대형 액션어드벤처 장편 서사 영화는 다른 많은 영화보다 대화 의존도가 낮아서 세계 시장에 쉽게 수출할 수가 있었다. 지금까지 크게 인기를 끈 21세기 영화로는 여러 《배트맨》 영화, 네 편의 《매트릭스》 영화, 점점 늘어나는 마블 영화, 《해리 포터》와 톨킨의 중간계 이야기와 『헝거 게임』을 각색한 영화가 포함되며, 텔레비전에서는 조지 R. R. 마틴의 『얼음과 불의 노래』를 각색해 만든 HBO 방송의 몰아서 볼 만한 여덟 시즌짜리 드라마 《왕좌의 게임》이 있다.

이들 영화와 TV시리즈는 촘촘하게 상상된 세계, 팬들이 자세하게 설명할 수 있는 광활한 우주를 만들어내 관객이 몰입하게 했다. 2022년 중반, 팬픽션 도서관인 '우리만의 아카이브'Archive of Our Own(AO3)는 거의 500만 명의 사용자와 1,000만 편에 달하는 작품을 관리하고 있었으며, 이 사이트 전체가 최우수작품 부문 휴고상을 받았다.[30] 공동 창립자인 나오미 노빅Naomi Novik은 이 사이트의 창작자와 독자를 대신해 이 상을 받고서 이렇게 말했다. "팬픽에서 동영상, 팬아트, 팟픽*에 이르기까지 팬들이 하는 모든 작업의 중심에는 예술이 고립 속에서가 아니라 공동체 안에서 생겨난다는 생각이 있다."[31]

팬픽션은 새로운 개념이 아니었다. 1893년 아서 코난 도일이 사랑받는 주인공인 셜록 홈스를 죽였다는 사실에 화가 난 이 위대한 탐정의 팬들은 곧 그의 추가 모험에 대한 이야기를 쓰기 시작했다. 하지만 1960년대에 현대의 팬픽션 물결이 일기 시작했을 때 그것은 여전히 DIY식 활동이었다.《스타 트렉》과《맨 프롬 엉클》*의 마니아들은 모임에서 등사판으로 인쇄한 잡지를 서로 공유했으며, 1980년대에는 전화 접속 모뎀을 사용해 인터넷 게시판에 이야기를 올렸다. 어떤 이야기들은 좋아하는 인물 간의 관계를 처음부터 다시 만들었다. 또 어떤 이야기들은 시점을 가지고 실험했는데, 나폴리언 솔로*가 마약 중독자가 되는 식이었다.

SF물과 판타지물이 변방에서 주류로 이동한 것과 마찬가지로 공포물도 점점 더 영향력이 큰 장르가 되었으며 사회 논평과 디스토피아 비전을 담는 강력한 플랫폼이 되었

- podfic. 팬픽을 낭독해 녹음해서 파일로 만들어 올리는 것을 말한다.
- *The Man from U.N.C.L.E.* 미국 NBC에서 1964년부터 1968년까지 방영된 첩보 드라마로 국내에서는 '첩보원 0011'이라는 제목으로 번역되었다.
- 《맨 프롬 엉클》의 주인공.

다. 2021년 넷플릭스에서 가장 많은 사람들이 시청한 시리즈이자 미국을 포함한 94개국에서 1위를 차지한 한국의 《오징어 게임》은 신자유주의의 해악에 대한 음울한 알레고리이다.[32] 이 시리즈는 실직과 빚으로 인해 절박한 사람들이 소름끼치는 일련의 폭력적 게임에 참여해야 하는 미래 세계를 배경으로 한다. 이 게임에서 진 사람들은 지배 엘리트들의 오락을 위해 죽임을 당한다. 코로나19의 대유행으로 인한 격리 시기 동안 넷플릭스에서 큰 인기를 모은 다른 두 작품도 주제가 비슷했다. 한국 영화 《부산행》은 좀비 스릴러물로 여기서 진짜 악당은 어떤 희생을 치르더라도 성공을 거두는 탐욕스러운 기업이며, 에스파냐의 공포영화 《더 플랫폼》은 낙수효과 경제와 오래된 방식의 탐욕이 지닌 야만성을 무자비하게 탐구한다. 이들 영화는 극단적 자본주의의 폐해를 그린다는 점에서 잭 런던의 1908년 소설 『강철군화』를 떠올리게 한다. 이 소설은 도금시대 말에 출간되었는데, 디스토피아적인 미국을 "강철군화"로 노동자 계급을 짓밟는 독재적 금권정치 국가로 묘사했다.

조던 필Jordan Peele의 충격적인 2017년 영화 《겟아웃》은 미샤 그린Misha Green의 《러브크래프트 컨트리》•와 리틀 마빈Little Marvin의 《그들》◆을 포함해 영화와 텔레비전에서 공포 장르를 이용해 미국에서 일어나는 인종차별의 트라우마를 탐구하는 흑인 예술가들의 물결을 분명하게 보여주었

거대한 불결

• *Lovecraft Country*. HBO 방송에서 2020년 방영된 공포 드라마.
◆ *Them*. 미국의 영상 스트리밍 서비스인 아마존 프라임 비디오에서 2021년 방영된 드라마 시리즈로, 1950년대를 배경으로 백인만 살고 있는 로스앤젤레스 콤프턴에 이사한 흑인 가족이 9일간 겪는 극심한 인종차별을 다룬 허구적 작품이다.

다.《겟아웃》은 한 젊은 아프리카계 미국인 남성이 뉴욕 북부에 있는 백인 여자 친구의 부모 집을 처음 방문해 그곳에서 벌어지는 일들로 인해 점점 불안해지는 이야기를 담고 있다. 2018년 각본상 부문 아카데미상을 받은 이 영화는 시작 부분이 선뜩하다. 한 흑인 남성이 교외의 한 동네에서 길을 잃었는데 위협적인 자동차가 그를 뒤따르고 있다. 그는 돌아서서 반대방향으로 가려고 하다가 갑자기 의식을 잃고 그 자동차로 끌려가 트렁크에 갇힌다. 관객은 이 시작 부분에서 비극적으로 살해당한 트레이번 마틴을 떠올리지 않을 수 없다. 이 장면은 아프리카계 미국인이 "엉뚱한 동네에서 아웃사이더로 인식될 수도 있다"고 느낄 때 경험하는 "현실적인 공포"[33]를 비흑인 관객이 공감할 수 있도록 하는 방법이었다고 조던 필은 NPR(미국공영라디오)과의 인터뷰에서 말했다. 즉 "인종 폭력의 위협이 곧 닥칠 것"이라는 공포 말이다.

작품에서 아프리카계 미국인의 역사를 적극적으로 다룬 것은 영화감독, 소설가, 극작가 및 각본가만이 아니다. 화가 제이콥 로런스Jacob Lawrence는 주목할 만한 경력 전반에 걸쳐 미국 역사에서 가장 큰 문제들을 다루었다.[34] 남북전쟁 직전 노예해방론자인 존 브라운이 하퍼스페리에 있는 연방 무기고를 습격하려다 실패한 이야기부터 20세기 전반 아프리카계 미국인이 북부로 대규모 이주한 이야기, 1960년대 인권 투쟁에 관한 이야기까지. 그의 그림은 감정의 직접성과 잊히지 않는 울림을 갖는다. 이는 역사에 대한 열정과 치열한 시각적 상상력을 융합하는 그의 능력 덕분이다. 로런스는 할렘의 공공도서관에서 역사 문헌, 신문, 회고록을 읽으며 십대 시절을 보내면서 역사에 대한 열정을 키웠고, 할렘 르네상스*의 예술가부터 르네상스 초기 화가들과 멕시코 벽화가인 호세 클레멘테 오로스코 및 디에고 리베라까지 그 영향을 흡수해 재창조하면서 시각적 상상력을 형성했다.

로런스의 가장 뛰어난 후계자 가운데 하나인 케리 제임스 마셜Kerry James Marshall은 엄청난 미술사 지식과, 초상화부터 풍경화, 활인화*까지 다양한 장르를 능숙하게 다루는 능력을 활용해 서구 미술사를 다시 쓰면서 노예제부터 오늘날 로스앤젤레스, 시카고, 뉴욕에서 삶의 전반에 걸쳐 일어나고 있는 인권 운동까지 기록한다. 그는 자라면서 미술관에 흑인 예술가와 흑인의 그림이 없어서 괴로웠는데, 아프리카계 미국인의 일상 삶을 그린 장면에 위엄과 기쁨을 부여하는 크고 눈에 확 띄는 화폭으로 이 결손을 보상했다.

비슷한 역학관계가 버락 오바마와 미셸 오바마의 초상화에서 작동하고 있다. 이 두 초상화는 2018년 스미소니언 국립초상화미술관에 전시되었는데, 각각 케힌데 와일

● 1920년대 미국 뉴욕의 흑인지구 할렘에서 일어난 민족적 각성과 흑인 예술 문화의 부흥을 이른다.
◆ 살아 있는 사람이 분장해 정지한 모습으로 명화나 역사 장면 등을 연출하는 것을 말한다.

리Kehinde Wiley와 에이미 셰럴드Amy Sherald가 그렸다. 이들은 이 미술관이 대통령 부부의 공식 초상화 제작을 의뢰한 최초의 아프리카계 미국인 화가이다.

셰럴드의 초상화는 미셸 오바마의 침착성과 자연스러운 멋을 포착하는 동시에, 다가가기 편하면서 자신감 있는 흑인 여성이자 영부인으로 묘사하고 있다. 와일리가 그린 버락 오바마의 초상화는 소탈함과 솔직성을 또한 보여준다. 대통령은 생각에 잠긴 표정이지만 관람자와 진지하게 관계를 맺고 있다. 양복을 입고 있으나 넥타이는 매지 않고 식당의 팔걸이의자 같은 것에 앉아 배경을 등지고 자세를 취하고 있다. 배경은 묘하게 시카고컵스의 리글리 경기장에 있는 담쟁이덩굴로 뒤덮인 유명한 벽과 비슷하지만 (하와이와 케냐 같이 과거 오바마 일가와 관련이 있었던 곳을 나타내는) 꽃들이 여기저기 피어 있는데, 이것이 이 그림에 약간 초현실적인 느낌을 부여한다. 여기에는 백악관에 대한 언급도, 결단의 책상▲이나 성조기나 다른 대통령 초상화에 등장하는 중요해 보이는 서류처럼 대통령 집무실에서 볼 수 있는 장식도 없다.

오바마는 초상화 제막식에서 "권력과 특권에 대한 우리의 관습적 견해에 이의를 제기"하고 할렘이나 로스앤젤레스 사우스센트럴 지역의 거리에서 만나는 행인처럼 평범한 사람들을 그리는 데 관심을 보이는 와일리의 작품에

▲   백악관 대통령 집무실에 있는 대통령 전용 책상.

오랫동안 감탄해왔다고 말했다.[35] 오바마는 와일리가 이런 평범한 사람들을 그리면서 "그들이 미국의 삶 중심에 속해 있"다고 주장한다고 말했다. 또 "내가 생각하는 정치"는 "높은 지위에 있는 이들과 힘 있는 이들을 찬양하면서 나라가 위로부터 아래로 펼쳐지기를 기대하는 것이 아니라 아래로부터 위로, 즉 우리 삶에서 흔히 보이지 않는 사람들"로부터 위로 올라오기를 기대하는 것이라고 주장하고 있다고 말했다.

와일 글렌 라이곤While Glenn Ligon의 삭막하고 실존주의적인 회화와 판화는 흔히 개념미술에 가깝지만, 인종과 정체성과 소속감에 대한 묵상이기도 하다. 그리고 그는 이른바 "아웃사이더의 상태"를 예술가의 상태에 비교한다. 즉 약간 떨어져 서 있는 사람인 것이다.[36] 라이곤의 작품은 어둠과 빛, 형상과 추상을 이용해 인종과 젠더와 우리가 과거에 대해 생각하는 방식이 지니는 복잡성을 탐구한다. 그의 일부 작품은 특히 1850년의 도망노예법, 1995년의 100만 인 행진*, 1968년의 멤피스시 환경미화 노동자 파업 같은 역사 속 사건을 언급하면서 미국에 대해, 그리고 오늘날 아프리카계 미국인의 경험에 대해 반추한다.

라이곤은 가장 유명한 일부 그림에서 랠프 엘리슨, 조라 닐 허스턴, 리처드 프라이어의 글을 일부 가져와 스텐실과 석탄 가루를 입히는 방식을 이용해서 관람자가 언어

1995년 10월 16일 워싱턴에서 흑인 차별 철폐를 요구하며 열린 대규모 집회.

의 힘과 의사소통의 모호성을 인식하도록 자극하는 방식으로 단어들을 흐릿하게 만들어 재맥락화한다. 그가 거듭 사용하는 글 가운데 하나는 제임스 볼드윈의 「마을의 이방인」Stranger in the Village이다. 이 글은 1950년대에 이전에 흑인을 만난 적이 없는 스위스의 한 작은 백인 마을에서 이 소설가가 경험한 일에 대해 쓴 것이다. 이 경험은 미국에서의 편견과 배제에 대한 치열한 생각을 촉발했다. 라이곤은 이렇게 말했다. "이 글은 인종 관계에 대한 것일뿐더러 어디서든 이방인이 된다는 것이 무엇을 뜻하는지에 대한 것이다."[37]

화가이자 프랑스 혁명가인 자크-루이 다비드부터 에스파냐의 화가이자 판화가인 프란시스코 고야, 현대의 그래피티 미술가까지 수세기에 걸친 전 세계 예술가들은 자신의 작품을 이용해 당시에 가장 긴급한 문제를 다루고자 했다. 1980년대에 장-미셸 바스키아는 인종차별과 경찰의 잔혹성을 주제로 치열하고 전복적인 작업을 했고, 키스 해링은 에이즈 위기와 남아프리카공화국의 인종차별 정책에 특히 관심을 보였다.

아이웨이웨이艾未未는 시인인 아버지 아이칭艾青이 수십 년 전 그랬듯, 예술적 자기표현 죄와 2008년 쓰촨성 지진 당시 날림으로 지어진 학교 건물에서 수천 명의 아이들이 사망한 일을 폭로한 죄로 중국 정부에 체포되어 치벌을 받았다. 2015년 중국을 떠난 이후에는 비디오, 조각, 대규모 공공 설치물을 대단히 창의적인 방식으로 이용해 전 세계의 난민 위기, 정부 감시의 위험성, 언론 자유에 대한 권위주의의 위협에 대해 주의를 환기시켰다.

　"예술가는 또한 미학적으로, 도덕적으로, 또는 철학적으로 활동가여야 한다"고 아이웨이웨이는 『가디언』과의 인터뷰에서 말했다.[38] "이것은 거리 시위를 해야 한다는 뜻이 아니라 이런 문제를 이른바 예술 언어로 다루어야 한다는 뜻입니다. 이런 의식이 없다면, 인간의 투쟁에 대해 이해하려 하지 않는다면, 그를 예술가라고 할 수도 없지요."

　오늘날 가장 유명한 두 예술가가 비슷하게 행동주의에 대한 의지를 공유한다는 것은 놀라운 일이 아니다. 이들의 작품은 거리에서 만들어지고 소셜미디어를 통해 널리 공유된다. 프랑스 사진작가이자 거리 예술가로 인스타그램 팔로어가 170만 명인 JR은 십대에 그래피티 작업을 시작해서 파리부터 뉴욕, 리우데자네이루까지 도시의 옥상, 벽, 광장, 건설 현장에 극적인 공공 설치물을 제작해왔다. 2007년 그의 팀은 요르단강 서안 지구를 나누는 보안 장벽 양쪽과 라말라, 헤브론, 예리코, 베들레헴, 텔아비브, 예루살렘의 건물에 이스라엘인과 팔레스타인인의 거대한 사진을 부착했다.[39] 그의 거대하고 무시할 수 없는 많은 프로젝트는 난민, 여성, 수감자, 가난한 사람, 노인, 권리를 박탈당한 사람 등 아웃사이더에 초점을 맞추고 있으며, 이를 보는 사람들이 자신의 선입견과 편견을 재검토하게 하거나 서로 다른 집단 사이에 대화가 시작되도록 하려는 것이다.

역시 요르단강 서안 지구에 그림을 그린 뱅크시는 2022년 전쟁으로 피폐해진 키예프를 방문해 우크라이나 국민과 연대한다는 표시로 이 도시 안팎에 여러 작품을 게시했다.[40] 1990년대에 영국 브리스톨에서 선보인 가장 초기 작품은 손으로 그린 이미지가 특징이었으나, 곧 작품을 제작하는 속도를 높여 체포를 피하기 위해 곧바로 알아볼 수 있는 스텐실 기법으로 바꾸었다. 그는 거리 예술이 엘리트들로부터 권력을 되찾고 싶어하는 하층계급의 "복수"를 위한 형식이라고 말했으며,[41] 종종 풍자가 담긴 유머를 사용해 기득권층, 즉 기업의 탐욕과 정부의 어리석음과 무분별한 소비주의에 맞섰다. 2003년 『가디언』과의 인터뷰에서는 "낙서하는 것만으로도 보복이 된다"고 말했다.[42] "철도회사를 소유하고 있지 않다면 대신에 가서 철도회사에 그림을 그려라."

뱅크시는 아웃사이더인데도 (또는 어느 정도 아웃사이더이기 때문에) 점점 더 많은 돈을 벌게 되었다. 2021년 그의 한 작품이 250만 달러가 넘는 금액에 팔렸다.[43] 그의 명성이 예술 형식이자 사회적·정치적 표현 수단인 그래피티에 관심을 불러일으키는 데 일조했다.

1980년대에 서베를린 장벽의 콘크리트 표면은 지역 주민, 찾아온 예술가, 그리고 일반 관광객이 그린 정교한 미술작품과 자유에 대한 메시지로 뒤덮여 있었다. 냉전이 종식된 후, 그래피티로 뒤덮인 장벽의 일부가 베를린과 다른 도시의 여러 박물관에 보존되었으며, 거리 예술은 현재 통일된 도시에서 계속 번성하고 있다.

아랍의 봄 동안, 이집트의 시위자들은 그래피티를 이용해 정부에 대한 견해를 표현하고 대중과 소통했다. 그리고 리우데자네이루, 부에노스아이레스, 상파울루, 보고타 같은 라틴 아메리카의 도시들에서, 인스타그램에 많이 올라오는 정교한 벽화부터 "픽소"Pixo로 알려진 그래피티 스타일까지 거리 예술은 수십 년 동안 번성했다. 젊은 예술가들은 밧줄을 이용하거나 자유등반*을 해서 도시에서 가장 높은 건물에 그래피티 작업을 하려고 경쟁했다. 한 전직 투우사는 이렇게 설명했다. "우리는 변방에, 소외된 공동체에 속해 있다. 우리가 하는 말은 매우 분명하다. '나는 존재하고, 여기에 있으며, 당신들이 나를 보길 바란다.'"[44]

뉴욕시는 많은 거리 예술가와 관광객의 메카이지만, 시 당국은 오랫동안 그래피티를 공공기물파손죄의 한 형태로 여겼으며, 1972년과 1989년 사이에 지하철 낙서를 방지하고 지우기 위해 약 3억 달러를 썼다. 2019년 말에도 뉴욕시는 "낙서 없는 뉴욕시" 프로그램에 300만 달러를 책정했다.[45]

하지만 2020년 '흑인 목숨이 소중하다' 운동을 지지하

---

* 인공적인 보조 수단을 사용하지 않고 육체적 능력만으로 암벽을 오르는 것을 말한다.

는 벽화가 미국 전역에 생겨나면서 거리 예술에 대한 미국인의 태도가 극적으로 바뀌었다. 뉴욕, 워싱턴D.C., 필라델피아는 작업반을 파견해 안전 주의 표시에 쓰이는 밝은 노란색 페인트로 주요 도로에 '흑인 목숨이 소중하다' 공식 벽화를 그리게 했다. 다른 크고 작은 도시들에서는 지역 예술가들이 흔히 친구와 이웃에 도움을 청해 그들만의 독창적인 벽화를 제작했다. "그들의 이름을 말하라" "숨을 쉴 수가 없다" "이제 인종차별을 끝내라" 같은 메시지가 벽과 거리에 등장하고, 인권 영웅인 마틴 루서 킹 주니어, 존 루이스, 메드가 에버스의 인상적인 초상화가 건물들을 뒤덮었다. 브레오나 테일러◆의 650제곱미터 크기의 초상화가 메릴랜드주 아나폴리스의 한 농구장에 등장했고,[46] 조지 플로이드의 초상화(대부분 그가 생전에 직접 찍어 페이스북에 올린 사진에 기초해 그렸다)[47]가 그가 살해당한 미니애폴리스부터 뉴욕, 시카고, 버밍엄, 샬럿, 오클랜드까지 미국 전역의 도시에, 그리고 시리아, 케냐, 나이지리아, 영국, 일본, 브라질, 프랑스[48] 등 전 세계에 등장했다.

아마도 2020년의 가장 창의적인 작품은 버지니아주 리치먼드에 있는 로버트 E. 리▲ 동상을 재활용한 것이다. 이 도시 주민들과 영감 넘치는 두 예술가는 비디오 영사기를 이용해 이 공간을 아프리카계 미국인 문화를 기념하는 공간으로 바꿔놓았다. 이 기념물은 항의 행진 집결지가 되었

◆ Breonna Taylor. 켄터키주 루이빌에서 응급의료 요원으로 일하다가 2020년 경찰의 무리한 체포 시도 중에 총을 맞고 사망했다.

▲ Robert E. Lee(1807~1870). 남북전쟁 당시 남부연합군을 이끈 사령관. 남부연합의 수도였던 리치먼드에 설치된 그의 동상은 인종주의 논란의 소재가 되어오다가 2021년 마침내 철거되었다.

으며, 사람들은 '흑인 목숨이 소중하다' 그래피티, 꽃, 촛불, 경찰 폭력 희생자에게 바치는 손으로 쓴 헌사로 이 동상의 받침대를 뒤덮기 시작했다. 근처에 유권자 등록을 위한 천막이 설치되었고, 대출 도서관 그리고 물과 음식을 제공하는 테이블도 있었다.

리치먼드에 살고 있는 두 예술가인 더스틴 클레인Dustin Klein과 앨릭스 크리키Alex Criqui는 동상 근처에서 경찰이 시위자들에게 최루탄을 발사하는 것을 본 후, 이 동상을 재활용해 그 위에 아프리카계 미국인 영웅들의 이미지를 비추기로 결정했다. 이 동상은 빛의 마술을 통해 해리엇 터브먼, 프레드릭 더글러스, W. E. B. 듀보이스, 마틴 루서 킹 주니어, 로사 파크스, 맬컴 엑스, 앤절라 데이비스, 제임스 볼드윈, 존 루이스의 이미지가 나타나는 스크린으로 바뀌었다. 어떤 날 밤에는 '흑인 목숨이 소중하다' 표지판이나 무지개 색 성소수자 깃발이나 "정의 없음, 평화 없음"이라는 메시지가 있었다. 재활용한 동상의 사진은 소셜미디어와 신문 및 잡지를 통해 전 세계로 퍼져나갔다. 조명 투사 예술가인 클레인은 이렇게 말했다. "우리는 이 동상이 1890년부터 이 공간에서 흑인들을 향해 어두운 에너지를 발산해왔다고 본다. 그 부정적 에너지를 일부 흑인에게 긍정적인 에너지로 재맥락화할 수 있을 콘텐츠를 찾는 노력을 시작했다."[49]

이 일을 경험하면서 "우리 공동체가" "한때 증오와 예속의 상징이었던 것을 해방의 상징으로 바꿔놓"는 것을 보고 놀라웠다고 크리키는 덧붙였다. "많은 사람들이 그 공간에서 일했고, 우리가 참여하기 오래전부터 많은 사람들이 그 공간을 재활용하는 데 앞장섰다. 따라서 모든 공은 수년간 이 싸움을 해오고 우리가 한 모든 일을 가능하게 한 활동가와 조직가들에게 있다."

『뉴욕타임스』는 로버트 E. 리 동상을 재활용한 예술을 제2차 세계대전 이후 미국 저항 예술 가운데 가장 영향력 있는 작품 1위로 꼽았다.[50] 결국 이 동상을 변형한 시위자들과 예술가들은 목적을 이루었다. 2021년 9월 8일 버지니아주 공무원들과 환호하는 군중이 지켜보는 가운데, 작업하는 사람들이 거대한 크레인을 사용해서 로버트 E. 리를 받침대에서 제거했다.

4

깨진 창과
슬라이딩 도어

과격주의자들은 어떻게 '오버턴의 창'을 깨트렸을까

약간의 무정부 상태를 접하게 해봐.
기존 질서를 뒤엎으면 모든 게 혼란스러워지지.
나는 혼돈의 대리인이야.

조커, 《다크 나이트》

이 이론은 좌파와 우파 모두가 이용한다. 주류에서 동성결혼과 마리화나 합법화에 대한 지지가 급속히 높아진 이유뿐 아니라 극우 극단주의자들이 공화당을 집요하게 장악하고 있는 이유를 설명하기 위해 발전했다. 보수 이론가와 기후변화 활동가, 정치인과 로비스트와 대규모 시위 조직자가 모두 이를 전략으로 받아들였다. 이 이론은 한때 사람들이 주변적이거나 위협적이라고 여기던 생각이 어떻게 주류로 이동했으며, 왜 오늘날의 현 상황이 파괴 세력에 의해 점점 더 위협받는지 설명해준다.

정치계에서 이 이론은 "오버턴의 창"[1]으로 알려져 있는데, 1990년대 보수 두뇌집단의 임원이었던 조지프 오버턴

Joseph P. Overton의 이름을 땄다. 오버턴은 특정한 역사의 순간에 새로운 생각이 대중에게 받아들여지는 과정을 설명했다. 정치 성향의 양쪽 끝에 있는 두뇌집단과 활동가들이, 예를 들어 세금이나 해외 원조나 차터스쿨*에 관한 정책을 공적 담론에 도입할 수 있고, 처음에는 급진적이거나 위협적으로 들리는 생각을 수년에 걸쳐 끈질기게 지지함으로써 정상화할 수 있다고 그는 생각했다. 그리고 이런 정책이 상당수 유권자나 정치인의 지지 기반층에게 친숙해지면 후보자와 공무원들은 선거에서 해를 입을 걱정 없이 편안하게 정책에 서명할 것이다.◆

이 이론의 긍정적 의미는 변화가 가능하다는 것이라고 진보 및 보수 활동가 모두가 말한다. 한 기후 관련 블로그는 최근에 이렇게 썼다. "행동주의, 정치 또는 사회 정의에 대한 지지와 관련된 사람이라면 누구나 때로 세상이 실망스럽게 느껴질 수 있다. 하지만 오버턴의 창 개념은 사회가 유연함을, 희망이 있음을, 가장 불가능한 유토피아 사상도 언젠가 현실이 될 수 있음을 상기시킨다."² 전 세계 기후 시위를 조직하는 수많은 풀뿌리 단체의 활동, 멸종저항Extinction Rebellion과 선라이즈 운동Sunrise Movement 같은 조직이 대중의 인식을 높이는 데서 한 역할, 그레타 툰베리 같은 젊은 활동가의 세간의 이목을 끄는 목소리. 이 모두가 주류 정치에서 기후 위기를 우선순위로 삼고 유럽 국가들

- ● charter school. 공적 자금을 받아 교사, 부모, 지역단체 등이 설립한 학교로, 국내의 자립형 공립 고등학교와 비슷하다.
- ◆ 즉 '오버턴의 창'은 정치 이념과 정책에 관련한 여론을 분석하는 틀이다. 대중이 어떤 정책안을 극단적이라고 받아들이면 정책이 될 수 없겠지만, 누구나 받아들일 만한 통념이 된다면 정책으로 수용될 수 있을 것이다.

의 선거에서 녹색당 후보자의 득표율이 높아지는 데 도움이 되었다고 평가된다.

오버턴의 창의 불리한 면은 오래된 미끄러운 비탈길 논증과 비슷하다. 사람들이 서서히 아주 위험한 것에 익숙해지기 때문에, 일련의 점진적 단계가 재앙으로 이어질 수 있다는 말이다. 이것은 그 유명한 삶기는 개구리 우화의 한 버전이다. 개구리를 끓고 있는 물에 담그면 곧장 튀어나오겠지만 상온의 물에 담가 서서히 가열해 끓이면 알아차리지 못하고 서서히 삶겨 죽으리라는 게 이 우화의 내용이다.

이 우화는 사실이 아님이 드러난다.[3] 물이 뜨거워지면 개구리가 재빨리 튀어나올 것이기 때문이다. 하지만 인간은 적응하는 경향이 훨씬 더 많은 것 같다. 특히 불편한 진실을 계속 부정할 수 있을 때 말이다. 닉 오브라도비치Nick Obradovich와 프랜시스 무어Frances C. Moore는 2019년 『워싱턴 포스트』의 한 기사에서 연구에 따르면 사람들이 예를 들어 기온 상승과 같은 날씨 변화에 빠르게 적응하는 것으로 나타났다고 썼다. "기온 변화가 전혀 특별할 게 아닌 일이 되는 데 5년이 걸린다고 우리는 추산한다. 다시 말해, 보통 미국인이 가진 정상적인 날씨에 대한 생각은 지난 몇 년 동안의 날씨에 근거해 있다는 말이다."[4]

민주당이 점차 왼쪽으로 이동한 과정은 고전적인 오버턴의 창 공식을 따랐다. 1990년대 빌 클린턴과 민주당지도

부협의회의 중도적 "제3의 길" 정책은 버락 오바마의 좀 더 진보적인 비전으로 바뀌었다. 2016년에는 자칭 "민주적 사회주의자"인 버니 샌더스가 젊은 무당층 유권자로부터 인상적인 수의 표를 얻었으며 결국 힐러리 클린턴이 대의원 2,220명, 버니 샌더스가 1,831명의 표를 얻으면서 민주당 체제를 뒤흔들었다.[5]

진보 단체들은 샌더스의 인기에 힘입어 민주당을 왼쪽으로 밀어붙이려 했다. 새로운의회•와 정의민주당Justice Democrats은 기존의 현역의원에 도전하기 위해 비정치인을 모집하기 시작했다. 그 성공 사례로는, 전직 바텐더이자 샌더스의 선거운동 조직자로 2018년 뉴욕주 제14 하원의원 선거구에서 당선된 알렉산드리아 오카시오-코르테스, 전직 중학교 교장으로 2020년 뉴욕주 제16 하원의원 선거구에서 당선된 자말 보먼, '흑인 생명이 소중하다' 활동가로 2020년 미주리주 제1 하원의원 선거구(세인트루이스가 중심)에서 당선된 코리 부시가 있다. 2022년『워싱턴포스트』의 한 조사에 따르면, 중도 성향의 민주당을 타파하려는 진보의 노력이 실패하더라도 민주당이 좀 더 진보적인 정책을 지지하게 되는 효과가 있었다.[6] 이런 전개 과정은 바이든 행정부의 노동 및 환경 계획, 그리고 사회안전망을 확대하려는 노력에 반영되었다.

실제로 샌더스, 엘리자베스 워런 등의 진보주의자가 지

• Brand New Congress. 2016년 대선 당시 버니 샌더스 경선 운동에 참여한 이들을 중심으로 만들어진 단체.

지한 정책이 이후 몇 년 동안 민주당과 미국 전체에서 점점 더 지지를 얻었다. 2019년 『뉴욕타임스』의 여론조사에 따르면, (정치 무당층 10명 가운데 7명을 포함해) 미국인 5명 가운데 3명이 "전 국민 의료보험"과 대학등록금 무료를 지지했으며 3분의 2가 5,000만 달러를 초과하는 자산에 부유세를 부과하는 계획을 지지했다.[7]

민주당이 점차 왼쪽으로 이동한 반면, 공화당은 도널드 트럼프의 당선으로 오버턴의 창을 완전히 깨버렸다. 공화당이 수십 년 동안 오른쪽으로 이동했으나, 트럼프는 그 길에서 완전히 벗어났다. 트럼프가 민주주의 제도에 공성퇴를 가하면서 공화당은 한때 정치 태양계의 가장 먼 궤도에 있던 우파 극단주의자들에게 영합하기 시작했다.

트럼프에게는 점진적 적응 단계가 없었다. 대신에, 그는 미국의 선거제도와 정부에 대한 신뢰를 약화시키는 한편, 눈에 보이는 모든 정치·사회·도덕 규범을 때려 부수는 1인 철거반원이 되었다. 트럼프는 인종차별과 여성혐오의 독설을 쏟아냈고, 정부 임명자로부터 충성 서약을 받아내려 했으며, 블라디미르 푸틴과 김정은 같은 독재자에게 아첨했다. 증오와 분열을 심고 판사, 언론인, FBI를 비난하는 한편 자신의 지지자 사이에 폭력을 부추겼다. 트럼프는 선거를 훔치거나 사법부를 정치화하려는 시도처럼 자신과 추종자들이 하고 있는 바로 그 일에 대해 자주 상대편을 비난했다.

　트럼프의 거짓말은 폭스뉴스 같은 비뚤어진 열정을 가진 우파 언론 매체에 의해 증폭되었다. 게다가 트럼프는 다른 극우 정치인들의 본보기가 되어 마조리 테일러 그린, 조시 홀리, 맷 게이츠, 로런 보버트 같은 유독한 대중선동가들의 독사 소굴을 부화했다. 실로 MAGA 시대의 공화당은 인상을 찡그리는 트럼프의 만화 이미지로 재탄생해 우파 가운데서도 가장 변방에 있는 비주류의 좀비 숙주가 되었다. 여기에는 보수 편집자이자 전직 토론 프로그램 진행자인 찰리 사이크스Charlie Sykes가 말한 "대안 현실이라는 사일로*"[8]에 살고 있는 큐어넌 회원, 신나치주의자, 푸틴 동조자, 그리고 백인 민족주의자가 포함된다.

　민주주의 감시 단체인 브이뎀연구소◆는 이렇게 MAGA가 주도하는 공화당이 "영국의 보수당이나 독일의 기독민주당 같은 민주주의 국가의 전형적 중도우파 집권당보다는 튀르키예의 정의개발당AKP, 헝가리의 피데스▲와 같은 독재적 집권당"[9]과 더 닮아 있다고 지적한다. MAGA 시대의 공화당은 유권자의 가장 깊은 두려움과 분노를 이용해서 남북전쟁 이후 그 어느 때보다도 미국을 분열시키고 있다.

　트럼프 시대 공화당의 과격화는 더욱 양극화한 환경을 낳았다. 이런 환경에서는 주방용품을 포함한 모든 것을 정

---

* silo. 원래 곡물 저장탑을 일컫는데 회사 내 부서나 팀이 분리되어 정보를 공유하지 않는 상태를 이르는 뜻으로 쓰인다.
◆ V-Dem Institute. 스웨덴 예테보리대학교 정치학과 부설 연구소로 V-Dem은 'Varieties of Democracy', 즉 '민주주의의 다양성'을 뜻한다.
▲ Fidesz. 현재 헝가리의 집권당인 헝가리시민동맹당 또는 청년민주동맹당은 약칭인 '피데스'로 더 잘 알려져 있다.

파라는 렌즈를 통해 보게 된다. 큐리그닥터페퍼사가 숀 해니티의 폭스뉴스 프로그램의 광고를 일시 중단하기로 결정한 후 화난 우파들이 이 회사에서 만든 커피메이커를 부수는 동영상을 게시했다.[10] 그리고 뉴발란스사의 한 임원이 도널드 트럼프의 무역 정책을 칭찬한 후 한 신나치주의자 블로거는 뉴발란스가 "백인의 공식 신발"[11]이라고 선언했다.

'우리 대 그들'로 분열하는 이 유해한 분위기는 코로나19 대유행 시기에 일부 트럼프 지지자들이 마스크 착용을 거부하고(그들은 마스크가 나약함과 정부 억압의 징후라고 했다) 개인의 비극을 음모론자의 먹이로 이용하는 것으로 이어졌다. 언론인 그랜트 월이 월드컵을 보도하다가 사망했다는 충격적인 뉴스가 전해지자마자 트위터는 그의 죽음이 코로나 예방주사 때문이라고 비난하는 게시글로 뒤덮였다. 미식축구팀 버팔로빌스의 수비수 다마르 햄린이 경기 중에 심장마비를 일으켜 병원으로 실려 갔을 때도 같은 일이 벌어졌다.

우리의 기억은 오래가지 못하고 트럼프 시절의 공화당이 매우 극적으로 변했기 때문에, 그리 머지않은 때에 사람들이 대통령 후보인 조지 H. W. 부시와 빌 클린턴 사이의 선택이 기본적으로 코카콜라와 펩시콜라 사이의 선택이라고 투덜거리던 시절이 있었음을, 또는 존 매케인, 마르코 루비오, 린지 그레이엄을 포함한 14명의 공화당 상원의원이 포괄적 이민 개혁 법안[12] 68-32를 통과시키기 위해 민주당에 동참한(하지만 이 법안은 결국 하원에서 통과하지 못했다) 시절이 있었음을 기억하기는 힘든 일이다.

오늘날 이 두 정당은 과학의 유용성에 대해 합의하지 못할 정도로 분열되었다. 2021년 갤럽의 여론조사는 민주당 지지자 가운데 79퍼센트가 과학을 "매우" 또는 "상당히" 신뢰한다고 응답한 반면, 공화당 지지자 가운데는 45퍼센트만이 그렇게 응답했음을 보여준다(72퍼센트였던 1975년 이후 놀랍게도 27퍼센트가 하락했다).[13]

최근 수십 년 동안 미국의 양극화를 부채질한 요인에는 각자 당에 유리하게 정한 선거구, 전당대회를 조직하고 지명 과정을 주재했던 당의 원로보다는 당의 가장 보수적 기반이 지배하는 예비선거 과정, 민주당 소속과 공화당 소속을 점점 더 인종, 종교, 이념, 교육, 도시-농촌 차이라는 정체성 표지를 중심으로 구분하게 된 과정이 있다.

인구가 적고 대체로 농촌이면서 백인이 대부분인 주들이 공화당의 근거지가 되면서, 이 작은 주들이 선거인단(2016년 트럼프, 2000년 조지 W. 부시가 일반투표에서 졌는데도 선거인단은 이들에게 백악관을 내주었다)과, 필리버스터 규정에 따라 법안을 투표에 부치려면 최소 상원의원 60명의 지지가 필요한 상원에서 불균형적인 영향력을 행사하게 되었다. 그 결과, 의회는 강력한 총기 규제 조치를 통과시키지 못했다.[14] 80퍼센트 이상의 미국인이 포괄적 신원 조회를 지지하고 70퍼센트 이상이 적기법red flag laws(본인 자신이나 다른 사람들에게 위험을 제기하는 사람이 일시적으로 총기를 소지하지 못하게 하는 법)을 지지하며 60퍼센트 이상이 공격 무기 금지법을 지지하는데도 말이다.

여론과 대법원 간 단절도 더욱 심해지고 있다. 공화당 출신 대통령들이 연방연구회*의 승인을 받아 대법원 판사를 임명하기 시작하면서 대법원이 점점 더 보수화하고 있으며 합의 개념은 점점 인기를 잃고 있다. 법학자 닐 데빈스Neal Devins와 로런스 봄Lawrence Baum은 이렇게 쓰고 있다. 즉 "공화당이 임명한 중도파 판사인 데이비드 수터가 2009년에, 존 폴 스티븐스가 2010년에 은퇴한 후"[15] 대법원이 처음으로 "당 노선과 일치하는 분명한 이념 연합을 형성했다"고 쓰고 있다.

미국인의 62퍼센트가 모든 경우 또는 대부분의 경우에 낙태를 합법화해야 한다고 답한 2022년에 대법원은 로 대웨이드 사건 판결*을 뒤집었다.[16] 같은 해에, 대법원은 온실가스를 규제하는 환경보호청EPA의 권한을 제한했다.[17] 퓨리서치센터의 여론조사에 따르면, 미국인 가운데 거의 3분의 2가 기후변화의 영향을 줄이기 위한 연방 정부의 노력이 너무 부족하다고 생각하는데도 말이다.[18]

• The Federalist Society for Law and Public Policy Studies. 즉 연방 법률 및 공공정책 연구회의 줄임말로, 보수주의 및 자유주의 성향의 법률 단체이다.
◆ Roe v. Wade. 여성의 성적 자기결정권 중 하나로서 낙태할 권리를 법으로써 존중한 판결.

이는 대법원이 대중의 정서를 반영하는 경향이 있었던 시절, 레이건이 임명한 대법관 샌드라 데이 오코너가 진정한 변화는 "주로 전체 인구의 태도 변화로부터 비롯한다"[19]고 썼던 시절과는 크게 달라진 것이다. "실로 (법원이나 입법기관에서의) 법적 승리는 새로운 사회적 합의에 따른 신중한 부산물인 경우가 대부분이다."

현재 곤두박질치는 대법원의 지지율은 의심의 여지없이 대법원이 오코너의 견해를 부정하고 있다는 사실을 반영한다. 2022년 6월 발표된 갤럽의 여론조사는 대법원에 대한 미국인의 신뢰가 25퍼센트까지 떨어졌음을 보여준다. "이는 거의 50년 동안 갤럽 여론조사의 결과 동향에서 새로운 최저 기록이다."[20] 하지만 트럼프가 세 명의 대법관을 임명하면서, 대법원은 이제 6 대 3으로 보수가 다수를 차지해 전 대법관 앤서니 케네디처럼 부동표를 설득하기 위해 의견을 조율할 필요가 없다. 그 결과, 오랫동안 확립된 판례를 뒤집고 사법 소극주의 원칙을 무시하려는 의지가 커지고 있다.

부족 정체성에 대한 충성심이 시민의 의무와 상식보다 우선함에 따라, 타협과 "공동선" 같은 개념이 점점 더 멀게 느껴지게 되었다. 조지 워싱턴이 고별 연설에서 경고한 것이 바로 이것이다.[21] 그는 "정파심이 계속해서 끼치는 해악"에 대해 경고하고 "우리나라의 한 부분을 다른 나머지로부터 갈라놓거나 현재 다양한 부분들을 서로 연결하고 있는 신성한 유대를 약화시키"려는 모든 시도에 대해 눈살을 찌푸리도록 시민들에게 촉구했다.

실제로, 권위주의를 연구하는 학자들은 극단적 양극화와 민주주의 쇠퇴의 상관관계를 자주 지적한다.[22] 정치학 교수 밀란 W. 스볼릭Milan W. Svolik은 『권위주의 통치의 정치학』*The Politics of Authoritarian Rule*에서 정파성이 매우 강한 사회의 유권자들은 "자신이 선호하는 정당이나 정책을 포기해야 할 때 민주주의 원칙을 무시하는 정치인을 처벌하기를 꺼린다"고 말한다.[23]

로널드 레이건, 두 명의 조지 부시, 존 매케인, 미트 롬니의 공화당이 도널드 트럼프의 공화당으로 변화하면서 핵심 문제에 대한 입장이 놀라우리만치 표변했다. 한때 열렬한 반공주의로 정의되던 정당이 이제 미국 우선의 고립주의로 기울고 있으며, 블라디미르 푸틴의 환심을 사려 하고 있다. "법과 질서"의 정당, 종교의 자유부터 총기 소지 권리까지 모든 것에 헌법을 적용하기 좋아하던 정당이 이제 헌법의 "종료"를 합리화하고 90건 이상의 범죄로 기소된 인물을 지지하고 있다.[24]

작은 정부와 개인의 자유를 옹호하던 공화당 지지자들이 이제 삶의 거의 모든 면에 대해 통제권을 주장하고 싶어한다. 트럼프와 공화당에서 가장 목소리가 큰 사람들은 미국 역사를 다시 쓰고, 낙태를 불법화하고, 성소수자의 권리를 짓밟고, 도서관과 학교에서 책을 금지하고 싶어한다.

2024년 트럼프의 공화당 대선 후보 경쟁자 가운데 한 사람인 플로리다 주지사 론 디샌티스는 오로지 문화 전쟁에만 매달리면서 극우에 영합하고자 했다. 그는 플로리다주의 최대 고용기업 가운데 하나인 월트디즈니사가 자신의 "게이라고 말하지 마라" 법안에 반대하자 전쟁에 나섰다. 게다가 그가 새로 도입한 교육 규정은 수학과 사회 과목에서 "깨어 있다"*고 여겨질 수 있는 모든 언급을 삭제하고 "정체성 정치"나 "비판적 인종론"을 가르치는 주립대학들을 엄중 단속하기에 이르렀다.

2023년에는 미국 역사상 가장 수치스러운 부분을 삭제하려는 지시가 플로리다주 공립학교에 내려졌다. 노예제가 대장일, 신발 제조, 어업 같은 "매우 전문화한 직업"을 개발하는 데 도움이 되었기 때문에 사실 일부 흑인들은 노예제로부터 혜택을 입었다고 학생들에게 가르치라는 것이었다.[25] 복스*의 기자인 잭 뷰챔프Zack Beauchamp는 디샌티스가 '깨어 있음'에 대해 전쟁을 벌이고 반대되는 정치 견해를 지지하는 사람들을 처벌하기로 결정하면서 헝가리의 독재 총리인 빅토르 오르반이 "개척한 길을 따르"[26]고 있다고 말한다. 뷰챔프는 이렇게 쓰고 있다. "오르반의 정치 모델은 흔히 두 단계의 선동을 이용한다. 두려워하고 있거나 소외된 집단을 적으로 내세운 다음 이 집단의 영향력에 맞서 싸워야 할 필요성을 이용해 징벌적 정책을 정당화하며 이것이 또한 그 정권의 권력을 확대한다."

요즘에는 "보수"가 더 이상 공화당을 설명하는 데 확실하게 사용할 수 있는 단어가 아니다. 실제로, 신우파New Right는 그들이 "대성당"(커티스 야르빈), "체제"(J. D. 밴스), "진실부"(피터 틸) 또는 그냥 "매트릭스"로 다양하게 언급하는 것을 무너뜨리기 위해 싸우는 급진주의자이자 아웃사이더로 그들 자신을 즐겨 묘사한다.[27] 오늘날 많은 극우가 1960년대 극좌 학생 시위대의 수사법을 사용한다는 사실은 묘하고도 초현실적인 반전이다. 즉, 그들은 기성 체제의 전복과 현 상황의 파괴를 요구하면서 FBI와 CIA가 제기하는 위협을 소리 높여 외치고 있는 것이다.

현재 과격화한 공화당은 1990년대 원조 "폭탄 투척자"▲인 뉴트 깅리치가 시작한 여러 차례에 걸친 반란군 장악의 산물이다. 깅리치는 민주당과의 타협을 막기 위해 동료인 공화당 대통령 조지 H. W. 부시 대통령의 기반을 기꺼이 약화시켰다. "당신이 뭘 하든 그는 폭탄을 투하할 겁니다."[28] 부시의 예산실장인 리처드 다먼은 깅리치에 대해 이렇게 말했다. "그는 그 무엇에 대해서건 가장 선동적인 부분을 찾아낼 것입니다."

4 — 새로운 창과 우리들의 점

▲   bomb thrower. 현 상황을 혼란하게 하거나 논쟁을 불러일으키기 위해 도발적이거나 선동적이거나 극단적인 수사법을 사용하는 사람을 은유적으로 가리키는 말.

묘하게 트럼프의 전조를 보여주는 깅리치는 민주당에 대한 전면전과 지지 기반을 화나게 만드는 문화적 분열 쟁점의 냉소적 조작에 기초한 새로운 공화당의 원형을 만들었다. 깅리치가 하원 의장으로 있는 동안 타협은 금기시되었으며 교착상태 자체가 목적이 되었다. 이는 대중이 정부를 욕하게 만드는 또 다른 수단이었으며, 그래서 대중은 투표로 더 많은 기득권층 정치인들이 공직에서 물러나게 했다. 요점은 국정 운영이나 정책 결정이 아니라 악마화한 적에 대해 승리를 거두는 것이었으며, 공화당계 단체인 GOPAC은 이를 위해 1990년 교육 공지training memo를 발행해서 이 단체 일원들이 "배신" "부패" "반역자" "반미국" "반아동"anti-child처럼 적을 특징짓는 단어의 목록(표적 집단 시험을 거쳐 이 목록을 정했다)을 가지고 뉴트식 화법을 완전히 익히도록 도왔다. 이 교육 공지의 제목은 "언어: 통제의 핵심 기제"였다.[29]

공화당의 또 다른 과격화 물결은 2009년 자유주의자, 복음주의자, 버서[*], 재정 적자에 대해 강경한 입장을 지닌 이들, 민병대, 총기 소지 권리 운동가, 2008년 금융 위기와 오바마 행정부와 워싱턴 전반에 대해 분노한 교외 거주자들의 느슨하고 요란한 연합인 티파티Tea Party의 등장과 함께 닥쳤다. 보수 단체와 찰스 코크 및 데이비드 코크[*][30] 같은 우파 기부자들에게 티파티 운동은 국민의 담론을 오른

- birther. 버락 오바마의 출생지를 문제 삼아 그가 미국 태생이 아니라고 믿고 대통령 자격이 없다고 생각하는 사람을 이르는 신조어.
- David Kock. 미국의 석유, 에너지, 섬유, 금융 등 다국적 복합 기업인 코크인 더스트리의 공동 소유주.

쪽으로 이동시키고 부유한 엘리트들에게 혜택을 주는 규제 완화 및 세금 인하 같이 그들이 좋아하는 대의에 대한 대중의 지지가 있음을 시사한다는 점에서 유용했다. 트럼프의 또 다른 전조인 세라 페일린이 공화당의 새 얼굴이 되고 하원 다수당 대표인 에릭 캔터 같은 하원의원이 예비선거에서 밀려나면서 중도적인 많은 공화당원들이 은퇴하거나 강경파 및 아웃사이더로 변신하고자 했다.

공화당이 티파티의 우선순위와 수사법을 흡수하는 동안에도 2016년 대선을 앞두고 또 다른 과격화의 물결이 일어나고 있었다. 저널리스트 조슈아 그린Joshua Green은 흥미로운 사실을 보여주는 책 『악마의 협상』Devil's Bargain에서 스티브 배넌이 2012년 브라이트바트뉴스Breitbart News를 인수하면서[31] 이 우파 사이트의 새로운 청중에게 구애하기 시작했다고 썼다. 즉, 하루에 몇 시간씩 월드오브워크래프트 같은 대규모 다중사용자 온라인MMO 게임을 하면서 보내는 소외되고 최신 기술에 능한 젊은이들 말이다.

이전에 인터넷 게임 회사를 운영한 적이 있는 배넌은 "이 뿌리 없는 백인 남성들"이 발생시킬 수 있을 종류의 인터넷 트래픽을 알았다. 그리고 그린에 따르면, 배넌은 "온라인 세상에서 매우 강력한 힘을 가진 많은 소외된 게임자와, 과격한 정치와 막무가내식 태도로 인해 브라이트바트에 이끌리는 우파 아웃사이더 사이의 대융합을 상상했다."[32] 배넌과 자극적인 사설을 쓰는 데 전문인 그의 편집자 마일로 야노풀로스는 이를 위해 브라이트바트를 대안 우파 플랫폼으로 전환하기 시작했고, 이 플랫폼은 "벌꿀오소리는 신경 안 써" 밈에 나오는 것과 같은 전투적인 벌꿀오소리*의 태도로 유명해졌다. 이 사이트는 게이머게이트◆와 여성혐오를 관문 쟁점으로 이용해서 레딧Reddit과 포챈4chan을 자주 방문하는, 불만을 품고 있지만 기본적으로 정치에 관심이 없는 젊은이들을 끌어들였다. 그리고 그들을 그들의 "신황제"God Emperor인 도널드 트럼프[33]를 대신하는 온라인 트롤로, 또는 그들 스스로 부르는 대로 하자면 "지네"▲로 바꿔놓았다.

이 냉소적 전략은 효과가 있었다. 미디어 및 인터넷 학자인 앨리스 마윅Alice Marwick과 베카 루이스Becca Lewis는 2017년 이렇게 썼다. "비교적 비정치적이던 온라인 문화가 인종 문제로 분노가 격앙되어 들끓고 있다. 흔해빠진 반페미니즘을 받아들인 일부 SF, 팬덤, 게임 커뮤니티들이 백인 민족주의 사상을 옹호하고 있다. '아이러니한' 나치 도상▪과 멸칭이 심각한 반유대주의의 표현이 되고 있다."[34]

이렇게 정치에 관심 없는 젊은이들을 모아들이는 과정은 이른바 "일반인에게 빨간색 알약 먹이기"(영화《매트릭스》에서 가져온 은유이다)라고 마윅과 루이스는 설명한다.

- 족제비과에 속하는 종으로, 성질이 거칠어 자기보다 큰 동물을 상대하는 등 대형동물을 습격하기도 하고 꿀을 먹기 위해 벌집을 털기도 한다.
- Gamergate. 여성들이 비디오게임 산업에 내재하는 성차별주의를 비판하면서 촉발된 논쟁.
- centipedes. 호주 출신 일렉트로 듀오 나이프파티가 작곡한 〈지네〉라는 곡을 한 네티즌이 트럼프 지지 영상에 삽입하면서 이렇게 부르기 시작했다.

《매트릭스》에서 주인공 네오는 무지와 환영幻影 속 평범한 삶으로의 복귀를 의미하는 파란색 알약과 매트릭스에 대한 진실을 드러내 보여줄 것을 약속하는 빨간색 알약 사이에서 선택할 수 있다. "빨간색 알약이 실제로 드러내 보여주는 것은 그것을 제공하는 사람에 따라 달라진다"고 루이스와 마윅은 쓰고 있다. "남성 인권 활동가에게 빨간색 알약을 먹는 것은 대중적인 페미니즘의 멍에에서 벗어나 여성이 아니라 남성이 억압받는 집단임을 인식함을 뜻한다. 대안 우파에게는 다문화주의와 세계주의 뒤에 숨은 거짓말을 밝히고 고립주의적 민족주의라는 진실을 인식함을 뜻한다."

최근 극단주의가 반복해서 공화당을 장악하는 것과 관련해, 도널드 트럼프는 우려스러운 증상일 뿐 아니라 악성 촉진제였다. 그는 휘발유를 뿌려대는 방화범 역할을 맡아 정파의 목적을 위해 분노와 불신을 부추기면서 미국인의 정신 깊숙이 박혀 있는 인종차별주의와 외국인 혐오 충동을 이용했다.

1964년 역사가 리처드 호프스태터는 미국의 우파가 이미 박탈감을 느끼고 있다고 말했다. "그들과 그 부류들은 미국을 대부분 빼앗겼으나 되찾고자 결심했다." 그는 이렇게 썼다. 그리고 1968년 조지 월리스▾의 대통령 출마와 함께 분출한 이 불만은 기독교 우파의 규모가 줄어들어 점점

■   나치가 순혈 아리아인의 가치를 강조하며 자부심과 민족주의 상징으로 사용한 도상인 하켄크로이츠가 그들이 혐오하던 이민족 문화에서 전용한 것이라는 점에서 아이러니하다는 말이다.

▾   George Wallace. 1960년대에 앨라배마 주지사를 지냈으며 오랫동안 인종 분리 정책 철폐에 저항했다.

더 궁지에 몰리면서 그 후 수십 년 동안 높아만 갔다. 공공 종교연구소Public Religion Research Institute의 한 조사에 따르면, 1976년에는 81퍼센트의 미국인이 백인 기독교인이었는데, 2017년에는 43퍼센트에 머물렀다(그리고 이들 가운데 17퍼센트만이 복음주의 교회의 교인이었다).[35] 한편 미국은 아프리카계 미국인, 여성, 성소수자의 사회적 평등이 뒤늦었지만 크게 개선되고 2008년에는 버락 오바마가 대통령에 당선되는 등 수십 년 동안 대략 진보적인 궤적을 이어왔다.

"이는 바로 보수가 단기의 논쟁에서는 승리를 짜낼 수 있을지 몰라도 장기의 논쟁에서는 지고 있기 때문"이라고 2022년 저널리스트 폴 왈드먼Paul Waldman은 썼다. "보수의 분노를 불러일으키는 것은 자신들이 수적으로 열세이고 억압받는 소수라는 느낌이며, 이것이 정치 행동을 동원해서 투표 승리로 이어질 수 있다."[36]

미국이 이전에 권리를 박탈당했던 사람들의 권리를 포용해 헌법에서 약속한 자유와 평등이라는 이상에 한 걸음 더 다가갈 때마다 흔히 이민 배척주의자의 편협함과 폭력 형태로 반발이 있었다. 예를 들어, 쿠클럭스클랜Ku Klux Klan(일명 KKK)은 1865년 남부연합 참전용사 단체에 의해 만들어져서 새로 자유를 얻은 아프리카계 미국인들에게 동등한 정치 권리를 부여하려는 재건 정책에 반대하는 남부 사람들의 테러 수단이 되었다. 남부빈곤법률센터*에 따르

● Southern Poverty Law Center. 미국의 비영리 법률지원기구로 여러 백인우월주의 단체들에 대한 법적 승리, 증오 행위 피해자를 위한 법률적 대변, 미국 내 민병 조직 및 극단주의 조직 분류, 관용 정신 교육 프로그램 등으로 유명하다.

면 KKK 활동의 변화는 다음과 같은 양상을 따르는 경향이 있다. "클랜은 그 지도자들이 사회의 긴장과 백인의 두려움을 이용할 수 있을 때 강력해진다."[37]

남북전쟁 후 수십 년 동안 클랜은 수천 명을 린치하고 살해했다. 그 단원들은 총과 채찍을 가지고 흑인 동네를 휩쓸고, 학교와 교회에 불을 질렀으며, 잔디밭의 십자가를 불태웠다. 제1차 세계대전 후 비영어권 이민자들의 물결이 미국에 도착하고 점점 더 많은 여성들이 노동시장에 들어오면서 이 단체의 영향력은 다시 급등했다. 교회에 가지 않거나 이혼하거나 남자와 함께 차를 탔다는 이유로 "불결하다"고 여겨진 여성은 채찍질을 당했으며, 낙태수술을 시행한 의사에게는 타르를 칠하고 깃털을 붙였다.

역사가 조슈아 D. 로스먼Joshua D. Rothman은 1925년 KKK 단원이 200만 명에서 500만 명으로 추산되며 동조자가 수백만 명 이상이었다고 쓰고 있다.[38] 이 단체는 "가두행진과 야유회, 야구팀과 예쁜 아기 대회를 후원했고" "미국인들은 수많은 클랜 당원을 시장, 교육 위원, 시 의회 의원, 보안관, 주 의회 의원으로 선출했다."

클랜에 대한 지지는 1930년대와 1940년대에 낮아졌지만, 1954년 대법원이 브라운 대 교육위원회Brown v. Board of Education 재판에서 공립학교의 인종 분리가 수정헌법 제14조를 위반했다고 판결한 후 다시 열세를 만회했다. 그 후

10년 동안 KKK와 그 동조자들은 인권 운동가와 자유버스 승차자들*을 살해하고 흑인 교회를 폭탄으로 공격했다.

남부연합 기념물의 건설도 비슷한 양상을 따랐다.[39] 우파의 주장과 달리, 그 대부분은 남북전쟁 중이나 그 직후에 만들어진 게 아니었다. 오히려 두 차례 연이은 물결 속에서, 다시 말해 재건개혁 시대와 인권 운동이 견인력을 얻은 1950~1960년대에 대부분 만들어졌다. 이 기념물들은 역사에 대한 온건한 기념이 아니라, 투표권을 약화시키고 아프리카계 미국인을 위협하기 위한 것이었다.

호프스태터는 이런 "편집성 스타일"(이런 태도는 "격한 과장, 의심, 음모에 대한 환상"으로 생기를 띤다고 그는 썼다)의 분출이 "가끔씩 발생하는 파도" 속에서 일어난다고 말했다. 이전의 파도들은 몇 년 후 물러나는 경향이 있었다고 썼다. 하지만 이는 미국의 두 주요 정당 가운데 하나가 가장 극단적인 일원들의 견해를 수용하고 전 대통령인 트럼프가 평화로운 권력 이양이라는 민주 통치의 초석을 뒤엎으려 하는데도 그를 지지하기로 결정하기 전의 일이었다.

과거 저명한 공화당원들의 행동을 공화당 상원 원내대표 미치 매코널 및 전 공화당 하원 원내대표 케빈 매카시(이들은 공화당 전당대회의 통제권을 가장 극단적인 의원들에게 사실상 넘겨주었다)와 비교해보라. 1974년 워터게이

• Freedom Riders. 인종차별 분리정책에 반대하는 흑인과 백인이 함께 버스를 타고 인종차별이 심각한 미국 남부 전역을 돌면서 교통수단에서 이루어지는 인종분리 관행을 깨뜨리고자 했다.

트 사건이 한창일 때 상원의원 배리 골드워터는 공화당 상
원의원 대표단을 이끌고 백악관으로 가서 리처드 닉슨에
게 자신들이 더 이상 그를 지지하지 않는다고 말했고 닉슨
은 다음 날 사임했다.[40] 1960년대 초 존버치협회*의 음모론
이 우파에서 인기를 얻자, 윌리엄 F. 버클리 주니어는 본인
이 창간한 잡지『내셔널리뷰』*National Review*와 신문 칼럼을
이용해 이 단체가 보수주의 운동과 미국 전체에 위험하다
고 거듭 비판했다. 1965년 말 레이건은 이 "소수 과격파"와
거리를 두었고, 공화당 의회 지도자인 제럴드 포드와 에버
릿 덕슨은 존버치협회[41]가 사악한 서쪽 마녀▲처럼 곧 녹아
내리기 시작할 거라고 비판했다. 적어도 당분간은 말이다.

2021년 1월 6일 국회의사당 점거 폭동 후, 하원의원 리
즈 체니는 트럼프와 지지자들이 민주주의에 제기하는 위
험에 대해 목소리를 낸 용기 있는 몇 안 되는 원칙주의 공
화당 의원 가운데 하나였다. 리즈 체니는 공화당 하원 지도
부에서 빠르게 쫓겨났으며 2022년 고향인 와이오밍주에서
열린 공화당 예비선거에서 패했다. 한편 대부분의 공화당
원들은 비겁하게 계속해서 트럼프에게 무릎을 꿇었다.

대부분의 공화당원들이 트럼프가 선거에서 한 거짓말
을 부인하지 않았으며, 악랄한 선동은 혐오의 주류화로 이
어졌다. 트럼프 재임 기간, 백인 민족주의자 혐오 단체가
55퍼센트 증가한 것으로 추산되며,[42] 2021년 미국 법무부

◆   John Birch Society. 기업가 로버트 웰치가 1958년 설립한 반공주의 단체.
▲   『오즈의 마법사』에 나오는 인물.

와 국토안보부의 법 집행관들은 미국이 직면한 가장 큰 국내 테러 위협은 "인종 또는 민족이 원인이 된 폭력적 극단주의자들", 법무장관 메릭 갈런드의 말을 빌리자면, 구체적으로 "백인종의 우월성을 옹호하는 사람들"로부터 생겨나리라고 말했다.[43] 한편 진보주의 엘리트들이 비백인의 이민을 독려해 백인을 대체하고 싶어한다고 주장하는 음모론[44]이 인종차별주의와 반유대주의의 "좋은 대체재"가 되었다. 이 음모론은 포챈과 레딧의 애매한 백인 우월주의 스레드에서 폭스뉴스로 빠르게 옮겨가 터커 칼슨*이 이를 거듭 언급했다.[45]

2024년 대선 준비 기간에, 트럼프는 선동적인 수사법과 미국 정부에 대한 공격을 증폭했다. 그는 많은 반정부극우 세력의 시금석이 된 연방 법 집행기관과 다윗교 신도 간 대치 사건◆ 30주년에 텍사스주 웨이코에서 첫 번째 선거 유세를 했다. 트럼프 월드의 매우 많은 것들과 마찬가지로, 이 선거 유세는 선동가에 대한 풍자에 등장하는 과장된 장면과 비슷하지만(멜 브룩스의 영화《프로듀서》에 나오는 "히틀러를 위한 봄"을 떠올려보라) 그의 퍼포먼스에 구현된 매우 실제적인 위협을 무시할 수 없다. 트럼프는 웨이코 유세에서 1월 6일 국회의사당 점거 폭동을 축하하는 영상을 틀었는데,[46] 여기에는 이 폭동 관련 범죄로 유죄판결을 받은 사람들로 구성된 단체인 "J6 교도소 합창단"이 녹음한

---

* Tucker Carlson. 2016년부터 폭스뉴스에서 뉴스 프로그램《터커 칼슨 투나잇》을 진행하고 있다.
◆ 데이비드 코레시가 교주인 다윗교 광신도들은 1993년 4월 19일 멕시코주 웨이코에 있는 다윗교 건물에서 연방 법 집행기관과 대치하다가 불을 질러 집단 자살했다.

미국 국가가 등장했다. 트럼프는 또한 2024년 선거 운동의 위협적인 주제를 알렸다. "부당한 일을 당하고 배반당한 사람들을 대표하는, 나는 여러분의 응징입니다.▲"[47]

트럼프 대통령의 임기 이후 유권자에 대한 위협이 급증했으며[48] 선거 관계자와 그 가족에 대한 위협도 마찬가지였다. 이 위협에는 로이터 통신이 보도한 "교수형, 총살, 고문, 폭탄 폭발 위협"[49]이 포함되었다. 2022년 뉴욕대학교 법학전문대학원 브레넌정의센터Brennan Center for Justice가 진행한 한 연구에 따르면, "선거 관계자 6명 가운데 1명이 그들이 하는 일 때문에 위협을 받은 적이 있었다."[50] 이로 인해 이사를 가거나 개인 경호원을 고용하거나 직장을 그만두는 이들의 수가 점점 늘어나고 있다.

트럼프가 전력을 다해 거짓말과 혐오 발언을 정상화하고 있는 것처럼, 그의 추종자들도 폭력을 정상화하고 있다. 2021년 미국기업연구소American Enterprise Institute의 조사에 따르면, 거의 40퍼센트의 공화당 지지자들이 "선출된 지도자들이 미국을 보호하지 않는다면, 폭력 행위가 필요하더라도 국민 스스로가 미국을 보호해야 한다"고 생각한다.[51] 2022년 10월 한 남성이 낸시 펠로시 의장의 샌프란시스코 자택에 침입해 82세인 남편을 망치로 공격해서 남편의 두개골이 골절되었다. 연방 검찰은 연방 공무원의 가족을 폭행하고 펠로시 의장을 납치하려 한 혐의로 이 남성을 기소

▲ 2016년 선거 운동에서 내세운 '나는 여러분의 목소리입니다'를 변주한 표현이다.

했다.

　이른바 우파 사상가들의 극단적 수사법이 폭력 행위와 1월 6일 국회의사당 점거 폭동을 조장했으며 이를 정당화하는 데 이용되고 있다. 클레어몬트연구소*의 선임 연구원인 글렌 엘머스Glenn Ellmers는 조 바이든을 지지한 유권자들은 "어떤 의미에서든 미국인이 아니"라고 선언했다.[52] 소프트웨어 엔지니어이자 노골적인 "신반동주의" 블로거인 커티스 야르빈Curtis Yarvin[53]은 미국 민주주의가 죽어가고 있으며 왕 같은 CEO가 이끄는 기업 군주제로 대체되어야 한다고 주장한다. 그리고 보수정치행동회의*는 2022년 회의에서 헝가리의 민주주의를 뒤엎고 인종 순수성을 찬양한 독재자인 빅토르 오르반 총리[54]를 개회 연설자로 내세웠다.

　그리고 젊은이들이 있다. 저널리스트 제임스 포그James Pogue는 2022년 『배니티페어』의 한 기사에서 "맨해튼 시내가 중심이지만 거기에 국한되지 않는" 젊은 힙스터들의 새로운 우파 하위문화의 출현에 대해 이야기한다.[55] 어떤 사람들은 이들의 태도가 대학 캠퍼스에서 보이는 "깨어 있음"에 대한 반응이라고 본다. 또 어떤 사람들은 트럼프의 정치가 펑크록의 위반 정신을 함축하는 최신 유행의 포즈, 다시 말해 반대의견으로 호기심을 자극하는 중2병 같은 것이라고 여기는 듯하다. 많은 남성들이 "똑같은 식으로 손질한 턱수염과 (양옆은 매우 짧고 윗부분은 더 길면서 젤을 발

●　Claremont Institute. 캘리포니아 업랜드에 기반을 둔 보수 두뇌집단.
●　Conservative Political Action Conference. 미국의 보수주의 연례 정치 행사로, 미국 전역에서 활동하는 보수주의 활동가와 공화당으로 대표되는 보수 성향 정치인, 유권자들이 대거 참석한다.

148

거대한 물결

라 한쪽으로 빗어 넘긴) 머리 모양"을 즐긴다고 포그는 보도
한다. "레니 리펜슈탈▲과 이디 세즈윅■처럼 되기를 열망하
는 여성들은 (아인 랜드의 소설에 나오는 인물 존 골트의 이
름을 딴 브랜디멜빌의 의류 브랜드인) 제이골트의 베이비돌
룩 상의와 미니스커트를 선호하며 액세서리로 빨간색 트럼
프 모자를 쓰기도 한다.

　이런 무심한 허무주의가 곳곳에서 보이는 아이러니 및
냉소와 함께 신우파에 스며들고 있다. 신우파는 주로 반대
에 의해 정의된다. 다양성과 포용성에 대한 반대, 지나치게
권한을 부여받은 여성과 남성다움이 부족한 남성에 대한
반대, 이민자에 대한 반대, 사회 정의 운동에 대한 반대, 세
계화에 대한 반대, 진보에 대한 반대. 어떤 사람들은 현재
미국의 모든 문제가 진보주의자 탓이라고 본다. 그들이 민
주당 지지자가 지지하는 것이면 무엇이든 반사적으로 반대
하는 것은 이런 이유에서이다. 어떤 사람들은 모든 것을 불
태워버리는 태도를 취하며 그들이 "검은색 알약을 먹"어서
지지할 수 있을 어떤 종류의 실제 정책을 애써 생각해보지
도 않는다고 말한다. 그들이 보기에는 세상이 너무 엉망이
어서 굳이 구할 필요가 없다.

　이것은 얼마간 미치 매코널 같은 정치 지도자가 보여
주는 허무주의의 만화책 버전이다.[56] 그는 공화당의 이익을
위해서라면 태도가 표변하고, 일의 진행을 방해하며, 가장

▲　Leni Riefenstahl(1902~2003). 나치 독일의 선전 영화를 만든 여성 감독.
■　Edie Sedgwick(1943~1971). 미국의 모델이자 배우로, 대표적인 팝 아티스트
　　앤디 워홀의 뮤즈로 유명세를 탔다.

극악한 위선 행위에 가담할 것이다. 매코널은 2016년 오바마 대통령이 지명한 대법관 후보인 메릭 갈런드에 대한 인사청문회 열기를 거부하면서 다음 대선이 9개월밖에 남지 않았다고 말했다.• 그런데 2020년에는 대선을 불과 며칠 앞두고 트럼프가 지명한 대법관 후보 에이미 코니 배럿에 대한 표결을 밀어붙였다.

이것은 "진보주의자 발라버리기owning"♦가 더 이상 극우 주변부의 아웃사이더 사이에서만 보이는 태도가 아님을 말해주는 징후이기도 하다.[57] 오히려 『폴리티코』가 지적한 대로, 오늘날 공화당의 "핵심 신념"이 되고 있으며, 일부 광신자들에게는 심지어 "삶의 방식"이 되고 있다. 도널드 트럼프에게 찬사를 보내는 과장된 트윗을 몇 개 올리는 데 그치는 게 아니라, 코로나19 발생 당시 마스크를 불태우거나 단지 환경운동가들을 분노하게 만들기 위해 "디젤 엔진을 개조해 그을음이 나는 배기가스를 대량 배출하"는 것과 같은 대담한 행위에 관여하고 있는 것이다.

이것이 MAGA 버전의 공화당이다.

동시에, 다음 장에서 보게 되겠지만, 트럼프가 대통령으로 재임한 4년은 대항 운동, 다시 말해 전례 없는 풀뿌리 행동주의의 물결을 촉발했다.[58] 한 조사 단체는 트럼프의 대통령 재임 기간에 거의 6만 건의 시위와 가두행진이 있었으며 여기에 참여한 인원이 2,100만 명에서 3,100만 명

• 그러니 다음 대선의 승자가 후임 대법관을 지명해야 한다는 것이다.
♦ 미국의 정치 전문 일간지 『폴리티코』 인터넷판에 따르면, 게이머들이 1990년대 컴퓨터 해킹 초기에 쓰이던 말을 빌려와 자신이 물리친 상대를 "발라버렸다"고 표현했으며, '진보주의자 발라버리기'란 대단히 비타협적인 보수주의로 진보주의자를 화나게 하거나 당황하게 만들거나 괴롭히는 전략을 이른다.

이라고 추산했다. 실제로 민주주의에 대한 트럼프의 공격과 지난 반세기 동안 인권에서 이룬 진보를 되돌리려는 그의 노력은 실존의 위기를 상징했다. 그래서 2020년 평소에는 다루기 힘든 민주당원들이 조 바이든 뒤로 결집했으며 전 공화당원 또는 의견을 달리하는 공화당원이 최소 6개의 반트럼프 단체를 설립했다. 내부자와 외부자 사이에, 다시 말해 진보주의자, 보수주의자, 페미니스트, 학생, 버니 샌더스 지지자, 힐러리 클린턴 지지자, 조지 W. 부시 행정부에 근무했던 직원들▲, 미국시민자유연맹ACLU 지지자, 국가 안전 보장 전문가, 전 공화당 전략가, 인종 정의 및 기후 활동가 사이에 생각지도 못할 연합이 빠르게 형성되었다.

이것은 저항군이었다.

▲ 이들은 부시센터에 등록해서 이를 통해 서로 계속 교류하고 있다.

저항군의 반격

새로운 풀뿌리 행동주의와 그 파괴력

투쟁이 없으면 발전도 없습니다. 자유를 지지한다고 주장하지만
동요를 평가절하하는 사람들은 땅을 갈지도 않으면서
농작물을 원하는 사람들입니다. 그들은 천둥과 번개가 없이
비가 오기를 바랍니다. 그들은 무시무시하게 포효하는
많은 물이 없는 바다를 원합니다.

프레더릭 더글러스

2020년은 정치학자이자 오랜 활동가인 프랜시스 폭스 피븐Frances Fox Piven이 말한 "운동의 순간"[1]이었다. 이 엄청난 사회 격동의 순간에는 시간이 빠르게 흐르고 아래로부터의 항의 운동이 기성 질서를 붕괴시킬 수 있으며 사람들이 충격적인 불의나 체제의 문제를 계속해서 무시할 수 없게 된다.

돈이나 인맥 같은 전통의 권력에 접근할 수 없는 가난한 사람들, 권리를 박탈당한 사람들, 아웃사이더들은 시위와 시민 불복종, 파업, 불매 운동, 매각 운동° 같은 집단의 파괴력을 조직하고 이용해 목소리를 낼 수 있다고 피븐은 오랫동안 주장했다. 참정권 운동은 여성의 선거권을 주장했고, 그 압력은 1919년 수정헌법 제19조로 이어지는 데

° 비윤리적이거나 도덕적으로 모호한 기업의 주식 또는 채권을 매각하거나 투자를 회수하는 것을 말한다.

일조했다. 그리고 인권 운동가들이 수년에 걸쳐 지칠 줄 모르고 노력한 덕분에 존슨 대통령은 1964년 인권법에, 1965년 선거권법에 서명하게 되었다.

1977년 피븐은 명저 『빈민 운동』*Poor People's Movement*(남편 리처드 클로워드와 공저)에서 대중 사회 운동에는 사람들의 두 가지 믿음이 필요하다고 주장했다. 체제가 명백히 부당하다는 믿음과 자신들이 그에 대해 뭔가 할 수 있다는 믿음 말이다. 2020년 수백만 명의 사람들이 이 두 가지를 믿었다는 사실은 분명했다. 미국은 피븐이 말한 "정당성의 위기"[2]에 직면해 있었다.

2020년 5월 말, 10만 명 이상의 미국인이 코로나19로 사망했고[3] 실업률은 대공황 이후 최고 수준인 14.7퍼센트로 급증했다.[4] 전염병 대유행에 대한 트럼프 행정부의 서투른 대처가 정부의 기능 장애에 대한 우려를 높였으며, 이미 경제에 대해 걱정하던 사람들은 이제 집값 상승으로 더 이상 감당할 수 없게 된 아파트와 주택에 갇혀 지내게 되었다.

아프리카계 미국인들의 지역사회는 코로나19와 실업으로 인해 특히 큰 타격을 입었다. 설상가상 트럼프의 인종차별 독설과 오바마 대통령이 지지한 형사 사법 개혁 조치를 철회하려는 노력이 더해졌다. 5월 말 미니애폴리스 경찰관이 조지 플로이드를 살해한 사건은 "이틀에 한 건 이상"[5]이라는 무서운 속도로 경찰에 의해 살해되는 아프리카계 미국인들의 길고 슬픈 이야기 가운데 가장 최근의 것이라고 『타임』은 보도했다.

플로이드를 살해하는 소름끼치는 장면이 휴대전화 동영상으로 찍혀 수많은 미국인이 온라인이나 TV로 보았으며, 이것은 그해 여름에 일어난 대규모 시위인 '흑인 목숨이 소중하다'의 발화점이 되었다.

이 시위는 미국 역사상 최대 규모였는데, 추산에 따르면 1,500만 명에서 2,600만 명의 사람들이 거리로 나왔다.[6] 또한 인종이 다양하다는 점과, 민주당을 지지하는 주와 공화당을 지지하는 주의 대도시부터 소도시까지 지리상 미국 전역에 걸쳐 확산되었다는 점에서 전례가 없었다.

이전에는 인종차별에 반대하는 시위에 이렇게 많은 백인 미국인이 참여한 적이 없었다. 2015년과 2020년 사이에 인종차별이 "큰 문제"라고 생각하는 미국인의 비율이 (71 퍼센트의 백인을 포함해) 50퍼센트에서 76퍼센트로 높아졌음을 한 조사는 보여주었다.[7] 이는 많은 대중이 인종차별의 폐해를 인식하고 트럼프의 분열 조장에 경악하고 있음을 말해주는 신호이면서, 끈질긴 편견에도 불구하고 1963년 이후 사회 상황이 변화했음을 말해주는 신호였다. 1963년 당시 마틴 루서 킹 주니어는 「버밍엄 교도소에서 보내는 편지」에서 "백인 온건파"[8]에 대한 실망감을 드러냈다. 그들은 "끊임없이 '나는 당신이 추구하는 목표에 동의하지만 직접 행동하는 방식에는 동의할 수가 없다'고 말하고, 가부장적이게도 자신이 다른 사람의 자유의 일정표를 정할 수 있다고 생각"했다.

활동가이자 학자인 앤절라 데이비스Angela Davis에게, 2020년 '흑인 목숨이 소중하다' 시위는 실제로 변혁의 순간이었다. "수많은 사람들이 거리로 모여들고"⁹ "일찍이 우리가 보았던 것보다 더 많은 백인들이 인종차별 반대 시위를 벌"여서 경찰관들이 결국 그들의 행위에 대해 책임을 지고 "구조적 인종차별"과 "백인 우월주의" 같은 운동 용어가 갑자기 대중 담론으로 들어왔던 것이다. 마치 "더 이상 우리와 함께 있지 않은 수많은 사람들이 벌였던 투쟁의 결실을 목격하"는 듯했다고 데이비스는 말했다.

'흑인 목숨이 소중하다' 시위는 대중과 (기업, 광고주, 예술 단체를 포함한) 유력 기관들로 하여금 체계적 인종차별을 해결하려면 얼마나 많은 노력이 필요한지 인식하게 했고, 지역 및 국가 차원에서의 치안 및 형사 사법 제도에 대한 정책 변화를 촉발했다.

'흑인 목숨이 소중하다' 시위는 트럼프 시대의 많은 시위 물결 가운데 하나에 지나지 않았다. 2017년 1월 21일 미국의 600개가 넘는 도시에서 열린 여성들의 행진에 400만 명 이상이 참여했다고 『워싱턴포스트』는 추산했다.¹⁰ 2018

년 '우리의 목숨을 위한 행진'March for Our Lives 집회에서는
총기 폭력에 항의하기 위해 최소 120만 명의 사람들이 모
였다[11](이는 베트남전 시기 이후 젊은이들이 주도한 최대 규
모의 시위였다). 수만 명의 시위자들은 수십 개 도시에서 성
소수자 인권을 지지하며 행진했다. 그리고 약 200개 인디
언 부족이 스탠딩록수 부족에 합류해서 육군 공병대가 환
경 평가를 무시하고 다코타액세스파이프라인Dakota Access
Pipeline 건설을 완료하게 하려는 트럼프에 반대했다. 이 파
이프라인은 다코타 지역의 물 공급과 조상의 묘지를 위협
하게 될 터였다.

미국 남부 국경에서 이민자의 아이들을 부모한테서 분
리하는 트럼프 행정부의 관행부터 미국 난민 입국 시스템
의 중단과 국민 대다수가 이슬람교 신자인 몇몇 국가들로
부터의 여행 금지까지, 트럼프의 무자비하고 편향된 정책
에 반대하는 시위가 있었다. 또 트럼프의 정책이 환경, 기
후변화를 막으려는 전 세계의 싸움, 그리고 과학의 실천에
계속해서 악영향을 미칠 것이라는 우려로 인한 시위가 있
었다. 2017년에는 수천 명의 과학자들과 지지자들이 과학
을 위한 행진March for Science에 참가해 증거에 기초한 정책
결정에 회의적인 각료의 임명과 환경보호청 및 국립보건원
같은 정부기관 예산의 대폭 삭감에 대한 우려를 표명했다.

피븐은 미국 역사에서 이전에도 "종종 운동들이 함께

일어"나는 시기가 있었다고 지적한다. 예를 들어, 영국이 식민지 통제를 강화하는 데 대한 분노가 높아지던 미국 독립전쟁 이전 시기, 농민의 곤궁이 더해지면서 민중 운동을 조직하고 시작한 19세기 말, 그리고 인권 시대가 그랬다.

운동이 무더기로 일어나는 현상은 상황의 긴급성과, 기성 체제 및 권력을 뒤흔들기 위해서는 대중 동원이 필요하다는 인식을 모두 반영한다. 트럼프가 민주주의 제도와 법치주의를 무시하고 선동적인 수사법을 사용하자, 진보주의자뿐 아니라 많은 중도파, 무당층, 그리고 전통적 공화당 지지자들도 동요했다. 2018년 『워싱턴포스트』의 한 여론조사에 따르면, 2016년 이후 미국인 5명 가운데 1명이 적어도 한 번 시위나 정치 집회에 참가했으며 그 가운데 19퍼센트가 이전에는 이런 모임에 참가한 적이 없었다.[12] 새롭게 참가한 시위자 가운데 70퍼센트가 트럼프에 반대한다고 말했다. 해외에서도 인플레이션, 코로나19 대유행 시기의 봉쇄, 푸틴의 우크라이나 침공에 따른 생활비 상승으로 인한 분노를 표출할 방법을 찾던 사람들이 파업, 작업 중단, 데모 같은 풀뿌리 저항의 힘을 발견하고 있었다. 『폴리티코』에 따르면, 2022년 148개국에서 12,500회가 넘는 시위의 물결이 있었다. 이 시위 가운데 다수가 식품 및 에너지 비용 상승으로부터 그들을 보호해주지 못한 현 정부를 겨냥해 일어났다.[13]

가장 큰 성공을 거둔 시위 가운데 하나가 중국 정부의 매우 엄격한 제로 코로나19 정책[*]과 지속적인 봉쇄에 반대하는 시위였다. 이로 인해 2주 후 중국 정부는 놀랍게도 가장 엄격한 제한을 풀고 방향을 전환했다. 반대의견이 빠르게 진압되는 권위주의 국가에서는 시위가 드물기 마련인데, 시위자들은 공기 중의 바이러스만큼이나 정부의 감시로부터 자신을 보호하기 위해 마스크를 썼다. 그들은 많은 사람들이 손에 쥔 빈 종잇조각으로 동료 시위자를 알아보았는데, 이는 중국의 검열을 은밀히 언급하는 것이었다.

2023년 이스라엘에서 수십만 명의 시위자가 거리로 쏟아져 나와 대법원의 권한을 약화시키려는 베냐민 네타냐후 총리에 반대해 시위를 벌였다. 이 조치로 인해 꼭 필요한 의회에 대한 견제가 사라져 네타냐후와 그의 극우 연합이 국가 의제를 설정할 수 있는 권한이 더욱 강화될 터였다. 학생, 교사, 기업가, 기술 노동자, 노동조합원, 군인을 포함해 광범위한 인구를 대표하는 시위자들이 총리의 권력 장악이 민주국가인 이스라엘의 정체성을 훼손할 것이라고 경고했다.

1980년대 이후부터 미국 여성들이 민주당으로 기울기는 했으나 트럼프의 재임 기간에 젠더 격차가 크게 벌어져 "공화당 대통령 후보는 앞으로 몇 년 동안 이 격차를 넘지

---

* 봉쇄, 격리, 수시 검사를 통해 감염원 자체를 박멸한다는 정책.

못할 것"이라고 브루킹스연구소의 한 보고서는 밝혔다.[14] 2020년 1월의 한 여론조사에 따르면, 57퍼센트의 남성이 트럼프 대통령이 하고 있는 일에 찬성한 데 비해 여성은 38 퍼센트에 그쳤다. 브루킹스연구소 보고서는 이렇게 결론지었다. "미국 정치의 젠더 재편은" 20세기 후반 민주당이 인권법을 지지하고 공화당은 백인 유권자에게 공공연하고 은근한 인종차별적 호소를 모두 이용하는 "남부 전략"을 추구하면서 "전통적으로 민주당을 확고히 지지하던 남부 주들의 충성스러운 유권자들이 공화당으로 옮겨간 이후 정당 소속에서 일어난 가장 큰 변화이다."

　트럼프의 파렴치한 여성혐오, 낙태권에 대한 태도의 표변, 브렛 캐버노 대법관 지명에 격분한 여성들은 트럼프와 그가 대표하는 모든 것에 반대해 집결했다.[15] 교외에 거주하는 축구교실 엄마, 사무원, 의사, 작은 마을의 교사 등 이른바 일반인들이 젊은 활동가들에 합류했고, 전국에서 풀뿌리 저항 단체가 생겨나면서 전례 없는 수의 여성들이 거리로 나왔다. 온라인에서는 2017년 #미투MeToo 운동이 입소문을 탔다. 그리고 2018년 기록적인 수의 여성들이 출마해 15명이 상원에, 102명이 하원에 선출되어서 민주당이 하원 통제권을 되찾아 낸시 펠로시가 다시 의장이 되었다.[16]

　여성들은 또한 전 세계 정치 시위의 최전선에 있었다. 벨라루스에서는 스뱌틀라나 치하노우스카야, 베라니카 찹

칼라, 마리야 칼레스니카바가 친푸틴 독재자 알렉산드르 G. 루카셴코에 맞서 친민주주의 투쟁을 이끌었다. 인도에서는 여성, 이슬람 신자, 성소수자, 억압받는 카스트들의 권리를 위협하는 새 시민권법에 항의하기 위해 여성들이 농성을 벌였다. 폴란드에서는 낙태권 축소에 반대하는 시위가 우파 정당인 법과정의당Law and Justice에 반대하는 시위로 번졌다.

이란에서는 정부의 엄격한 이슬람식 여성 복장 규정을 위반했다는 이유로 "도덕 경찰"에 체포된 22세 여성이 구금 중에 사망한 사건이 2022년 가을 대규모 시위를 촉발했다.[17] 이들을 이끈 것은 히잡을 찢어 모닥불에 태우며 "여성, 생명, 자유"라는 구호를 외친 용감한 젊은 여성들이었다. 정권의 가혹한 신정 통치를 거부한 이들은 계급과 민족의 경계를 넘어 폭넓은 대중의 지지를 얻었으며, 점점 잔혹해지는 정부의 탄압에 맞서 시위는 계속되었다. 2023년 중반 수천 명이 체포되고 수백 명이 총에 맞거나 구타당해 사망했다. 이란 정부는 이미 7건의 사형을 집행한 것으로 알려졌으며 더 많은 사람들에게 사형 선고를 내렸다.

이 시위는 이란인들이 정부에 대해 얼마나 분노했는지를 보여주는 증거였다.[18] 강경파인 새 이란 대통령 에브라힘 라이시는 2021년 이슬람법을 더욱 엄격히 집행하도록 요구하기 시작했다. 이는 아마도 이란의 극보수주의자들의 지지를 강화하기 위한 조치였으나, 대신에 이 정권을 개혁할 수 있으리라는 온건파와 젊은 사람들의 희망을 무너뜨렸다.

하버드대학교 케네디 행정대학원의 에리카 체노웨스Erica Chenoweth와 조이 마크스Zoe Marks는 2022년의 연구에서 최근 몇 년 동안 있었던 여성의 권리에 대한 공격과 동시에 일어나고 있는 민주주의에 대한 광범위한 공격 사이에 상관관계가 있다고 주장한다.[19] 이들은 이렇게 쓰고 있다. "경쟁하는 민주주의 국가의 기존 독재자와 우파 민족주의 지도자가 연합해서 민족주의적이고 하향식이며 남성이 지배하는 통치를 강화하기 위해 위계적 성별 관계를 이용하고 있"다. 그리고 이 권위주의자들이 여성에게 권리를 부여하기를 두려워할 만한 이유가 있는데, "여성이 시위에 참여할 때 광범위한 지지를 이끌어내 시위에 정당성과 추진력을 부여할 수 있기에 대중 운동이 성공해 평등주의에 입각한 민주주의로 이어질 가능성이 더 크"기 때문이다.

트럼프 시대에 시위 운동에 참여한 젊은 사람들 대다수는 2008년 금융 위기의 여파 속에서 성년이 되었으며 월스트리트 점령 운동이 촉진한 관점을 본능적으로 받아들였다. 21세기의 많은 사회 및 경제 문제가 고립되어 존재하는 게 아니라, 인종차별, 신식민주의, 자유시장 근본주의의 유산인 구조적 불평등에 뿌리를 두고 있다는 관점 말이다. 뉴욕시 주코티파크에 있던 오합지졸 시위자 수백 명의 원래 야영지를 경찰이 59일 만에 정리해버린 2011년에는 월스트리트 점령 운동의 영향력을 상상하기가 어려웠을 것이다. 기업의 권력과 소득 불평등에 반대하는 다른 수백 건의 시위가 미국 전역과 전 세계에서 일어났으나, 당시 은행의 관행이나 기업 규제에 실질적인 변화는 거의 없었으며, 정치에 미치는 돈의 영향력은 계속해서 커질 따름이었다.

비평가들은 재빠르게 이 운동의 묘비명을 쓰면서 이를 흐지부지된 "유행", 역사책 속 별표*로 일축했다.[20] 일부 영감을 준 아랍의 봄 시위처럼, 월스트리트 점령 운동은 실패한 것 같았다. 월스트리트 점령 운동이 기업의 탐욕을 비난한 데 대해 박수를 보낸 진보주의자들도 이 운동의 전술이 갈팡질팡하고 전략이나 목표가 합의되지 못했다고 불평했다.[21] 다양성이 부족하고 어떤 입법상의 승리도 거두지 못했다고 푸념을 늘어놓았다. 완강한 무정부주의와 리더십 부족으로 해결책 없이 심야 기숙사에서 벌어지는 것과 같은 논쟁이 끝없이 이어져서, 모든 정치인을 교조적으로 경멸해 인권 문제의 영웅인 하원의원 존 루이스가 애틀랜타 집회에서 연설하는 것을 삐딱하게 막은 남성 같은 임의의 개인이 시위 형태를 결정할 수 있었다고 조롱했다.

하지만 "상위 1퍼센트"에 대한 월스트리트 점령 운동

---

* 별표는 페이지나 섹션 구분을 통해 다른 내용으로 넘어감을 나타내는 방법이다.

의 주요 메시지는 인기를 얻었다. 월스트리트 점령 운동은 우파의 티파티 운동처럼 2008년 금융 위기와 그것이 노동자계층 및 중산층에 미친 여파에 대한 반응이었다. 또한 전 세계에서 불평등이 눈덩이처럼 커지면서 월스트리트 점령 운동의 "우리는 99퍼센트다"라는 외침은 소셜미디어에 유포되는 좌파 밈에서 정치인, 저널리스트, 심지어 TV와 광고 카피라이터들이 점점 더 많이 사용하는 문구가 되었다.

월스트리트 점령 운동 참여자들이 2016년 버니 샌더스의 대통령 선거 운동을 돕고 민주당을 왼쪽으로 밀고 가려는 일련의 진보 단체를 시작했기에, 이 운동이 장기간에 걸쳐 미친 영향은 돌이켜보아야만 분명해진다. 저널리스트 마이클 레비틴Michael Levitin은 2021년 출간한 책 『세대 점령』Generation Occupy에서 이렇게 썼다. "월스트리트 점령 운동은 온갖 잘못된 점이 있었음에도 사회·경제·인종·기후정의를 담론의 중심으로 만든 활동가 세대를 급진화해서 새로운 저항 시대를 열었다."[22] 그는 또 오늘날의 활동가들이 과거의 실수로부터 배우려 노력하고 있다고 주장하면서 풀뿌리 운동 육성 기관인 모멘텀●을 언급했다.[23] 모멘텀은 배운 교훈을 다음 세대의 활동가들에게 전하기 위해 월스트리트 점령 운동, 아랍의 봄 항쟁, 동유럽의 "색깔 혁명"◆을 포함한 이전 시민 불복종 단체들의 성공과 실책을 분석했다.

오늘날 저항 운동 일원 사이에서는 1960년대와 1970

●　Momentum. 미국의 진보적 시민 저항 운동을 지원하는 교육 기관이자 운동 육성 기관.
◆　소련에서 독립한 나라들에서 시민들의 봉기로 친러시아 정권이 연쇄 붕괴된 현상을 말하는데, 정권의 비리와 부정 선거에 분노한 시민들이 특정한 꽃을 들거나 같은 색깔의 옷을 입고 시위 현장에 등장한 데서 유래했다.

년대 시위자들이 장기간의 제도 변화를 가져오지 못했다는 인식이 커지고 있다. 문학 및 사회 평론가인 어빙 하우Irving Howe는 1982년에 쓴 한 글에서 신좌파가 1960년대 초의 이상주의와 희망을 활용해 더 크고 변혁적인 변화의 추진력을 만들어내지 못하고 점점 급진화해 대학 내 투쟁에 빠져들었다고 한탄했다.[24] 그 결과 진정한 제도 변화의 가능성이 흔들리다가 보수의 반발 및 1980년대 탐욕의 정치에 무너지고 말았다고 말했다.

21세기의 많은 활동가들은 이전의 이런 실패를 인식하고 직접 행동과 연합 구축 및 선거의 변화라는 점진적 노력을 결합하려 노력하고 있다. 2018년 조지아주의 활동가 스테이시 에이브럼스Stacey Abrams는 유권자 탄압*에 맞서 싸우는 단체인 공정투쟁행동Fair Fight Action을 설립했다. 이 단체는 2020년 선거 준비 기간 중에 많은 아프리카계 미국인과 젊은이들을 포함해 80만 명의 유권자들이 새로 등록하도록 도왔으며, 이들은 조지아주에서 조 바이든이 승리를 거두는 데 일조했다.[25]

'흑인 목숨이 소중하다'도 2020년 행진 참여자들에게 유권자 등록을 하도록 촉구했다. 어떤 활동가들은 시위 표지판에 바코드를 넣어 사람들이 전화기로 그 코드를 스캔해 온라인으로 유권자 등록을 하게 했다. 이 단체는 유권자 교육 캠페인과 정치 행동 위원회를 만들어 엄선한 후보를

● 특정 집단의 사람들이 투표하지 못하게 막거나 방해함으로써 선거 결과에 영향을 주는 전략을 말한다.

지지하면서 시장, 지방 검사, 보안관 선거전에 특히 주의를 기울였으며 주와 지역 차원에서 사회 정의 계획을 위해 로비했다.[26]

'흑인 목숨이 소중하다' 운동이 2020년 미국 전역으로 폭발적으로 확산되기는 했으나, 2012년 트레이번 마틴이 살해당한 후 #흑인목숨이소중하다#BlackLivesMatter라는 해시태그로 시작해 앞서 7년 동안 꾸준히 성장했다. 이 단체의 공동 창립자 가운데 한 사람인 알리시아 가자Alicia Garza가 자신의 책 『권력의 목적』The Purpose of Power에서 말한 대로 "해시태그는 운동을 일으키지 못"[27]하며 "조직화만이 운동을 지속시킨다"는 인식이 있었고, 그래서 전국에 지부를 설립해 사람들이 자기 이웃에 실질적 변화와 서비스를 가져오는 데 노력을 쏟도록 했다.

'흑인 목숨이 소중하다' 운동을 조직하는 사람들은 진보 운동 내 많은 내부 분열을 고려해 점점 더 포용성을 강조하고 사회의 불의에 맞선 투쟁부터 건강 평등, 교육 기회, 예술의 다양성 증가에 이르는 문제에 대해 다른 진보 단체들과 동맹을 형성하려고 노력했다고 가자는 덧붙인다.

이 운동이 "조직되지 않은 사람들, 다시 말해 아직 같은 언어를 쓰고 있지 않은 사람들을 조직하는 일을 진지하게 받아들"여야 한다고 가자는 주장한다.[28] 이 운동은 "우리가 편하게 느끼는 사람들보다 더 폭넓은 지지 기반을 구축하는 일을 두려워할 필요가 없다. 운동과 지지 기반이 이미 서로를 아는 사람들로 이루어진 파벌일 수는 없다. 우리는 합창단 너머로 다가가야 한다."

2011년 월스트리트 점령 시위에 참가한 이들 가운데에는 운수노동조합, 서비스국제노동조합, 교사연합, 자동차노동자연합을 포함한 주요 노동 단체 소속의 노동자들이 수천 명 있었다. 그리고 이듬해 월스트리트 점령 시위 활동가들은 월마트 직원들이 임금 인상을 요구하며 블랙프라이데이 파업을 조직하는 일을 도왔다.[29] 이 시위는 월마트만이 아니라 다른 소매업체에서도 매년 하는 전통이 되었다.

미국의 노조 가입률은 수십 년 동안 감소해서 1950년대 약 35퍼센트[30]에서 2017년 10.7퍼센트[31]로 떨어졌다. 이는 제조업 일자리가 사라지고 트럭운전사노조 및 항만노조의 부패 혐의가 이는 동시에 기업이 노조 가입을 억제하려 애쓴 결과였다. 하지만 2008년 금융 위기와 코로나19 대유행의 여파가 이어지면서 이런 역학관계가 변화하기 시작했다.

대불황 이후 실업률(과 CEO의 연봉)이 반등했을 때에도 일반 노동자의 임금은 인플레이션을 따라잡지 못하면서 계층 상향 이동 가능성은 사라졌다. 아웃소싱과 자동화 위협의 조짐이 서서히 나타나고 새로운 긱이코노미*에서 연금 및 의료보험과 함께 고용 안정이 사라졌다. 한편 주택과

• gig economy. 임시적 선호 경제, 일자리에 계약직이나 프리랜서를 주로 채용하는 현상.

대학 비용은 감당할 수 없을 정도로 치솟았다.

2018년 거의 50만 명의 노동자가 작업 중단에 참여해 약 30년 만에 최고 수치를 보였다. 이런 전개 과정을 주도한 것은 교사 파업의 물결이었는데, 이는 웨스트버지니아부터 오클라호마, 켄터키, 애리조나, 노스캐롤라이나까지 확산되었다. 이런 파업의 대부분은 개별 노조나 거대 노조에 의해 조직된 게 아니라 풀뿌리 운동으로 시작되었다. 5퍼센트 임금 인상으로 이어진 웨스트버지니아주의 파업[32]은 두 명의 교사가 시작한 비공개 페이스북 그룹을 통해 조직되었다. 다른 공무원들이 지지하는 목소리를 내었고, 이 그룹의 회원 수는 곧 24,000명 이상이 되었다. 몇 달이 지나지 않아, 웨스트버지니아주의 54개 카운티들이 각각 투표를 통해 파업을 결정했다.

소득 불평등을 한층 더 가속한 코로나19는 노동 운동에 활기를 불어넣었다. 영국 과학 전문 저널리스트 로라 스피니의 『죽음의 청기사: 1918년의 '코로나19', 스페인독감의 세계문화사』에 따르면, 1918년 치명적인 독감이 대유행하면서 사회 불만을 증폭해 인도에서 이제 막 시작한 독립 운동을 포함해 전 세계 "노동자들의 파업과 반제국주의 시위의 물결"[33]로 이어졌다. 인도에서는 이 바이러스가 원주민의 보건 의료에 무관심한 영국에 대한 분노에 기름을 끼었었다.

코로나19가 대유행하는 동안 의료, 식료품점, 식품 서비스, 온라인 물류센터 같은 분야의 많은 일선 노동자들이 위태로운 근무 환경에서 자신의 생명을 위험에 노출시킬 수밖에 없었다. 그 결과, 또 다른 노사 분규의 물결이 일어났는데, 아마존과 스타벅스에서 노조가 예상치 못한 승리를 거두었으며 애플, 트레이더조, 레이REI(실외 장비 및 의류를 판매하는 미국 소매 체인), 치폴레멕시칸그릴(멕시코풍 패스트푸드 체인), 타깃코퍼레이션(종합 유통업체)에서는 노조를 추진하게 되었다. 베테랑 노동 전문 저널리스트인 스티븐 그린하우스Steven Greenhouse는 이렇게 말했다. "노조에 대한 비슷한 흥분을 찾으려면 1930년대로 거슬러 올라가야 한다. 당시 제너럴모터스에 맞서 승리를 거둔 플린트 연좌 파업은 미국 전역에서 엄청난 파업 및 노조 운동의 물결을 일으켰다."[34]

2021년 갤럽의 한 여론조사에 따르면, 노동조합에 대한 대중의 지지율이 68퍼센트(1965년 이후 최고), 18~34세 연령층에서는 77퍼센트였다.[35] 같은 해에, 조 바이든은 "미국 역사상 가장 노조를 지지하는 대통령으로서 가장 노조를 지지하는 행정부를 이끌겠다"[36]고 다짐했다. 2023년 5월 시나리오 작가들은 할리우드 영화가 스트리밍 서비스를 하면서 줄어든 보수와 자신들의 일이 점점 인공지능에 아웃소싱되리라는 우려로 인해 파업에 돌입했다. 두 달 후에는 배우들이 추가 출연료가 줄어들고 그들의 초상이 AI가 생성하는 "메타휴먼"metahuman의 먹이가 되어 이 디지털 복제물이 후반 작업에서 그들을 대신하거나 심지어 미래의 일자리를 놓고 그들과 경쟁하게 될 것을 우려해 피켓 라인에 합류했다.[37]

아마존의 경우에는 직원 수가 8,000명 이상인 스태튼 아일랜드의 대규모 물류 현장에서 미국 물류센터 최초로 노조를 결성하는 데 성공했는데, 이를 조직한 것은 크리스천 스몰스Christian Smalls와 데릭 파머Derrick Palmer였다.[38] 30대 초반인 이 두 노동자는 전문적인 조직 경험이 있거나 전국 노동 조직과 협력하거나 하지 않았다. 두 사람은 고펀드미 GoFundMe에서 12만 달러를 모금하고 동료 노동자들과 대화하기 시작했는데, 스몰스가 판단한 대로, "안에서 밖으로" 만들어나가는 것이 타당하다고 생각했다. 그들은 틱톡TikTok 동영상을 올리고 노동자들의 불만을 들으며 물류센터 밖에서는 스몰스의 이모가 집에서 만든 구운 닭고기, 마카로니와 치즈, 설탕에 졸인 참마 같은 소울푸드를 제공했다.

스타벅스의 경우에는 2023년 현재 330개 이상의 지점이 투표를 통해 노조 결성을 결정했다.[39] 노조를 조직하는 데 노동자연합Workers United의 지원을 받았으나 실제 조직은 대부분 젊은 바리스타들이 줌Zoom과 디스코드*를 이용해 서로 소통하고 틱톡을 이용해 공개 동영상을 게시하면

* Discord. 게임을 하는 사람들 사이에 인기 있는, 즉시 메시지를 주고받을 수 있는 플랫폼.

거대한 물결

172

서 이루어졌다.[40] 이렇게 점포 단위로 젊은 노동자들 사이에 이루어진 자기 조직 노력은 전국 또는 지역의 지도부에 의존하는 경향이 있는 전통의 노조 조직과 뚜렷한 대조를 이루며, 탈중심화한 풀뿌리 권력이 어떻게 오래된 방식의 하향식 모델을 대체하고 있는지 보여주는 또 다른 징후이다.

2020년 선거의 출구 여론조사는 18~24세 젊은이의 65퍼센트가 바이든에 투표해 그가 펜실베이니아와 조지아 같은 주에서 승리하는 데 일조했음을 보여주었다.[41] 젊은이들의 정치 및 사회 영향력은 밀레니얼 세대⁕가 영향력을 강화하고 Z세대가 성년이 되어 샬럿 올터Charlotte Alter가 『우리가 기다려온 것들』*The Ones We've Been Waiting For*에서 말한 "진보적 젊은이들의 반란"[42]▲을 일으켜야만 커질 것이다. 여러 조사에 따르면, 이들 세대는 손위 세대보다 상당히 더 진보적인 경향이 있다.[43] 퓨리서치센터의 한 여론조사에 따르면 "Z세대 10명 가운데 7명이 정부가 이 나라의 문제를 해결하기 위해 더 많은 일을 해야 한다고 말한다." 또 다른 여론조사에 따르면 "Z세대의 3분의 2인 66퍼센트와 밀레니얼 세대의 62퍼센트가 미국에서 흑인은 백인보다 덜 공정한 대우를 받는다고 말하고" "각 세대의 약 10명 가운데 6명이 인종 및 민족 다양성이 높아지는 것이 우리 사회에 좋은 일이라고 말한다."

⁕　millennials. 1980~2000년 사이에 태어난 세대.
▲　progressive youthquake. 여기서 'youthquake'는 1960년대에 『보그』의 편집장 다이애나 브릴랜드가 젊은 세대의 패션, 음악, 태도 등에서 나타난 갑작스러운 변화를 묘사하면서 처음 사용한 말로, 젊은이들이 일으키는 문화, 사회, 정치의 격변을 뜻한다.

9·11 테러, 아프가니스탄 전쟁과 이라크 전쟁, 2008년 금융 위기, 코로나19의 대유행 같은 위기 속에서 성장한 Z세대는 지금까지 미국에서 인종상, 민족상 가장 다양한 세대이고 또한 가장 교육을 많이 받은 세대가 될 예정이다. 이들 가운데 22퍼센트가 적어도 한쪽 부모가 이민자이다.

스마트폰과 함께 성장한 디지털 원주민인 이 젊은이들은 소셜미디어를 이용해 데모와 보이콧을 조직하고 청원서를 돌려 정책 토론 및 입법 일정에 연결짓는 등 이미 행동주의를 인터넷 시대로 가져오는 기량을 보여주었다. 2018년 총기 난사 사건이 일어난 플로리다주 파크랜드의 마저리스톤먼더글러스 고등학교 학생들은 단 5주 만에 '우리의 목숨을 위한 행진'이라는 대규모 시위를 조직했고, 그러면서 교착 상태에 빠진 총기 규제 운동에 다시 활력을 불어넣었다. 당시 열다섯 살이던 그레타 툰베리가 그해 말 스웨덴 의회 건물 밖에서 기후 파업을 시작하도록 자극한 것도 이 학생들의 결단과 열정이었다. 툰베리의 기후 파업은 2019년 기후 시위를 이끌어내는 데 일조했는데, 이 시위에는 전 세계에서 약 400만 명의 사람들이 참여했다.

저널리스트 로널드 브라운스테인Ronald Brownstein은 앞으로 10년 동안 밀레니얼 세대와 Z세대의 선거 영향력이 점점 더 커져서 "베이비붐 세대가 대공황과 제2차 세계대전 동안 성년이 된 미국의 가장 위대한 세대•를 밀어내고

• the Greatest Generation. 미국 언론인 톰 브로코의 베스트셀러 제목에서 따온 용어로, 1901년과 1927년 사이에 태어나 대공황의 여파 속에 성장해 제2차 세계대전을 겪고 이후 미국의 전후 부흥을 이끈 세대를 말한다.

가장 큰 투표 집단이 된 1980년대 초 이후 가장 격심한 세대 전환"[44]이 될 것이라고 말한다.

역사를 통틀어, 세대 변화는 사회 및 정치 변화에 중요한 역할을 했다. 역사학자 앤드루 B. 루이스Andrew B. Lewis는 2009년 출간한 책 『청년의 그림자: 인권 세대의 놀라운 여정』The Shadows of Youth: The Remarkable Journey of the Civil Rights Generation에서 인권 운동에서 결정적 역할을 하게 될 청년 활동가 단체인 학생비폭력조정위원회Student Nonviolent Coordinating Committee가 1960년대 초 남부의 흑인 대학 캠퍼스에서 생겨난 것은 우연이 아니었다고 쓰고 있다. 즉, 당시 성년이 된 젊은 아프리카계 미국인들은 "인권 운동을 주도하는 역할을 하기에 완벽한 위치에 있었다."[45] 1954년 브라운 대 교육위원회 재판에서 인종을 분리하는 학교 교육이 위헌이라고 판단한 대법원 판결의 영향 아래 초중고등학교를 마친 이들은 "1950년대의 남은 기간 동안 통합이 코앞에 다가왔다"고 믿었다. 그리고 인종, 계급, 젠더 차이에 대한 강조가 덜한 새롭고 좀 더 포용적인 청년 문화의 일원인 그들은 기회가 확대되리라고 기대했으며, 남부의 분리주의 세력에 직접 맞서기를 주저하지 않았다. 이것은 그들의 부모 세대는 거의 상상하지 못한 일이었다. 그러면서 그들은 루이스가 말한 "제2의 재건"[46]을 시작해 마틴 루서 킹 주니어가 말한 "인종 정의의 밝은 길"[47] 위에 미국을 올려놓았다.

사실 청년은 오랫동안 변화의 선봉에 있었다. 1776년 앨릭잰더 해밀턴이 스물한 살, 제임스 먼로가 열여덟 살, 네이선 헤일이 스물한 살, 토머스 제퍼슨이 서른세 살이었다는 점은 기억할 만하다. 그린스보로의 4인(1960년 이들이 인종차별을 하는 울워스백화점 간이식당을 떠나기를 거부하면서 미국 남부 지역 전체로 퍼져나간 연좌 운동을 촉발했다)은 모두 노스캐롤라이나농업기술대학에 등록한 십대였다. 게다가 1980년대에 기관들이 남아프리카공화국과의 거래를 중단하게 만들기 위한 시위를 주도한 것도 학생들이었다. 그들은 공개 토론을 변화시키는 데 일조했으며 아파르트헤이트를 종식시키는 데 없어서는 안 될 역할을 했다.

역사가 토니 주트는 『더 나은 삶을 상상하라』에서 이렇게 썼다. "반대와 항의는 압도적으로 젊은이의 일이다. 뉴딜 정책과 전후 유럽의 개혁가 및 계획자와 마찬가지로, 프랑스혁명을 주도한 사람들이 확연히 젊었던 것은 우연이 아니다. 젊은이들은 물러나기보다 문제를 살피고 해결을 요구할 가능성이 더 크다."[48]

링컨, 마틴 루서 킹 주니어, 버락 오바마는 모두 미국이 미완성 프로젝트라 말하면서 세대를 이어 계속 노력할 것을 요구한다. 링컨은 게티스버그에서 죽은 이들이 살아남은 이들에게 남긴 "미완의 작업"[49] "위대한 과업"에 대해,

미국에 "새로운 자유를 탄생시키는" 일에 대해 말했다. 마틴 루서 킹 주니어는 링컨기념관 앞에 25만 명 이상이 모인 역사적 사건인 1963년의 워싱턴 행진이 "끝이 아니라 시작"[50]이라고 선언했다. 그리고 오바마는 미국인들에게 "우리의 연합을 완성하"[51]기 위한 노력을 계속할 것을 촉구하면서 리더십이 일종의 "릴레이 경주"[52]임을 상기시킨다. 그가 "모세 세대"라고 부른 인권 운동이 길을 제시했다면, 오늘날의 여호수아 세대는 그 바통을 받아 "이전 세대가 제시하고 지키기 위해 싸운 평등 원칙을 위해 매일 싸워야 한다"[53]는 점을 알아야 한다는 것이다.

오바마가 지적한 대로, 이 싸움은 "일회성이 아니다." 유권자들이 (2016년 힐러리 클린턴이 도널드 트럼프에게 참패한 것과 같은) 한 번의 선거 패배로 사기가 꺾일 수 없듯이 (2022년 중간선거에서 많은 선거 부정론자들이 패배한 것을 포함해) 예상보다 좋은 한 해의 결과로 현실에 안주해서도 안 된다.

사실 지난 10년 동안 가장 변함없는 교훈 가운데 하나는 민주주의가 여전히 취약하면서 귀중하고 한 번의 선거나 투표로 확보될 수 없으며 지칠 줄 모르고 계속되는 노력이 필요하다는 사실이다. 위대한 인권운동가 존 루이스가 2012년 출간한『저 다리 건너』*Across That Bridge*에서 말한 대로 "자유는 어떤 상태가 아니다. 행위이다. 우리가 마침내 앉아 쉴 수 있는 머나먼 고원 위 높은 곳에 자리한 마법의 정원이 아니다. 자유는 우리 모두가 계속해서 취해야 할 행동이다."[54]

6
불법 국가

미국과 아웃사이더의 애증관계

무법자는 법 바깥에서, 법 너머에서 살아가지만
꼭 법에 반대하지는 않는 사람으로 정의할 수 있다.
헌터 S. 톰슨

인간의 모든 진보는 무법 시대에서 일어난다.
벅민스터 풀러

1960년대 중반 갑자기 TV는 나중에 학자들이 "초자연적 시트콤"이라 부르게 될 것으로 넘쳐났다.《내가 가장 좋아하는 화성인》*My Favorite Martian*에는 화성에서 온 인류학자가 등장한다. 그는 로스앤젤레스에 불시착해 신문기자의 아파트에 숨어 지내면서 우주선을 수리하려 한다.《미스터 에드》*Mister Ed*는 말하는 말이 주연으로, 이 말은 갈팡질팡하는 주인인 윌버하고만 이야기하며 끊임없이 그를 곤경에 빠뜨린다.《아내는 요술쟁이》*Bewitched*는 서맨사라는 코를 씰룩거리는 마녀를 보여준다. 이 마녀는 신경질적인 광고 담당자와 결혼하는데, 그는 아내에게 마법의 힘을 사용하는 일을 자제하라고 한다.《내 사랑 지니》*I Dream of Jeannie*는 지니라는 요정이 우주비행사와 사랑에 빠지는 이야기로, 우주 캡슐이 무인도 근처에 떨어지면서 우주비행사가 지니의 병을 발견한다.《애덤스 패밀리》*The Addams Family*는 초능력을 가진 한 으스스한 가족에 관한 이야기인데, 이들은 이웃들이 왜 자신들을 이상하게 여기는지 이해하지 못한다.

당시에는 이런 프로그램을 단순하고 얼빠진 현실도피적 재밋거리로 여겼다. 나중에, 학자들은 이 시트콤들이 인권 시대였던 당대의 산물이라고 주장했다. 즉, 이 시트콤들이 "혼합 결혼"*과 통합이라는 주제를 은유적으로 검토하고 있다는 말이다.《아내는 요술쟁이》와《내 사랑 지니》의 경우에는 권한이 있는 여성과 여성이 평범한 전업주부가 되기를 바라는 남성 사이에 커지는 긴장을 반영한다. 돌이켜보면, 이 코미디들은 20세기 중반 미국에서 정체성과 동화同化 사이에서 타협하려는 아웃사이더와 이들에 대한 가족, 이웃, 동료의 변화하는 태도를 그렸다고 볼 수도 있다. 일부 민망한 순간이 있지만(특히 지니는 필사적으로 비위를 맞추는 게이샤 같아 보일 수 있다), 대부분의 경우 아웃사이더는 통찰력 있고 매력적이라는 인상을 주고 상식과 회복력 있는 유머 감각을 지닌 반면, 이들의 상대인 인간은 초조하고 아둔하며 도덕적으로 우월하면서 우스꽝스러우리만치 자기기만적인 멍청이로 나온다.

실제로, 미국인들은 오랫동안 아웃사이더에게 매료돼

• 인종, 민족, 종교가 다른 사람들 간의 결혼.

왔다. 도널드 트럼프처럼 규범을 파괴하는 위험한 사기꾼
은 없었으나, 최근 수십 년 동안 지미 카터, 로널드 레이건,
빌 클린턴, 버락 오바마를 포함해 많은 미국 대통령이 대
선에 출마했을 때 워싱턴의 아웃사이더였다. 그리고 오락
과 관련해, 미국인들은 명분이 있거나 없는 무법자, 배신
자, 반역자와 지속적인 애증관계를 보였다. 제임스 딘, 말
론 브랜도, 험프리 보가트, 몽고메리 클리프를 떠올려보라.
《우리에게 내일은 없다》, 《졸업》, 《내일을 향해 쏴라》, 《미
드나이트 카우보이》, 《폭력 탈옥》, 《이지 라이더》, 《가위손》
그리고 《아웃사이더》를 떠올려보라. 위대한 영화의 시대
인 1970년대의 많은 고전 영화에 부적응자, 살인자, 이단아
가 등장한다. 《잃어버린 전주곡》(1970), 《콜걸》*Klute*(1971),
《대부》(1972), 《황무지》(1973), 《형사 서피코》(1973), 《비
열한 거리》(1973), 《뜨거운 오후》(1975), 《뻐꾸기 둥지
위로 날아간 새》(1975), 《캐리》(1976), 《택시 드라이버》
(1976) 등. 그리고 트래비스 비클, 토니 몬태나, 마블 영화
의 악당(과 일부 영웅)처럼 법의 경계 너머에서 살아가는
미친 살인자만이 아니라, 해럴드 프랜시스 캘러핸(별명 더
티 해리)과 맥스 로카탄스키(별명 매드 맥스) 같은 경찰도
있다. 많은 형사 및 사립탐정 이야기의 전제는 관습에 얽매
이지 않는 남녀 주인공이 경찰서의 공무원보다 더 숙련되
고 관찰력이 뛰어나다는 것이다. 이는 콜롬보와 짐 록퍼드

《록퍼드 파일》)부터 제시카 플레처(《제시카의 추리극장》)
와 미녀 삼총사, 그리고 좀 더 최근의 탐정 몽크에 이르는
TV 탐정 세대를 거쳐 하드보일드 고전에 등장하는 샘 스페
이드(대실 해밋의 『몰타의 매』)와 필립 말로(레이먼드 챈들
러의 추리소설) 같은 사립탐정까지 거슬러 올라간다.

밀레니엄에 들어서 세 편의 대담한 TV시리즈가 텔레비
전의 지형을 새로 만들었는데, 여기에는 모두 새로운 유형
의 아웃사이더가 등장한다. 우리의 거실에 놓인 작은 화면
에서는 일찍이 상상할 수 없었던, 무법자에다가 절망적이
고 폭력적인 인물 말이다. 이 반영웅들은 길을 잃은 미국,
다시 말해 제도가 부패하거나 무능하거나 둘 다인 망가진
세상에서 살고 있으며, 사람들은 분노하고 사면초가라 느
끼며 좌절한다.

실제로 《소프라노 가 사람들》*과 《더 와이어》*가 묘사
하는 미국은 분명 몇 년 후 도널드 트럼프를 대통령으로 선
출하게 될 나라이다. 데이비드 체이스▲의 마피아 두목 토니
소프라노가 말한 대로 이 나라는 "하향세에 들어서고 있
다."[1] 데이비드 사이먼■의 《더 와이어》에 나오는 인물의 말
로 하자면 "우린 이 나라에서 똥을 싸곤 했지. 똥을 싸. 이
젠 그저 다른 사람 호주머니나 채워주는군."[2]

이 드라마들에서 미국은 이미 점점 더 많은 사람들의
꿈이 좌절되는 곳, 가난한 사람들과 중산층 사람들이 먹고

• The Sopranos. 1999~2007년 HBO에서 방영한 범죄 드라마.
◆ The Wire. 2002~2008년 HBO에서 방영한 범죄 드라마.
▲ 《소프라노 가 사람들》의 대본 작가이자 제작자.
■ 《더 와이어》의 대본 작가이자 제작자.

살기가 점점 더 어려워지는 곳, 특권층마저 공허감과 실망감을 느끼는 곳이다. 분명 이것이 코로나19 대유행 시기 동안 HBO 스트리밍 서비스에서 《소프라노 가 사람들》의 시청률이 179퍼센트 급증한 이유 가운데 하나이다. 이 시리즈에서 여러 인기 팟캐스트가 파생했으며, 원래 방송이 끝나고 13년 후 『지큐』▼는 이 시리즈가 "2020년 가장 인기 있는 프로"[3]라고 했다.

데이비드 체이스의 이 획기적인 시리즈가 확보한 새로운 Z세대 팬들은 토니 소프라노가 왜 우울한지에 대한 그의 설명을 확실히 이해했다. "뭔가 하려면 처음부터 하는 게 좋죠."[4] 이 드라마의 맛보기 프로그램에서 이 마피아 두목이 치료사인 닥터 멜피에게 말한다. "그러기엔 내가 너무 늦게 왔단 걸 알아요. 하지만 요즘에는, 내가 맨 마지막에 왔다는 느낌이 들어요. 가장 좋은 건 끝나버린 거죠." 토니는 아버지를 생각하면서 덧붙인다. "아버진 나처럼 높은 자리에 이르진 못했지만 여러 면에서 더 나았어요. 아버지에겐 자기 사람들이 있었고, 그 사람들은 자기 기준이 있는 데다 자부심이 있었죠. 지금 우린 뭘 얻은 거죠?" 토니의 제멋대로인 아들 A. J.의 경우에는 예이츠가 시 「재림」에서 보여주는, 모든 것이 무너져 내리는 세상에 대한 비전에 사로잡히게 되고, 미국에 대한 자기 감정을 이렇게 요약한다. "여긴 여전히 사람들이 성공하려고 오는 곳이지. 밋진 생각이야."[5] 하지만 "그 사람들이 얻는 게 뭐지? 값비싸고 호사스런 옷과 보석? 필요치도 않고 감당할 수도 없는 쓸모없는 것을 위해 오는 건가?"

물론 미국이 하향세에 들어섰다는 우려는 새로운 게 아니다. 하지만 미국은 대부분의 역사 동안 끊임없이 미래를 지향해왔다. 구세계를 떠나온 초기 정착민처럼, 미국이 재창조할 수 있는 신세계라고 확신했다. 토크빌의 말대로, 이곳에서는 "모든 것이 끊임없이 움직이고 모든 움직임이 개선을 가져오는 것처럼 보인다."[6] 하지만 최근 몇 년 사이 스칼렛 오하라가 말한 "내일은 내일의 태양이 뜬다"는 믿음이 줄어들었다. 연구에 따르면, 불확실한 직업 전망에 직면하고 학자금 대출을 짊어진 데다 집값이 치솟는 상황에 놓인 밀레니얼 세대는 소득이나 직업 상태 면에서 부모 세대를 능가하지 못하는 역사상 첫 세대가 될 예정이다.[7] 게다가 도널드 트럼프가 있다. 이전 대통령들이 뉴딜 정책을 펼치건 주간州間 고속도로 체계를 구축하건 우주 개발 경쟁에 착수하건 언제나 미래를 언급한 반면, 트럼프는 "미국을 다시 위대하게 만들"겠다는 공약을 내세웠다. 이는 사실상 백인 남성이 규칙을 만들고 아프리카계 미국인, 여성, 라틴아메리카계 미국인, 성소수자, 이민자는 변방으로 밀려나 있던 인권 시대 이전으로 시곗바늘을 되돌리기 위한 신호였다.

홀륭한 배우인 제임스 갠돌피니가 토니라는 인물에 이런 뉘앙스와 거들먹거리는 매력을 부여한 덕분에, 토니가 일상 삶에서 느끼는 좌절감을 눈에 띄면서 현실감 있게 만든 덕분에, 관객은 이 마피아 두목과 동일시하는 경향이 있다. 그가 여덟 명을 죽이고 사기꾼과 살인청부업자로 이루어진 무자비한 범죄자 집단을 이끌고 있다는 사실은 별 상관이 없다. 브렛 마틴Brett Martin은 2013년 출간한 『다루기 힘든 남자들』Difficult Men에서 이렇게 주장했다. "마피아 드라마만큼 베이비붐 세대가 미국의 자본주의에 대해 느끼는 매력과 죄책감이라는 상충하는 충동에 적합한 장르는 없었다.[8] 아메리칸드림의 핵심은 범죄 기업일지 모른다는 생각이 《우리에게 내일은 없다》, 《차이나타운》에서 《대부》, 《비열한 거리》에 이르기까지 이 시대를 대표하는 작품들의 중심에 놓여 있다." 그리고 《소프라노 가 사람들》은 "이런 이야기를 전후 문학의 가장 강력한 모티프 가운데 하나인 교외 지역의 공포"에 결합한다. 많은 전후 문학에서 교외 지역의 공포는 "인간의 본래성을 억압하고 제한하는 모든 것을 나타"내게 되었다.

《브레이킹 배드》도 미국의 쇠퇴를 이야기하는 어두운 우화이다. 시청자는 암 진단을 받았으나 치료받을 여유가 없고 가족 부양을 걱정하는 고등학교 과학 교사 월터 화이트와 자신이 무관할 수 없다는 생각을 하기 시작한다. 게다가 이 드라마의 대본 작가인 빈스 길리건의 말대로, 일부 시청자는 월트가 "칩스 씨에서 스카페이스"로 변신할 때도 그를 계속 응원했다. 월트는 처음 절박한 경제 사정 때문에 화학 지식을 이용해 필로폰을 제조하기로 마음먹었다. 18개월 시한부 인생인 그는 자신이 죽을 때를 대비해 임신한 아내와 장애가 있는 아들에게 비상금을 남겨주고 싶다. 두 아이의 대학 등록금, 주택 담보 대출 상환금, 인플레이션을 감안한 매일의 생활비를 계산한 결과 737,000달러를 만들어야 한다.[9] 이는 교사 월급으로는 도저히 어찌해볼 수 없는 금액이다. 지역의 세차장에서 부업을 해 받는 임금으로 보충하더라도 말이다.

그래서 자수성가한 사람이라는 미국의 신화를 어둡게 비틀어, 월트는 성공한 기업가가 된다. 하이젠버그라는 필로폰 제조의 대가이자 마약 두목이 된 것이다. "난 위험하지 않아, 스카일러."[10] 그는 걱정하는 아내에게 말한다. "내가 위험 그 자체지. 한 남자가 문을 열다가 총에 맞으면 그게 나라고 생각해? 아니야! 나는 문을 두드린 사람이야."

평론가 앨런 세핀월Alan Sepinwall은 『혁명은 텔레비전으로 방송되었다』*The Revolution Was Televised*에서 《소프라노 가 사람들》과 《더 와이어》가 모두 "아메리칸드림의 종말을 보여준다"[11]고 예리하게 관찰했다. 하지만 전자가 "인간성에 대해 매우 냉소적이라는 인상을 주"는 반면, 후자는 "사람들 안에 있는 타고난 선함이 결국 그들이 봉사하는 제도에 의해 무너진다고 생각한다." 세핀월은 계속해서 이렇게 말한다. "《더 와이어》의 미국은 근본적으로, 아마도 돌이킬 수 없이 망가졌다. 그것은 경직된 제도들이 상호 연결된 네트워크이다."[12] 모든 경직된 제도들은 "늘 하던 대로의 접근 방식을 영구화"해서 인간이 치르는 대가와 무관하게 현 상황을 유지하는 데 전념한다.

볼티모어시의 집단 초상화인 《더 와이어》는 경찰과 마약상, 기자, 정치인, 항만노동자, 학생, 변호사, 갱 단원, 사업가, 경찰 정보원, 마약중독자 등 수십 명의 인물을 소개하면서 "모든 부분이 중요"[13]함을 보여주고 권력이나 영향력을 가진 사람들이 내린 결정이 권력도 영향력도 없는 사람들의 삶에 어떻게 파괴적인 결과를 가져올 수 있는지 보여준다. 권력도 영향력도 없는 사람들은, 이 드라마의 대본을 쓴 데이비드 사이먼의 말을 빌리자면, 미국 경제에 의해 "여울•에 남겨"[14]졌다. 다시 말해 "실업 및 불완전 고용 상태로 볼티모어 서부의 무료 급식소에서 빈둥거리거나 어느 상점가의 금전등록기 앞에서 막다른 지경에 처"해 있었다. 그리고 실업자가 아닌 사람들은 경찰서든 마약 조직이든 고통을 주거나 목숨을 잃게 하는 조직에서 일하는 경향이 있다. 이 시리즈에서 가장 매력 있는 인물이 전형적인 아웃사이더라는 것은 놀라운 일이 아니다. 뛰어난 배우인 마이

• 강이나 바다 따위의 바닥이 얕거나 폭이 좁아 물살이 세게 흐르는 곳.

클 K. 윌리엄스가 연기한 오마 리틀은 게이 노상강도로, 그 누구를 위해서도 일하지 않고 자신의 엄격한 명예 규정을 고수하며 두려워하면서도 겁이 없으면서 관대하고 부드럽고 충직할 수도 있는 거친 인물이다.

《더 와이어》와 《소프라노 가 사람들》은 텔레비전의 스토리텔링을 바꾸고 TV를 인기 있으면서 믿고 찾는 매체로 만들었으며, 점점 더 어두워지는 새로운 반영웅에게 길을 열어주었다. 월터 화이트 외에도 《쉴드》*The Shield*의 비뚤어진 경찰 빅 매키, 《하우스 오브 카드》*House of Cards*의 권모술수를 쓰는 의원 프랭크 언더우드, 《보드워크 엠파이어》*Boardwalk Empire*의 폭력배이자 정치인인 너키 톰슨, 《데미지》*Damages*의 무자비한 변호사 패티 휴스, 《덱스터》*Dexter*의 연쇄살인범 덱스터 모건, 《매드맨》*Mad Men*의 이중적인 돈 드레이퍼, 《왕좌의 게임》의 교활한 세르세이 라니스터, 《오자크》*Ozark*의 돈세탁업자 마티 버드, 《퀸 오브 더 사우스》*Queen of the South*의 마약왕 테레사 멘도사, 트럼프 시대의 상징적 시리즈인 《석세션》의 유해한 미디어계 거물 로건 로이가 있다.

토니 소프라노의 법률고문 실비오 단테 역을 맡은 스티븐 밴 잰트는 『소프라노 가 사람들의 시간』*The Sopranos Sessions*에서 이 책의 저자인 매트 졸러 세이츠Matt Zoller Seitz와 앨런 세핀월에게 시청자는 흔히 갱 단원이 "온갖 규칙을 어기고도 적어도 한동안은 무사히 빠져나가는 "범죄 생활의 낭만적 버전"[15]에 주력한다고 말했다. "이 버전의 범죄 생활은 술과 여자와 경마와 주사위로 이루어지며 누군가가 방해되면 다른 사람이 어떻게 생각하든 신경 쓰지 않고 죽여버린다."

이는 마피아 영화와 TV프로그램의 경우만이 아니라고 밴 잰트는 덧붙인다. "제임스 캐그니와 험프리 보가트 영화, 서부극도 그렇다. 미국은 대개 무법자에 대해 어떤 종류의 매력을 느끼는 것 같다. 어쩌면 이는 우리가 애초에 불법 국가였기 때문일지 모른다. 이 나라는 권위에 대한 반란으로 탄생했고, 묘하게도 이것이 바로 이 인물들이 상징하는 바이다. 미국인들은 이 이미지에 매우 매력을 느낀다. 이것은 국민 무의식의 일부이다. 사실상 우리의 유전자 코드에 들어 있는 것이다."

국가의 기원이 혁명에 있다는 점과 변경에 대한 존중을 고려할 때, 미국보다 영웅적 아웃사이더의 신화에 깊이 몰두한 나라는 없다. 역사가 프레더릭 잭슨 터너는 이것이 개인주의와 자유와 독립성을 중시하는 미국인의 정체성을 지울 수 없이 형성했다고 주장한 것으로 유명하다. 개척자 대니얼 분(과 아마도 데이비 크로킷도 마찬가지)을 둘러싼 전설이 제임스 페니모어 쿠퍼James Fenimore Cooper가 『가죽스

타킹 이야기』*Leatherstocking Tales*[16]의 내티 범포를 만들어내는
데 영감을 주었을 것이다. 부모도 아내도 아이도 없이 변경
에 사는 외톨이이자 "개척자"인 그는 끊임없는 문명의 발
전으로 인해 자신의 삶의 방식이 파멸에 이르리라는 사실
을 안다. 또한 이 외로운 총잡이는 서부 영화의 익숙한 클
리셰가 된다. 특히《하이 눈》(1952)에서 가장 두드러지는
데, 여기서 게리 쿠퍼는 새로 결혼한 마을 보안관 역을 맡
고 있다. 은퇴 직전인 그는 보안관 대리이나 마을 사람들의
지원도 없이 악명 높은 무법자와 그의 패거리를 제압해야
한다.《셰인》(1953)에서는 앨런 래드가 신비에 싸인 방랑
자 역을 맡고 있다. 못된 대규모 목축업자가 한 정착민 가
족에게 그들의 땅에서 떠나라고 위협할 때, 그가 말을 타고
마을로 들어와 이들을 구해준다. 영화의 끝부분에서, 이 가
족의 어린 아들은 셰인에게 떠나지 말라고 간청하지만 그
는 말에 올라타고 떠나면서 자신은 이곳에 속한 사람이 아
니라고 말한다. "사람은 자기 본성대로 살아야 한다……
낙인이 찍혀 있는 게지."[17]

이 인물들은 "인간이 되고자 한다면 누구나 비순응주
의자가 되어야 한다"는 에머슨의 신조만이 아니라, 오래된
방식의 개척자 윤리를 또한 구현한다. 실제로, 아이콘이 된
영화 주인공 가운데 놀라우리만치 많은 수가 허먼 멜빌의
이스마엘이 말한 "고립자"이다. 이들은 "인간이 공유하는

대륙을 인정하지 않으며 각 고립자가 자신의 분리된 대륙에서 살아간다."[18] 선택 또는 상황에 의해 단절된 이런 고립자로는 람보, 울버린,《카사블랑카》의 릭부터《아프리카의 여왕》의 찰리까지 험프리 보가트가 연기한 가장 기억에 남는 많은 인물들,《졸업》과《미드나이트 카우보이》와《레인맨》의 더스틴 호프먼, 개츠비와《에비에이터》의 하워드 휴스와《아이언 마스크》의 철가면을 연기한 레오나르도 디카프리오,《그래비티》,《솔라리스》,《문》,《마션》 같은 영화의 우주에서 길을 잃은 우주비행사 등이 있다.

리처드 E. 메이어Richard E. Meyer는 1980년에 쓴 한 글에서 미국의 무법자 영웅은 경제 또는 사회 위기의 시기에 (재)등장하는 경향이 있으며 억압적인 정치 또는 사업상의 이해관계에 반대하는 "민중 편에 선 사람"으로 여겨진다고 썼다.[19] 그렇다, 로빈 후드의 전설이 새로운 모습으로 나타나는 것이다. 예를 들어, 기차 및 은행 강도단을 이끌면서 약 7년에 걸쳐 범죄를 저지른 제시 제임스의 전설은 남부의 재건 시대에 생겨났다. 당시 남부연합의 패배에 대한 분노는 대개 제시 제임스가 강탈한 은행과 기차 같은 권위의 상징을 향했다. 이런 양상이 반세기 후 비슷한 방식으로 반복되었다고 메이어는 덧붙인다. "대공황 시기 오클라호마의 무법자 영웅인 '꽃미남' 플로이드는 은행이나 기차를

193

습격할 때마다 인민의 피를 빨아먹는 부재지주 세력에 상징적으로 반격한다."

미국 흑인 민속 문화의 사기꾼 영웅인 브레어 래빗(그의 이야기는 아프리카와 카리브해까지 거슬러 올라갈 수 있다)은 아웃사이더의 호감 가는 매력을 지니고 있다. 영리함과 재치로 자기보다 더 강한 동물을 이기는 이 꾀 많은 토끼는 억압과 차별에 대항하는 노예들과 그 후손들에게 매력적인 인물이었다. 그리고 브레어 래빗의 동시대 친척들이 계속해서 사람들의 마음을 사로잡았다. 예를 들어, 여유 있고 침착한 벅스 버니는 언제나 절묘한 응수를, 마음을 끄는 재치 있는 말을 할 준비가 되어 있으며 최대의 적인 갈팡질팡하는 앳된 얼굴의 엘머 퍼드를 언제나 이긴다.

미국의 많은 만화 주인공이 벅스의 무정부주의 경향을 공유한다. 미친 듯이 웃어대는 우디 우드페커부터 성마른 도널드 덕, 사기꾼이자 하찮은 혼돈의 괴물*로 나비넥타이를 매고 빨간색과 흰색 줄무늬 실크해트를 쓰고서 한 조용한 가정을 어지럽히며 대혼란을 일으키는 모자 쓴 고양이에 이르기까지.

1950년대에 일부 미국인들은 저항 세력 및 이탈자와의 로맨스를 강경하게 밀어붙였다. 이는 어느 정도 소비문화의 성장에 동반한 순응 움직임에 대한 반응이었다. 1950

• 　구약성경에는 혼돈의 괴물, 즉 혼돈을 상징하는 괴물인 리워야단 또는 레비아탄이 나온다.

년대는 십대의 소외를 다룬 명작 소설『호밀밭의 파수꾼』(1951)과 배우 3인방인 말론 브랜도, 제임스 딘, 엘비스 프레슬리가 출연한《위험한 질주》(1953),《이유 없는 반항》(1955),《제일하우스 록》*Jailhouse Rock*(1957) 같은 영화가 나온 시기였다. 이들 배우가 보여주는 강렬한 우울함과 냉정한 나쁜 남자 이미지는 대중문화 스타덤의 새로운 틀을 만들어냈다. 1950년대에 비트 세대 작가들은 그들의 가장 영향력 있는 작품을 발표했다. 1956년 앨런 긴즈버그의『울부짖음』, 1957년 잭 케루악의『길 위에서』, 1959년 윌리엄 S. 버로스의『네이키드 런치』*Naked Lunch* 등. 이 대담하고 도발적인 작품들의 실험적 기법과 노골적인 내용은 "고지식한" 세계를 격분시켰으나 예술계에 활력을 불어넣었으며 1960년대 반문화의 토대를 놓았다.

실존주의와 "부조리"에 대한 담론이 대학 캠퍼스에 퍼졌고, 사람들은 원자폭탄의 그늘 아래에서 성장하는 것에 대해 이야기했으며, 데이비드 리스먼의『고독한 군중』(1950)과 윌리엄 H. 화이트William H. Whyte의『조직인』*Organization Man*(1956) 같은 책이 베스트셀러가 되었다. 이 책들은 점점 더 많은 사람들이 회사원이 되어 교외 지역으로 이사 가고, 기업 관료 체제라는 새로운 세계가 개인주의와 독립성이라는 오래된 독보적 미덕을 위협하고 짓밟으면서 획일성이 증가하는 1950년대의 경향을 다루었다.

화이트의 책은 슬론 윌슨Sloan Wilson의 인기 있는 1955년작 소설『회색 플란넬 양복을 입은 남자』*The Man in the Gray Flannel Suit*와 매우 비슷한데, 흔히 큰 사무실에 만연하는 집단사고가 창의성과 진취성을 억누른다고 주장했다. 그리고 데이비드 리스먼이 네이선 글레이저Nathan Glazer, 류엘 데니Reuel Denney와 함께 쓴, 인기 있으나 때로는 오해받는 책『고독한 군중』은 중세 후기의 전통 지향 사회가 쇠퇴하면서 두 가지 주요 인물 유형이 진화했다고 주장했다.[20] 초기 또는 부모의 가치관에 의해 주로 구축된 내면의 자이로스코프*에 의지해 삶을 탐색하는 "내부지향"형과 "다른 사람의 기대와 선호에" 민감한 "타인지향"(외부지향)형이 그것이다. 리스먼은 20세기 중반에 "타인지향" 성격 유형이 더 지배적이 되는 것이 위험하다고 보았다(그가 '좋아요'를 얻는 데 집착하는 소셜미디어 사용자들을 어떻게 생각할지 생각해보라). 하지만 또한 순전히 "내부지향"형인 개인은 편협하거나 이기적인 행동에 빠질 수 있다고 보았다(아합이 또한 고립된 사람이었음을 기억하라♦). 따라서 진정 자주적인 사람의 목표는 실용주의와 독립성, 공감과 거리두기 사이에 균형을 이루는 것이라고 그는 말했다.

1960년대에 들어서면서 아웃사이더와 이른바 침묵하는 다수 사이의 분열, 다시 말해 베트남전과 인권 운동에

- gyroscope. 항공기·선박 등의 평형 상태를 측정하는 도구로, 여기서는 비유적으로 쓰였다.
♦ 아합은 강력한 통치력을 발휘했으나 우상을 숭배하는 아내에게 휘둘려 여호와의 선지자들을 핍박하고 살해했다고 한다.
▲ 미국의 광고업 중심지.

대한 분열, 그리고 음악부터 패션, 생활방식에 이르기까지 모든 것에 대한 분열이 확대되었다. 로큰롤과 환각제와 마약이 모두 순응에 반대하는 반문화 반란의 구성요소였다. 예일대학교 교수인 찰스 라이시Charles Reich는 1970년 출간한 책 『미국의 녹색화』*The Greening of America*에서 이런 전개과정이 자신이 말하는 "제3의 의식"의 뜻깊은 출현을 예고한다고 말했다. 그는 어리석게도 히피가 생활양식에서 일으키는 반란이 도덕 및 이념 혁명을 가져올 것처럼 말했다. 마치 나팔바지를 입고 염주식 목걸이를 하면 마술처럼 정치 질서의 변화로 이어질 것처럼 말이다. 그렇기는커녕 매디슨애비뉴▪가 이들의 반란을 나타내는, 홀치기염색 무늬장식을 빠르게 채택했다. 『호밀밭의 파수꾼』의 홀든 콜필드나 더스틴 호프먼의 《졸업》에 나오는 인물 벤저민이나 프랑스 실존주의 소설에 나오는 우울한 주인공 같은 아웃사이더가 이미 대학생 사이에 소외와 반란을 유행시켰고, 이제 반문화는 대중을 위해 상품화될 수 있었다.[21]

뷰익은 1970년형 모델을 "당신의 불을 밝히는"▪ 자동차로 광고했고, 닷지는 고객에게 "닷지의 반란에 동참"하라고 촉구했다. 1967년 클레롤▾은 "더그레이트베이지인"The Great Beige-In 브랜드를 시작하면서 입술 및 손톱용으로 세 가지 "사이키델릭● 베이지"를 선보였다. 다음 해에 캠벨 수프 광고 속 아이들은 네루재킷◆, 염주식 목걸이, 형

▪   'light my fire', 즉 '나의 불을 밝히다'라는 표현은 1960년대 히피들이 대마초에 불을 붙여야 하거나 프리섹스를 위해 상대방을 꼬드길 때 일상적으로 쓰던 표현이었다.

▾   헤어용품 전문 기업인 웰라의 헤어 컬러링 및 헤어 케어 부문 브랜드.

●   환각제를 복용한 뒤 생기는 것과 같은 도취 상태를 재현한 듯하다는 뜻.

◆   칼라를 높이 세운 긴 상의.

광색으로 차려입었다. 1968년 세븐업은 "콜라가 아니"라고 홍보하기 시작했으며, 올즈모빌은 "젊은 자동차"를 판매하기 시작했다.

라이시는 청바지가 제3의 의식이 지닌 반물질주의 철학의 상징이라고 했다. "기본적으로 청바지는 기계로 만들어지고 그 사실을 숨기려 하지 않으며 대량생산품에 대한 부끄러움이 없고 전국 각지에서 4.99달러에 판매되는 것을 입어도 사회적 위신을 잃는 일이 없다." 하지만 부유한 소비자들은 곧 디자이너가 디자인을 반복하는 과정에서 나오는 결과물들을 재활용한 특별판 청바지와 희귀한 초기 빈티지 리바이스 청바지[22](1880년대의 것은 최근 거의 10만 달러에 달한다)에 수천 달러를 지불하게 되었다. 디자이너들이 비슷하게 명상, 요가, 『지구 백과』의 전체론•을 발견했다. 귀네스 펠트로의 웰빙 웹사이트인 구프Goop는 (베갯잇이 "고급스런 하이파일 셔널 원단"인) 290달러짜리 명상 베개 2개 세트[23]와 "어떤 방이든 놓아두면 공간 에너지의 소용돌이가 발생하는" 피라미드 모양의 마호가니 보관장[24](가격: 35,000달러, 반품 안 됨) 같은 상품을 내놓고 있다. 미국인의 미각이 확장되어 좌장군 닭고기 요리◆, 쇠고기 반달루▲, 초밥을 음미하게 된 것처럼, 몇 가지 중요한 사고방식의 변화도 뿌리를 내리게 되었다. 대체 의학과 "마음 챙김"의 실천은 더 이상 히피나 뉴에이지의 기행이 아니라 많은 건강 및 참살이wellness 프로그램의 중요한 부분으로 여겨지고 있다. 한때 건강식품 광신도의 영역으로 조롱받던 채식이 인기를 얻어서 버거킹("임파서블 와퍼"), 화이트 캐슬("임파서블 슬라이더"), 칼스주니어("비욘드 페이머스 스타" 버거) 같은 패스트푸드 체인점들이 현재 고기가 들어가지 않은 품목을 메뉴로 제공하고 있다. 동시에 (프라다, 아르마니, 구찌, 베르사체, 버버리와 노드스트롬 및 니먼마커스 같은 백화점을 포함한) 점점 더 많은 수의 디자이너와 패션 의류 판매점이 모피를 포기했거나 모피를 없애는 방향으로 전환하고 있다.[25] 2020년 PETA■는 "모피를 입느니 차라리 발가벗고 지내겠다" 캠페인을 종료한다고 발표했다.[26] 이 단체는 대중 인식에서 티핑포인트를 만들어내는 목표를 30년 만에 달성했다고 말했다.

요즘 많은 미국 기업은 그들의 사회적 양심이 발전했다고 주장한다. 한 조사에 따르면, 2022년 초 현재 2020년의 조지 플로이드 사망 사건과 '흑인 목숨이 소중하다' 시위 이후 인종 평등을 위해 271개 미국 기업이 670억 달러를 약속했지만 이 가운데 6억 5,200만 달러밖에 지출하지 않았다.[27] 혼혈 커플이 등장하는 TV광고가 급증하고 탄소 배출과 플라스틱 소비를 줄이겠다고 약속하는 광고도 마찬가지다. 이런 움직임이 사회적·정치적 사고에 큰 변화를 가져오는 첫 물결인지, 아니면 일부 진보주의자들이 트럼프 당선 후 상의에 부착한 안전핀(억압받는 이들과의 연대를 의미한다)이나 인스타그램 여기저기에서 보이는 검은색 정사각형('흑인 목숨이 소중하다'에 대한 지지를 보여주기 위한 것이다)처럼 아마도 선의에서 나온 제스처이지만 변화에 대한 실제적이고 지속적인 헌신을 대신할 수 없는 미덕의 과시에 불과한 것인지는 두고 볼 일이다.

7

원심력 공화국

해커, 정치인, 기업가는 왜 탈중심화를 받아들였을까

물이 돼라.

이소룡

저널리스트 스티븐 레비는 1984년 출간한 명저『해커, 광기의 랩소디』에서 20세기 중반에 MIT 학생들과 실리콘밸리 초기 개척자 사이에 생겨난 "해커 윤리"를 정의했다. 그 핵심 수칙에는 다음과 같은 내용이 포함되었다고 그는 썼다. "컴퓨터(와 세상이 돌아가는 방식에 대해 가르쳐줄 수 있는 모든 것)에 대한 접근은 무제한적이고 전면적이어야 한다.""모든 정보는 무료여야 한다.""권위를 불신한다. 즉 탈중심화를 촉진한다."[1]

탈중심화는 반문화의 권위에 대한 증오를 공유하던 실리콘밸리 초기 선구자들이 받아들인 이상인 것만은 아니었다. 미국 정부가 냉전 시대인 1960년대 초 소비에트연방

203

과의 충돌에 대한 우려로 고심하고 핵 공격을 견딜 수 있는 통신망이 필요하던 때에 장차 인터넷이 될 것의 기반에 구축된 특성이었다.

랜드연구소의 폴란드 태생 엔지니어인 폴 배런Paul Baran이 한 가지 해결책을 제안했다. 별 모양의 중앙집중식 체계는 전략적 공격에 쉽게 무너지는 반면, 중복성을 낳는 많은 노드(접속점)가 있는 격자 형태의 "분산된" 시스템이 살아남을 가능성이 훨씬 더 크다고 배런은 주장했다. 몇몇 접속점을 쓸 수 없게 되더라도, 적어도 통신망의 일부는 계속 기능할 것이다. 배런(과 더불어 영국 컴퓨터 과학자 도널드 데이비스)의 노력은 "패킷packet 교환"(이것은 데이터를 분할해서 보내고 도착지에서 재조립하는 안전한 방식이었다)의 발전[2]으로 이어졌다. 이것이 1960년대 후반 컴퓨터 간 메시지 전송과, 학술기관과 군 기관과 연구기관을 연결하고 결국 인터넷으로 발전하게 된 아파넷ARPANET 개발의 기초가 되었다.

과학자들이 인터넷을 이용해 정보를 공유하는 것은 여전히 어려운 일이었다. 1989년 당시 제네바의 입자 물리학 연구소 CERN의 소프트웨어 엔지니어인 팀 버너스–리Tim Berners-Lee가 새로운 하이퍼텍스트 기술을 사용해 범세계통신망World Wide Web을 만든다는 아이디어를 제안하기까지는 말이다. 1991년 CERN 외부 사람들이 이 새로운 웹 커뮤니

거대한 물질

티에 참여하도록 초대되었다. 이 웹 커뮤니티는 상향식 디자인("소수 전문가들이 코드를 작성하고 제어하는 대신" "모든 사람들에게 공개해 개발해서 최대한의 참여와 실험을 권장"했다), 망 중립성(인터넷 서비스 제공자는 모든 정보를 동등하게 취급해야 함을 뜻한다), 탈중심화("웹에 무언가를 게시하는 데 중앙 정부의 허가가 필요치 않"고 "비상 종료 장치"가 없음을, 다시 말해 중앙 정부가 모든 것을 통제하거나 감시할 수가 없음을 뜻한다)를 포함한 다수의 평등주의 프로토콜[3]을 수용했다.

　1997년 컴퓨터 프로그래머 에릭 레이먼드Eric Raymond는 비유를 사용해 두 가지 유형의 소프트웨어 개발을 구별했다. "대성당" 방식은 전통적인 방식으로 (마이크로소프트 오피스처럼) 선별된 집단이 제품을 부지런히 작업해서 전 세계에 출시하기 전에 버그를 수정한다. 그리고 "시장" 방식 또는 "오픈소스" 방식은 (리눅스처럼) 제품을 웹에서 공동 개발해 수천 명의 사람들이 버그를 찾아 수정한다. "대성당"과 "시장"이라는 비유는 더 광범위한 오래된 방식의 하향식 역학관계 대 탈중심화한 하향식 역학관계에도 쓰이게 되었다.

　실리콘밸리가 벤처 자본을 끌어들이는 화려한 자석이 되고 소수의 스타트업이 전 세계로 뻗어나가는 다국적 기업으로 성장하면서, 초기 디지털 선구자들의 민주적 이상은 퇴색하고 말았다. 이 거대 기술기업들은 많은 제1세대 해커들이 중시한 탈중심화를 뒤집었다. 이미 거대한 그들은 계속해서 소규모 기업들을 집어삼키고 가진 힘을 이용해 그들에게 유리하도록 운동장이 기울어지게 했다. 한편으로는 우리의 정보를 빨아들여 그 정보에 기초한 광고를 우리에게 퍼붓고 우리의 개인 정보를 지웠으며, 우리는 이를 습관이나 편의상 허용하고 말았다.

버너스-리는 한 블로그 게시글에서 이렇게 썼다. 웹은 "불평등과 분열의 엔진으로 진화했으며 이를 자신의 의제를 위해 이용하는 강력한 세력에 의해 흔들리게 되었다."[4]

버너스-리는 웹의 원래 정신을 회복하고 정부와 거대 기술기업의 촉수를 피하기 위해 솔리드Solid라는 새로운 플랫폼을 제안했다.[5] 솔리드는 개인 정보를 안전한 PODS(개인 온라인 정보 저장소)에 두고 기업은 그 정보에 대한 접근을 요청하거나 허락을 받아야 하며 정보를 채굴하거나 팔수 없게 해서 개인이 자기 정보의 소유권과 통제권을 유지할 수 있었다.

탈중심형(분산형) 웹 또는 웹3의 다른 지지자들은 (비트코인 등의 암호화폐를 작동시키는) 블록체인에 사용되는 P2P, 즉 사용자 간 직접 접속 기술에 기초한 모델을 제안하고 있다. 이론상, 이런 분산 시스템을 통해 사용자들이 현재 중개인 역할을 하는 페이스북, 구글, 마이크로소프트 같은 거대 기술기업의 통제를 우회할 수 있으며, 또한 거대 기술기업과 정부가 우리의 정보를 수집하고 우리가 보는 것을 통제하기가 더 어려워질 것이다.

블록체인은 거래 데이터가 하나의 중심 위치가 아닌 전 세계의 서버와 하드드라이브에 저장되는 일종의 디지털 원장이다. 그래서 데이터를 변경하거나 해킹하기가 어렵고 정부와 은행 같은 중앙 당국을 우회한다. 2014년 플랫폼 이더리움의 공동창립자인 개빈 우드는 "스노든 이후" 우리 정보를 "언제나 그들의 권한을 확장하고 넘어서려 하는" "대규모 조직과 정부"에 맡기는 것은 위험하다는 점이 분명해졌다고 주장했다.[6]

2009년 신비에 싸인 사토시 나카모토(아마도 한 개인 또는 단체의 가명인 것 같다)가 비트코인을 오픈소스 프로그램으로 공개했다.[7] 그는 2008년 금융 위기 이후 은행가, 정치인, 국가 통화 정책이 조작할 수 없는 안전한 통화를 만들고 싶었다고 말했다. 비트코인과 다른 암호화폐는 은행 구제에 대한 반감이 커지고, 투자자들이 정부와 월스트리트의 통제를 피해 간다는 발상을 환영하면서 인기를 얻었다. 지지자들은 암호화폐가 어떻게 규제되고 주류 시장에서 얼마나 폭넓게 채택되는지에 따라 상업 및 금융 서비스 산업을 변화시킬 것이라고 주장한다. 다른 사람들은 암호화폐의 급속한 성장이 불안을 불러올 수 있고, 암호화폐가 돈세탁과 착취 범죄를 용이하게 할 수 있으며, 내재 가치가 없는 통화에 대한 투자는 극도로 위험하다고 우려한다. 이 경고는 2022년 가을 암호화폐 거래소 FYX의 극적인 폭락[8]으로 인해 강조되었다.

블록체인이 사실상 변조할 수 없는 기록을 생성하고 소매업체가 중개인 없이 직접 고객에게 판매할 수 있게 함으로써 전자상거래부터 음악 판매, 의료 서비스까지 산업을 뒤흔들 가능성이 있다고 옹호자들은 주장한다. 사람들이 현재 아마존과 이베이 같은 시장을 신뢰하는 경향이 있지만, 블록체인은 아마도 구매자가 제조업체와 공급업체로부터 직접 신뢰할 만한 구매를 할 수 있도록 권한을 부여할 것이다. 예술가들에게도, 블록체인은 실질적인 이익을 약속한다. 음악을 불법으로 복사하고 다운로드하기 더 어렵게 만들뿐더러 뮤지션들은 애플뮤직(아이튠즈)과 스포티파이 같은 플랫폼에 의지할 필요 없이 그들의 작품에 대해 직접 대가를 지불받을 수도 있다.

일부 회의론자들은 탈중심형 웹이 이미 문제가 있는 역학관계를 악화시켜 혐오 발언과 인종차별을 전달하는 고속 통로가 될 수 있으며, 중앙 당국이 없으면 불법 또는 위험한 콘텐츠를 관리하기가 더욱 어려워지리라고 우려한다. 또 다른 어떤 사람들은 탈중심형 웹이 기존 인터넷을 대체할 것이며, 그것이 어떻게든 발판을 마련하더라도 결국 거대 기술기업이나 대규모 벤처 자본 회사에 흡수되리라고 의심한다.

미국 정부의 경우, 탈중심화는 정치 권력이 워싱턴에서 주들로, 그리고 지방에서 다시 중앙으로 왔다갔다 이동함에 따라 역사 전반에 걸쳐 성쇠를 되풀이하는 역학이었다. 알렉시 드 토크빌은 "수많은" 종류의 지역 "협회"[9]를 결성하는 미국인의 습관에 대해 언급했다("종교 협회, 도덕 협회, 중대한 협회, 사소한 협회, 매우 일반적인 협회, 매우 특별한 협회, 큰 협회, 작은 협회"). 그리고 주와 지역 사회에 뿌리를 둔 이런 단체들이 거만한 중앙 정부의 권력을 견제하는 데 유용한 역할을 할 수 있다고 생각했다.

하지만 수십 년 전에는 주들이 그들의 자주권을 타협하기를 꺼려해 국가 탄생을 좌절시킬 뻔했다. 역사가 조지프 엘리스Joseph Ellis가 2021년 출간한 책 『대의』The Cause에서 쓴 대로, 독립전쟁 말기에는 모든 정치 에너지가 "'하나'unum가 아니라 '다수'pluribus의 것이었다."[10]● 조지 워싱턴과 앨릭잰더 해밀턴 같은 연방주의자들은 독립국가라는 더 큰 목적을 위해 주와 지역의 이익을 포기하도록 촉구했지만, "언제나 우위를 차지하기 위해 경쟁하면서 국내용 국제연맹으로 느슨하게 연결된 북아메리카판 유럽, 즉 13개

● 'e pluribus unum', 즉 '다수로 이루어진 하나'라는 말은 1955년까지 미국의 표어였다.

의 개별 국가를 상상한" 사람들도 많았다. 어쨌든 당시 미국인들은 지리적으로 매우 멀리 떨어져 있었으며, 많은 이들이 중앙집권 정부라는 개념을 그들이 막 벗어난 영국의 폭압적 통치와 연관지었다. 연맹 규약에 따라 확립된 느슨한 합의가 가진 문제는, 중앙 정부가 약해서 세금 납부를 강제할 수 없고 그래서 독립전쟁에 참전한 군인들의 오랫동안 체불된 임금을 지불할 수도 없다는 점이었다.

　해밀턴은 미국이 경제를 관리하고 군대를 유지하려면 하나의 국가처럼 생각해야 하며, 이를 위해서는 강화된 중앙집권적 권위를 가진 정부가 필요하다고 주장했다. 하지만 이를 이루기란 쉬운 일이 아니었다. 해밀턴은 1783년 워싱턴에게 쓴 편지에서 신생 국가를 통합하는 "고된 작업"[11]에 대해 썼다. "역학의 표현을 빌리자면, 이들 주에서는 원심력이 구심력보다 훨씬 더 강하기 때문에 어렵습니다. 즉, 분열의 씨앗이 연합의 씨앗보다 훨씬 더 많습니다." 실제로 헌법 비준을 받고 아메리카 합중국을 만드는 작업을 시작하려면 로비, 교섭, 현재 『연방주의자 논집』으로 알려진 설득을 위한 글들의 발표와 같은 연방주의자 측의 노련한 정치 리더십이 필요했다(한 저명한 성공회 성직자는 다루기 힘든 미국인들은 "시간이 끝날 때까지 분열된 민족이 될"[12] 운명이라고 생각해서 이것이 모순어법이라고 비웃었다고 엘리스는 전한다).

오늘날 커지는 정파성, 정치계 전반에 걸친 풀뿌리 행동주의의 증가, 그리고 투표권부터 낙태 금지, 총기 규제까지 모든 정책의 시행 권한을 주장하는 주 정부에 힘입어 미국 정치에서 다시 한번 원심력이 우세해지고 있다. 주 정부의 이런 움직임은 어느 정도 워싱턴의 고질적이고 지속적인 정체 상태에 대한 반응이다. 이것은 또한 보수주의자들이 (그리고 점점 더 진보주의자들이) 연방 정부를 피해가는 방법으로서 공격적으로 추구하는 전략이기도 하다. 그리고 공화당 지지 주와 민주당 지지 주가 서로 점점 더 대립하게 만드는 법을 제정한 결과, 국가 전체의 양극화와 분열이 더욱 심화되리라고 많은 저널리스트와 역사가들은 예측한다.

공화당은 1980년대 이후 보수파 판사들의 파이프라인을 만들기 위해 노력한 것과 마찬가지로, 수십 년 동안 돈과 자원을 투자해 전국 무대에서 그들의 노력을 지원하고 지지하는 주들에서의 영향력을 강화했다. 2023년 1월 현재 공화당은 28개 주 의회를, 민주당은 19개 주 의회를 장악하고 있다.[13] 트럼프가 대통령에 당선되고 대법원에서 새로 보수파가 다수를 이루면서 논란이 많고 심지어 평이 좋지 않은 주의 법안을 통과시키려는 공화당의 노력은 더욱 대담해졌으며, 이제 공화당이 사법상의 도전을 이겨낼 가능성이 점점 더 높아지고 있다고 확신하게 되었다.

공화당 지지 주들은 낙태를 금지하거나 제한하고, 투
표하기 더 어렵게 만들고, 교사가 교실에서 이야기할 수 있
는 내용을 제한하는 법안을 통과시켰다. 공화당은 이것이
이들 법안의 전국 버전으로 가는 디딤돌이 되기를 바란다.
2022년 대법원이 로 대 웨이드 판결을 뒤집은 후 14개 주
에서 대부분의 낙태가 금지되었으며, 다른 공화당 지지 주
들은 일정한 주 수(주에 따라 6주, 15주, 또는 18주)가 지난
후에는 낙태수술을 금지하고 회사 직원이 다른 주에서 낙
태하는 경우 관련 비용을 부담해주기로 약속한 기업을 처
벌하는 법안을 만듦으로써 낙태하기 더 어렵게 하려고 움
직이고 있다.

공화당이 장악한 주들은 광범위한 선거 부정에 대한 트
럼프의 근거 없는 주장에 따라 격앙해서 선거개입법과 제
한투표법을 또한 통과시켰다. 선거개입법은 선거에서 정파
가 개입할 가능성을 높이고 제한투표법은 사전투표 기회를
줄이고 우편 투표 이용을 제한하거나 투표자 신분 확인을
더욱 엄격히 해서 투표하기 더 어렵게 만든다.

공화당은 자신들의 지지 기반에 열기를 북돋우고 선거
운동 기부금을 늘리기 위해 트랜스젠더의 권리 제한부터
도서 금지까지 논란 많은 문화전쟁 쟁점에 대한 공격적인
주 법안을 동시에 강행 통과시키고 있다.

미국도서관협회American Library Association는 2022년 도서

금지 시도 건수가 1,269건으로 기록을 세웠다고 발표하였으며(이는 2021년에 비해 거의 2배에 달한다),[14] 사서들은 온라인에서 괴롭힘을 당하고 폭력 또는 법적 조치로 위협을 받았다. 이전에는 보통 하나의 도서에 대해 이의를 제기하였으나 최근 도서를 금지시키려는 노력은 점점 더 다수 책들의 제거와 관련이 있다. 그 대부분이 흑인이나 성소수자가 쓴 책이거나 이들에 대한 책이다. 미국도서관협회에 따르면, 보고된 도서에 대한 이의 제기 가운데 58퍼센트가 학교 도서관, 학급 문고, 또는 학교 교과 과정에 있는 도서 및 자료를 표적으로 삼았으며 41퍼센트는 공공 도서관의 자료였다.

학교 강의 계획서나 도서관에서 특정 도서를 제거하려는 노력은 대부분 개별 학부모나 교육위원회 위원으로부터 비롯했으나 도서 금지 노력은 점점 더 우익 단체에 의해 조직화되고 있다. 이는 "비판적 인종 이론"을 가르치는 것을 금지하려는 노력과 마찬가지로 진정한 풀뿌리 운동이라기보다 아스트로터핑*의 사례이다. 즉, 전국 운동이 위로부터 조직화되었으나 지역의 노력으로 위장된 것이다.

전 트럼프 고문인 스티브 배넌은 비판적 인종 이론을 공화당이 지지 기반의 열기를 돋우기 위해 이용할 수 있는 뜨거운 쟁점으로 본다.[15] 폭스뉴스와 브라이트바트 같은 보수 언론 매체가 이 주제에 관한 전쟁을 선동하고 있고 (경

• astroturfing. 원래는 인조 잔디의 유명 브랜드인데 정치 또는 마케팅 차원에서 인터넷 정보를 오도하는 현상을 가리키는 용어로 사용되고 있다.

우에 따라 코흐, 머서, 디보스 일가 같은 고액 기부자들과 관계가 있는) 활동가들이 전략을 공유하면서 현장에서의 노력을 조직하는 일을 돕고 있다. 헤리티지재단 같은 기존의 보수 단체와 전 트럼프 행정부 직원들이 새로 설립한 단체가 개별 주들이 견본처럼 사용할 수 있는 비판적 인종 이론에 대한 법안을 위한 지침을 공표했다. 일부는 학부모들에게 교육위원회 시위 조직에 관한 조언을 해주는 웨비나*와 도구를 제공하기도 한다.

민주당 지지 주들은 공화당의 정책 결정에 대응하기 위해 낙태권을 보호하는 자체의 법률을 강화했으며, 일부 주들은 낙태수술을 제한하거나 금지하는 다른 주의 주민들에게 안전한 피난처 역할을 하겠다고 제안했다.[16] 실제로 많은 민주당 지지자들은 낙태권을 민주당이 승리하는 쟁점으로 보고 있다. 2023년 중반 AP통신사는 대법원이 로 대웨이드 판결을 뒤집은 이후 6개 주가 생식권을 비밀투표에 부쳤으며 모든 주에서(심지어 캔자스 같은 보수 성향의 주에서도) 유권자들이 낙태권을 지지했다고 보도했다.[17]

대량 총격 사건의 시대에 점점 더 긴급한 문제가 되고 있는 총기 규제에서도 비슷한 일이 일어나고 있다. 2022년 여름, 대법원이 총기를 보이지 않게 휴대하도록 한 100년 된 법을 폐지한 후 뉴욕, 캘리포니아, 뉴저지를 포함한 민주당 지지 주들의 주지사와 의회는 여전히 화기의 사용을

• 인터넷상의 세미나.

제한할 수 있도록 법안을 개정하는 방법을 모색하기 시작했다.[18] 화기의 사용을 제한하는 방법에는 신원 확인, 일련번호 없는 총기 금지, 반자동식 화기 구매 가능 연령의 제한, 학교와 지하철에서 총기 휴대를 금지하는 위치 기반 규제가 포함되었다.

2017년 트럼프 대통령이 미국의 파리기후조약 탈퇴를 발표하고 오바마 시대의 환경 보호 정책을 철회하기 시작하자, 일부 주들은 반발하기 시작했다.[19] 예를 들어 뉴욕, 캘리포니아, 워싱턴, 버지니아는 청정에너지 정책을 시행하고 온실가스 배출을 줄이기 위해 입법 및 행정 조치를 취했다.

도시들도 이런 노력에 동참했다. 전 세계의 이들 인구밀집 지역이 온실가스 배출량의 거의 4분의 3을 발생시키고, 해안이나 주요 수로에 위치한 많은 도시들이 해수면 상승에 특히 취약하다. 전 뉴욕 시장 마이클 블룸버그Michael Bloomberg는 2017년 출간한 책『희망의 기후』Climate of Hope에서 이렇게 주장했다. "기후변화의 주된 원인인 도시들은 이를 해결하는 데 앞장서야 한다. 그리고 기후변화의 가장 큰 피해자인 도시들은 그렇게 할 가장 큰 동기를 갖고 있다."[20]

전 세계 거의 100개 도시의 시장들이 C40 네트워크[21]에 모여서 기후변화와 싸우고 지역 지도자 및 사업 협력자들과 활동을 조직하기 위한 전략을 공유했다. 파리, 코펜하겐, 멜버른 같은 일부 도시들은 "15분 도시"[22] 개념을 채택했다. 탈중심화 원칙을 적용해 식료품점, 학교, 사무실이 걷거나 자전거 또는 지하철을 타고 15분 이내 거리에 있는 동네를 만든다는 것이다. 이것은 자동차 사용을 줄이면서 사람들에게 공동체에 대한 정서적 소속감을 주는 추가의 이점을 제공하기 위한 개념이다.

동시에, 탈중심화는 기업, 무장단체, 정부 및 군사 기관이 채택하는 점점 더 인기 있는 조직 원리가 되었다. 인터넷은 복잡성이 증가하고 빠르게 변화하는 상황에 대처하는 전략으로서 탈중심화를 더 쉽고 실용적으로 만들었다.

많은 다국적 기업이 세계화에 대처하는 방법으로 탈중심화를 채택해 전 세계에서 영향력을 확대하는 동시에 지역 사무소에 의존해 피드백을 제공하고 마케팅 및 제품을 현지 수요에 맞춰 조정하도록 지원하고 있다. 관리에 대한 좀 더 수평적인 팀 기반 접근법이 직원의 사기와 창의성을 향상시키는 동시에, 기업이 더 크고 다양한 인재 자원에 접근할 수 있게 한다고 지지자들은 주장한다. 그 결과 기업은 시장 변화에 더 기민하게 적응하고 위기에 직면해서 더 견고해질 수 있다.

기업가인 오리 브래프먼Ori Brafman과 로드 A. 벡스트롬Rod A. Beckstrom은 2006년 출간한 『불가사리와 거미』*The Starfish and the Spider*에서 오래된 위계적 사업 모델을 (목이 잘

리먼 죽는) 거미에, 탈중심화한 사업 모델을 (신경망으로 이루어져서 잃은 팔을 재생할 수 있는) 불가사리에 비유했다.[23] 이는 핵 공격에서 살아남기 위한 폴 배런의 전략에 대한 일종의 변주이다. 두 저자는 탈중심화가 부여하는 회복력의 예로 아파치의 역사를 인용한다. 이 부족은 분산되고 명확하게 정해진 지도자가 없어 아즈텍 제국과 잉카 제국을 몰락시킨 유의 공격에 덜 취약했기 때문에 수세기 동안 에스파냐의 정복을 물리칠 수 있었다고 브래프먼과 벡스트롬은 주장한다.

코로나19의 대유행으로 사람들이 집에서 원격 근무를 하기 시작하고 더 효율적이고 능숙하게 공급망을 관리해야만 전염병 시기에 기업이 살아남을 수 있다는 사실을 경영진이 깨달으면서 전 세계 기업들의 탈중심화 채택이 크게 가속되었다. 그들은 좀 더 수평적인 구조가 이런 목표에 도움이 될 수 있다고 믿었다.

경영 컨설팅 회사인 맥킨지앤드컴퍼니의 2020년 보고서는 코로나19 위기가 기업이 업무 공간을 변화시킬 수 있는 "가소성의 순간"을 만들어냈다고 결론지으면서, 많은 경우에 "경계와 사일로가 없어졌"으며 "의사결정이 빨라지고 조직 내 더 아래쪽에서 이루어지게 되었다"고 언급하였다.[24]

탈중심화는 회복력과 적응력 면에서도 활동가 그룹에게, 단체에게 매력을 갖는다. 어떤 경우에는 더 철학적인 이유도 있다. 오늘날 많은 시위자들이 엘리트주의, 가부장주의, 서투른 관료주의로 간주하는 전통적 제도의 위계 구조를 거부하겠다는 결의인 것이다. 넬슨 만델라, 마틴 루서 킹 주니어, 또는 세자르 차베스 같은 두드러진 지도자가 없어 더욱 평등주의에 입각한 운동이 가능하고 현장의 더 많은 조직가들로부터 더 많은 조언을 얻을 수 있다고 지지자들은 말한다.

아랍의 봄 봉기, 프랑스의 노란 조끼 운동, 전 세계에 걸친 기후 시위, 그리고 홍콩의 민주화 시위를 포함한 21세기의 많은 시위 운동이 "지도자가 없다"는 특성을 공유한다. 이는 또한 이 그룹들이 소셜미디어와 다른 디지털 도구를 사용해 온라인에서 조직된 사실을 반영한다.

이런 운동이 가진 문제는 맨 위에 정해진 지도자가 없으면 지지자들이 전략과 목표 면에서 같은 생각을 하고 있는지 확인하기가 더 어려울 수 있다는 점이다. 게다가 일단 운동이 견인력을 얻으면 제도 내에서 영향력을 행사하고 지속적인 입법 변화를 이끌어내기가 더 어려워진다.

소셜미디어를 통해 네트워크로 연결된 시위는 빠르게 성장할 수 있었다. 하지만 저자이자 학자인 제이넵 투펙치Zeynep Tufekci가 예리한 책 『트위터와 최루가스』*Twitter* *and Tear Gas*에서 언급한 대로, 그것은 또한 활동가들이 "정치적 조직화의 많은 지루한 측면을"[25] 피할 수 있게 해주었다. 이런 운동에는 전술적 목표와 장기의 전략적 목표를 정하는 데 도움이 될 수 있는 조직 인프라가 흔히 부족하다. 1955~1956년의 몽고메리 버스 보이콧*과 1963년의 워싱턴 행진이 수년간의 조직화 작업(이를 통해 "집단 의사결정 능력"과 "공유하는 경험과 시련"[26]을 바탕으로 한 결속감이 구축되었다)을 기반으로 한 반면, 인터넷을 통해 빠르게 모이는 오늘날의 많은 운동은 그 추진력을 수년간 유지하는 데 도움이 되는 제도의 깊이가 부족하다.[27]

저널리스트 모이세스 나임Moisés Naím이 『권력의 종말』 *The End of Power*에서 쓴 대로 "21세기에 권력은 얻기가 더 쉬우면서 사용하기는 더 어려우며 잃어버리기도 더 쉽다."[28]

또한 지도자 없는 운동에 참여하는 사람들은 정치적 견해와 우선순위, 전술과 공식 메시지까지 모든 면에서 서로 의견이 일치하지 않는 경우가 흔하다. 예를 들어, 프랑스의 노란 조끼 운동은 2018년 휘발유세 인상에 반대하는 일련의 시위로 시작되었지만(프랑스 정부는 결국 이를 유예했다), 곧 높은 생활비를 비판하는 반정부 시위로 발전했으며 이념상 정반대편에 있는 일부 시위자들은 이민과 같은 문제를 놓고 충돌했다.

하향식 리더십과 조직의 규율이 없으면 폭력이 발생할

• 몽고메리에서 버스의 인종 분리에 항의해 일어난 보이콧 운동.

가능성이 더 높아지고, 주변적 요소들이 그룹을 장악하거나 손상시킬 수 있다. 2019년 일부 노란 조끼 시위자들이 반유대주의 욕설을 사용하면서 더 큰 운동에 구름을 드리웠고, 비평가들은 편협성과 음모론이 이 시위에 어느 정도까지 스며들었는지 의문을 제기했다.[29]

일부 활동가들은 지도자 없는 운동의 실용적 측면에 대해, 이런 구조가 정부의 체포나 공격으로 인해 그룹이 무력화되는 위험을 줄인다고 주장한다. 사실 "지도자 없는 저항"[30]이라는 개념은 1990년대에 백인 지상주의자들이 정부의 잠입을 피하는 수단으로서 채택한 것이었다. 극우 극단주의자들이 자행한 많은 대량 총격 사건은 지도자의 명령이 아니라 극단주의 프로파간다와 공유된 분노로 과격화한 개인이 저지른 "자기주도적" 테러 공격이었다. 알카에다와 ISIS가 웹에서 점점 더 이와 비슷한 방식으로 첩보원을 모집하고 있다.[31]

미군이 2003년 침공 이후 증가하는 반란을 방지하기 위해 이라크에서의 대테러 활동을 시작했을 때 특수 작전 기동부대는 이라크에서 알카에다가 제기하는 위협을 물리치는 임무를 부여받았다. 알카에다를 이끄는 아부 무사브 알자르카위는 미군과 연합군 외에 수천 명의 이라크 민간인을 살해하는 테러 작전을 지휘하고 있었다. 현대전쟁연구소Modern War Institute가 발표한 한 논문은 아라크의 알카에다가 분권화한 조직이기 때문에 미국 기동부대 사령관인 스탠리 맥크리스털 육군 소장은 "미국이 공격해서 제거할 수 있는 '한 사람이나 장소'가 없"음을 깨달았고 이에 효과적으로 대응하기 위해 기동부대를 분권화해야 했다고 주장했다.[32]

이 논문은 계속해서 말한다. "엄격한 위계적 기동부대는 이 네트워크화한 위협을 물리치기에 너무 느릴 터였다." 그래서 맥크리스털은 의사결정이 좀 더 분권화된 수평적 구조를 만들었다. 정보를 하위 지도자들과 널리 공유해서, 그들은 "지침을 구하지 않고 행동을 취할 수 있는 권한을 부여받았다고 느"꼈다. 결국 이런 식으로 재시동한 미국 기동부대는 이라크의 알카에다를 대부분 제압하는 데 성공했다.

분산된 지휘 및 통제권은 전쟁이 시작되고 몇 개월 동안 우크라이나가 훨씬 더 규모가 큰 러시아 침략군에 맞서 성공을 거두는 데 핵심 역할을 했다. 물론 우크라이나 대통령 볼로디미르 젤렌스키의 고무적인 리더십과 미국 및 나토가 제공한 무기도 있었지만 말이다.

우크라이나 사령관 발레리 잘루즈니는 "유연하면서 현장의 지휘관에게 결정을 위임하는 방법을 배운 새로운 세대의 우크라이나 지도자"[33]에 속한다고 『타임』은 보도했다. 이는 느릿느릿 움직이는 러시아군과 뚜렷한 대조를 이루는

데, 러시아군은 20세기 말 이후 거의 변화가 없었다.

러시아 장군들의 높은 사상자 비율[34]은(2023년 초 우크라이나 소식통에 따르면 러시아 장군 14명이 사망했다) 러시아가 하급 공무원들에게 권한을 위임하기를 꺼린다는 사실을 보여주는 신호라고 국방 전문가들은 덧붙였다. 구소련으로부터 물려받은 이 구식의 하향식 리더십 모델[35]은 장군들이 위험한 최전선으로 자주 이동해야 함을 뜻했다.

우크라이나 군인들은 반란을 일으키는 약자들이 더 큰 기성세력에 맞서 자주 사용하는 창의적 방식을 이용해서 러시아의 무력에 대항해 놀라운 승리를 거두었다. 이 경우에는 소규모의 민첩한 군인들이 드론과 어깨 발사 미사일을 갖추고 적의 탱크와 보급선을 매복 공격하는 기습 전술을 썼다. 자국의 전쟁 노력에 기여할 창의적 방법을 찾은 민방위 자원자들과 평범한 우크라이나인들이 이들의 노력을 강화했다. 건설 노동자들은 금속 대못을 용접해서 도로에 설치해 러시아 군용 차량을 막을 수 있는 "고슴도치"를 만들었다. 재봉사들은 오래된 자동차의 고철을 보호판으로 사용해 군인들을 위한 방탄복을 만들었다. 사람들은 부엌과 차고를 화염병 공장으로 바꾸고 DIY 유탄 발사기를 만들었다. 주민들은 지하 벙커를 파고 모래주머니를 채우고 포획한 러시아 장비를 수리하고 교차로에 타이어와 쓰레기를 쌓아 러시아 탱크를 방해하고 도로 표지판을 없애거나 뒤집어서 침략군을 혼란스럽게 했다.

우크라이나인들은 디지털 전선에서 기술이 제공할 수 있는 비대칭적 이점을 다시 한번 보여주었다. 혁신적인 크라우드소싱 방식은 실제로 국가가 운영하는 대규모 정보부 및 선전기구를 능가할 수 있다. 2014년 러시아의 크림반도 침공 및 합병 이후 우크라이나 정부는 디지털 인프라를 구축하고 러시아의 허위정보에 대응하기 위해 분투했다. 2018년 젤렌스키 대통령이 디지털 혁신부를 설립하면서 이런 움직임은 가속되었다. 이 기관의 많은 계획[36]에는 외국 기술기업의 투자를 늘리려는 노력과 민간인들이 러시아 군대의 이동에 대해 알리고 필요한 지역에 음식, 물, 의료용품을 전달할 수 있는 크라우드소싱 앱의 개발이 포함되었다. 동시에 우크라이나인들은 소셜미디어를 사용해 러시아 폭탄이 그들의 집과 학교에 떨어졌을 때 목격한 것을 전 세계에 알렸으며, 가슴 아프거나 절제되거나 신성모독적인 이들의 솔직한 이야기는 러시아 프로파간다 공장의 봇이 만들어내는 거짓말들을 빠르게 몰아냈다.

또한 디지털 지원이 전 세계 독자적 출처들로부터 도착했다. 오픈소스 탐사 단체인 벨링캣Bellingcat[37](이 단체는 2014년 말레이시아항공 17편 격추 사건과 야당 지도자 알렉세이 나발니의 독살 사건에 러시아가 관여했다는 중요한 기사를 터뜨렸다)은 지리 위치 데이터, 인공위성 이미지, 소셜미디어 게시물을 이용해 러시아의 허위정보가 견인력을 얻기 전에 폭로하고, 있을 수 있는 전쟁 범죄의 증거를 제공하기 시작했다.

한편 많은 해커들이 자신의 기술을 사용해 돕고 싶어해서, 우크라이나는 푸틴의 디지털 철의 장막을 뚫고 사실 정보를 얻거나 러시아의 웹사이트와 통신을 방해하는 방법을 찾는 등의 목표 및 구체적 임무를 설정하는 특별한 텔레그램 채널을 만들었다. 텔레그램 계획의 분권화한 구조가 그것을 보호해주었다고 우크라이나 디지털 혁신부 차관인 올렉산드르 보르냐코프는 『폴리티코』에 말했다. "우리는 명령 체계나 구조를 갖고 있지 않습니다. 그래서 (러시아가) 이에 맞서 싸울 수가 없어요. 방해하거나 와해시키는 일이 불가능하지요. 폭탄으로 공격하거나 연결을 끊거나 최고 책임자를 죽일 수가 없습니다. 최고 책임자가 없기 때문입니다."[38]

변방성을
최대한 활용하기

아웃사이더 그리고 틀 밖을 생각하기

이민자인 우리는 할 일을 해내지.

린마누엘 미란다, 《해밀턴》

역사가 대니얼 J. 부어스틴은 1980년 미국 의회 도서관에서 한 "비옥한 가장자리"The Fertile Verge라는 제목의 연설에서 미국이 가진 창의성의 비밀을 설명하는 이론을 제안했다.[1] 그는 미국 역사 전반에 걸쳐 기술 및 예술의 혁신이 확산되었다고 주장했다. 정착민들이 구세계의 전통에서 해방되었으며, 고립과 아메리카 대륙의 지리적 광활함으로 인해 수완과 자립이라는 개척자 미덕에 기초해 새로운 정체성을 만들어야 했기 때문이라는 것이다. 물론 이것은 프레더릭 잭슨 터너의 맹목적 애국주의를 드러내는 유명한 개척자 주제(1893년)의 변주이지만, 부어스틴은 계속해서 미국을 실험과 혁신을 위한 일종의 실험실로 바꿔놓은 다른 요인들을 검토한다. 가장 주목할 만한 것은 "새로움과 변화에 대한 개방성", 연이은 이민자 물결이 가져온 에너지와 새로운 발상의 분출, 이 아웃사이더들이 "들여온 방식"이 이웃의 방식과 충돌하면서 생겨난 "새로운 혼란"과 문화의 재구성이다. 미국의 상업과 예술을 풍요롭게 하는 주요 원동력은 획일성의 결여라고 부어스틴은 주장했다.

트럼프의 이민 정책[2](과 타자성에 대한 두려움을 부추기는 언행)은 이민자들이 미국의 형성에 중요한 역할을 하고 있다는 온갖 증거에 위배되었으며 기술계, 대학, 예술 기관에 충격을 주어 이로 인해 발생할 "두뇌 유출"에 대한 경고가 나왔다. 실리콘밸리는 고숙련 외국인 노동자의 H-1B 비자에 대한 트럼프의 엄중단속으로 인해 인재 자원이 고갈될 것을 우려했다. 트럼프 당선 후 엔지니어링과 코딩 분야의 전문기술을 가진 많은 학생들이 인도와 중국 등 본국으로 돌아가기로 결정한 반면, 캐나다 기업들에서는 실리콘밸리를 세계 최고 기술 중심지로 만드는 데 핵심 역할을 한 바로 그런 혁신가 및 청년 창업가의 취업 지원이 갑자기 증가했다.

실제로, 연구에 따르면 새로운 사업을 시작하는 이민자는 본토박이 미국인의 두 배에 달하고 미국 상위 기술기업의 절반 이상이 이민자나 그 자녀에 의해 설립되었다.[3] 자주 인용되는 예인 구글 공동창업자 세르게이 브린(러시아 태생)과 애플 공동창업자 스티브 잡스(시리아 이민자의 아들) 외에도 이베이 창업자 피에르 오미디아르(이란 부모로부터 프랑스에서 태어났다), 야후 공동창업자 제리 양(태국 태생), 페이팔 공동창업자 피터 틸(독일 태생), 테슬라와 스페이스엑스 공동창업자 일론 머스크(남아프리카공화국 태생), 스트라이프 공동창업자 존 콜리슨과 패트릭 콜리슨(아일랜드 태생)이 있다.

2019년 스탠퍼드대학의 한 논문에 따르면 "이민자가 전체 STEM* 직종 인력의 23퍼센트를 차지하"고 "1990년부터 2000년까지 미국에 기반을 둔 노벨상 수상자 가운데 26퍼센트"를 차지했다.[4] 2003년 조사에 따르면 4년제 대학 학위를 가진 미국 내 이민자가 "특허권을 보유할 가능성이 미국 본토박이 대학 졸업자보다 두 배" 많은 것으로 나타났다. 2021년 케이토연구소의 한 연구는 이런 현상을 설명하기 위해 다수의 성공한 이민자들이 공유하는 자질로서 위험에 대한 내성("개인의 이민 결정은 새로운 사업을 시작하는 것과 마찬가지로 위험하다는 사실")과, 흔히 노동시장에서의 차별과 기회 부족이 촉발하는 독립해 창업하려는 열의를 인용했다.[5]

예술 분야에서도 이민자들은 혁신의 선두에 있다. 20세기 초 할리우드 스튜디오 시스템의 창시자인 아돌프 주커, 루이스 B. 메이어, 그리고 잭 워너와 해리 워너와 샘 워너 형

---

* 과학, 기술, 공학, 수학 관련 분야를 말한다.

제는 동유럽 출신의 유대인 이민자였다. 동화되기를 열망하는 아웃사이더였던 이 거물들이 자신이 선택한 나라를 신화화하는 영화를 만들어냈다고 영화사학자 닐 게이블러Neal Gabler는 말했다. 동시에 "이민자인 이들은 다른 이민자와 노동계급 가족의 꿈과 열망에 특히 민감했는데, 서로 겹쳐지는 이 두 집단이 초기 영화 관객의 상당 부분을 이루었다."⁶

수십 년 후 1940년대와 1950년대에 아실 고키, 빌럼 더 코닝, 마크 로스코 같은 이민자들은 뉴욕이 예술계의 수도로서 파리를 대체하는 데 일조했다. 20세기 미국의 역동성을 포착한 가장 상징적인 작품 가운데 일부는 이민자에 의해 창작되었다. 조지프 스텔라가 극적으로 표현한 브루클린 다리 이미지는 새로운 산업 시대에 대한 찬가이며, 피에트 몬드리안의 〈브로드웨이 부기우기〉는 맨해튼의 거리들이 그려내는 격자의 산뜻한 기하학적 구조와 미국 음악의 일렉트릭하고 싱커페이션•된 리듬에 경의를 표한다.

스스로 선택한 나라가 가진 미덕에 대한 아웃사이더의 이런 감탄은 미국의 소도시 생활을 예찬하는 프랭크 카프라의 영화(《멋진 인생》,《스미스 씨 워싱턴에 가다》), 미국 서부를 눈부시게 빛나는 광각의 화면으로 그린 앨버트 비어슈타트의 그림, 단순하고 직접적이며 종종 공공연하게 애국적인 어빙 벌린의 노래(〈신이시여 미국을 축복하소서〉, 〈쇼처럼 즐거운 일은 없다〉)에서도 나타난다.

• syncopation. 당김음. 강박을 약박의 자리로 당겨서 악센트가 뒤바뀌는 현상.

실제로『유명한 미국 노래책』*Great American Songbook*의 상당 부분이 1세대 또는 2세대 유대인 이민자가 쓴 곡들이다. 이 노래책은 20세기 초 스탠더드넘버의 주요 목록으로, 틴 팬 앨리와 미국 뮤지컬이 전 세계에서 유명해지게 만들었다. 어빙 벌린 외에도 조지 거슈윈과 아이라 거슈윈, 해럴드 알렌, 제롬 컨, 로렌즈 하트 등이 있었다. 비평가 데이비드 레만은 2009년 출간한『훌륭한 로맨스: 유대인 작곡가 및 작사가, 미국의 노래』*A Fine Romance: Jewish Songwriters, American Songs*에서 이 예술가들에게 "미국은 박해뿐 아니라 과거로부터의 자유를 또한 상징했"[7]으며 아웃사이더인 이들은 짜릿한 기회의 느낌을 가졌다고 쓰고 있다. 그들은 이곳 대서양 반대편에서 "[아웃사이더가 아닌] 내부자의 꿈에 대한 곡과 가사를 쓸"[8] 수 있는 기회를 얻고 있었다. "이곳은 거의 모든 사람들이 아웃사이더, 유산의 신참자라 느낄 수 있고 라디오와 전화, 영화, 마이크, 장시간 연주(LP) 음반, 텔레비전 같은 현대의 경이로운 기술이 대중예술의 독창성과 진취성을 환영하고 보상하"는 미국이었다.

다양한 문화 전통을 활용하고 서로 다른 영향을 종합하는 능력이 이민자의 혁신 재능에 기여한 또 다른 요인이며, 물려받은 규칙으로부터 자유로운 느낌도 마찬가지이다. 규칙으로부터 자유로운 느낌은 이민자만이 아니라 모든 아웃사이더가 공유하는 특징이다. 1984년 내가 인터뷰했을 때 작가이자 배우인 샘 셰퍼드는 자신의 초기 실험극에서 혁신적이라고 찬사를 받은 많은 부분이 단순히 극작 관습에 대한 무지 때문이었다고 말했다.[9] 로스앤젤레스 동쪽 작은 마을의 아보카도 농장에서 자란 그는 스무 살에 뉴욕으로 오기 전 자신이 본 "관객 행사"는 로데오, 에스파냐의 판당고 춤, 야구 경기가 유일했다고 말했다. 그 결과, 그는 선입견이 거의 없는 채로 연극의 "규칙은 활짝 열려 있다"는 느낌을 갖고서 극작에 접근했다. 셰퍼드는 3년간 영국에서 체류하고는 "리듬상, 나는 미국인"임을 깨달았고("말하는 법, 걷는 법, 모두 미국식이다"), 그렇게 해서 작품의 큰 주제를 발견하게 되었다.

새롭게 발견한 지적 자유의 느낌은 과학 분야에서 이민자들이 이룬 획기적 성취에 대한 설명으로도 인용된다. 생명공학 기업으로 코로나19 mRNA 백신 제조사 모더나의 공동창립자이자 회장인 누바르 아페얀은 혁신이 "지적 이민의 한 형태"라고 말한다.[10] 레바논에서 아르메니아 부모 사이에서 태어나 처음에는 캐나다, 그다음에는 미국으로 두 차례 이민한 아페얀은 "편안함을 뒤로하고 떠나게 된다"고 말한다. "알 수 없는 도전에 맞닥뜨리게 된다. 아무것도 당연하게 여겨지지 않는다. 새로운 나라에서는 사람들이 아무것도 빚지고 있지 않다고 느낀다."

아페얀이 코로나19와의 싸움에서 핵심 역할을 한 유일한 이민자는 아니다.[11] 또 다른 코로나19 백신은 튀르키예 이민자인 우구르 사힌 박사와 아내 오즐렘 투레키 박사가 창립한 독일 기업 바이오엔텍BioNTech과 1849년 두 명의 독일 이민자가 뉴욕에서 창립해 현재 그리스 이민자인 앨버트 불라가 이끄는 화이자Pfizer의 동업으로 만들어졌다.

선구적 초기 연구로 코로나19 백신의 빠른 개발을 가능하게 한 연구자 가운데에는 생화학자 커털린 커리코가 있다. 커리코는 1970년대 후반에 mRNA를 연구하기 시작했고, 초기 노력이 연구소와 연구 재원의 지원을 받지 못했는데도 그 엄청난 잠재력을 여전히 확신했다.[12]

현재 바이오엔텍의 수석 부사장이자 펜실베이니아대학교 의과대학의 겸임교수인 커리코는 헝가리에서 성장해 대학원에서 RNA를 연구하기 시작했다. 1985년 일하던 연구실의 자금이 바닥나자 커리코는 남편, 어린 딸과 함께 미국으로 이주했고, 마침내 펜실베이니아대학교에서 연구 조교수로 일하게 되었다. 이렇게 낮은 직위에서 mRNA 연구를 계속하려면 보조금을 받거나 추가 자금을 받을 수 있는 선배 동료와 함께 일해야 했다. 커리코는 수년에 걸쳐 계속해서 보조금을 신청했으나 거듭 거절당했다. 돈을 절약하기 위해 오래된 헝가리 피클 병을 사용해 실험에 필요한 재료를 보관했고, 고장 난 실험실 장비는 집으로 가져와 남편에게 수리하게 했다.

그러던 1997년 커리코는 자기 부서의 복사기에서 의사이자 바이러스학자로 에이즈바이러스HIV 백신을 개발하고 있던 드루 와이스먼을 우연히 접하게 되었다. 커리코가 와이스먼의 한 실험을 위해 mRNA를 만들겠다고 제안하면서 새로운 동반자 관계가 탄생했다. 수년간 테스트하고 다시 테스트하면서 실패도 했지만 2005년 마침내 면역체계의 과잉반응을 유발하지 않으면서 안전하게 사용할 수 있는 형태의 mRNA를 만들어내는 데 성공했다. 이 선구적 돌파구는 당시 대표적인 과학 잡지와 벤처 자본 회사들로부터 무시당했으나, 마침내 화이자-바이오엔텍과 모더나가 만든 코로나19 mRNA 백신의 초석이 되었으며, 커리코와 와이스먼은 2023년 생리의학 분야 노벨상을 받았다.[13]

이런 초기 연구(와 테스트 및 제조를 위한 막대한 자금 지원)가 없었다면, 1년 안에 코로나19 백신을 개발해 테스트하고 긴급 사용 승인을 받기는 불가능했을 것이다. 『네이처』는 "이전에 바이러스의 표본추출부터 승인까지 가장 빨랐던 백신[14]의 개발 기간은 1960년대에 유행성이하선염 백신을 만드는 데 걸린 4년이었다"고 보도했다.

동시에 효과적인 코로나19 백신의 신속한 개발은 과학에서 오픈소스 및 상향식 역학의 중요성이 점점 더 커지고 있음을 강조한다. 이 경우에, 바이러스 게놈 지도를 처음으로 작성한 중국 연구자들이 그 서열을 공개 사이트에 게시하기로 결정했다.[15] 2020년 1월 초, 푸단대학교 장용젠 교수 팀은 우한 시에서 표면화된 불가사의한 새 바이러스를 분석하기 위해 밤낮으로 일해서 40시간 만에 초기 서열을 알아냈다. 장용젠은 동료인 시드니대학교 바이러스학자 에드워드 홈스와 이야기를 나눈 후 자신의 조사 결과를 공개해도 좋다고 허락했고, 그 서열은 빠르게 웹사이트 Virological.org에 게시되었으며, 그 링크가 트위터에도 게시되었다. 전 세계 과학자들에게 "이 데이터를 자유롭게 다운로드, 공유, 사용 및 분석"하도록 권장되었다. 그 결과 전 세계의 연구자들이 즉시 백신 연구를 시작할 수 있었다.[16] 모더나는 이 게놈을 사용해 단 이틀 만에 mRNA 백신을 만들었다고 알렸다.[17] 2020년 말에는 전 세계 기업에서 9개 이상의 백신 후보가 평가 과정을 거치고 있었다.[18]

코로나19 게놈의 공개 게시는 전염병학자들이 바이러스가 어떤 위험을 제기하고 그것을 어떻게 방지할 수 있을지 평가하는 데도 도움이 되었다.[19] 그 덕분에 과학자들은 다양한 국가의 동료들과 협력할 수 있었고, 연구자들은 전 세계에 걸친 코로나19의 확산과 돌연변이의 진화를 추적할 수 있는 진단용 PCR 테스트를 개발하는 데 도움을 받을 수 있었다. 많은 과학자들이 이 새로운 개방성의 문화가 코로나19 위기가 끝난 후에도 유지되기를 바라고 있다. 속도와 협력이 미래의 전염병에 맞서 싸우는 데 중요한 요인이기 때문이다.

한편 코로나19 유행 동안 오픈소스는 공급업체와 진취성 있는 아마추어들이 인공호흡기, N95 마스크, 다른 개인보호장비PPE의 생산 또는 유통, 접촉 추적 앱, 3D 프린팅의 사용을 위한 유용한 계획을 마련하는 데 도움이 되었다.[20] 예를 들어, 대만은 일부 코로나19 데이터에 공개적으로 접근할 수 있게 해 기술 커뮤니티의 일원들에게 권한을 부여해서 코로나19에 대한 허위정보가 잘못된 것임을 밝히는 앱과, 마구 사들이기 및 사재기를 최소화한 것으로 평가되는 마스크 구매 가능 지도 등 다양한 도구를 만들 수 있게 했다.[21]

미국 정부와 잡지『사이언티픽 아메리칸』을 포함해 점점 더 많은 조직이 "시민 과학" 페이지를 구축하고 있다.[22] 여기에는 천문학, 생태학, 문화연구, 통계학 같이 다양한 분야의 데이터를 수집하고 분석하는 일을 도울 자원봉사자를 찾는 크라우드소싱 프로그램의 링크가 포함되어 있다. 자원봉사자가 하는 일에는 구름 사진 촬영, 지진 진동기록, 멸종 위기에 처한 야생동물 문서화, 엘리자베스 여왕시대 원고 필사가 포함될 수 있다.

기업들이 아웃사이더의 혁신 능력("틀 밖을 생각하는 능력", "선 바깥을 색칠하는 능력", "해묵은 문제를 새롭게 보는 능력" 등 좋아하는 어떤 경영 관련 상투적 문구라도 좋다) 을 점점 더 높이 평가하게 되면서 직원이나 전문가가 아닌 사람들로부터 의견을 구하기 시작했다.[23] 예를 들어, 이노 센티브InnoCentive라는 기업은 기업, 비영리 단체, (NASA 같 은) 정부기관이 해결하지 못한 문제나 "도전"을 게시할 수 있는 크라우드소싱 플랫폼을 제공해서 보통 사람들(인접한 분야의 전문가나 아마추어 과학자나 학자나 아니면 아이들) 이 해결책을 제안할 수 있게 했다. 새로운 탄소 포집 및 저 장 방법과 물에서 박테리아를 검출하기 위해 쉽게 사용할 수 있는 검사법 같은 문제와 관련된 도전에 100만 달러나 되는 상금이 수여되었다.

아마추어가 과학 분야에서 획기적인 발견을 하는 오랜 전통이 있다. 네덜란드 상인 안토니 판 레이우엔훅은 집에 서 만든 현미경을 사용해 원생동물과 박테리아를 보고 기 술한 최초의 인물이 되었으며, 미국 건국의 아버지 가운데 한 사람인 벤저민 프랭클린은 대여 도서관과 자원봉사 소 방서 개념을 개척한 것 외에도 여가 시간에 피뢰침과 이중 초점 렌즈를 발명했다.

이노센티브 공동창립자인 앨프 빙엄은 "최적화된 변방 성" 원칙을 인용하면서 회사에 직원으로 채용될 만한 자격 을 갖추지 못한 사람들인 아웃사이더가 왜 창의적 해결책 과 혁신적 개념을 제시하는지 설명한다. "전문가가 되려고 배울수록 전문가의 틀 밖에서 생각하지 않도록 배우게 되고 우리의 문제 해결 능력에는 더 많은 장벽이 생긴다."[24]

분명 이것이 일부 기업에서 직원들이 자신의 관심사를 추구할 수 있는 시간을 주는 한 가지 이유이다. 3M에는 오래전부터 15퍼센트 규칙이 있어서 직원들이 비현실적인 프로젝트와 "실험적 낙서"에 시간을 쓸 수 있다.[25] 이 정책은 이 회사의 대표 제품 가운데 하나인 스카치테이프의 배경이야기에 뿌리를 두고 있다. 스카치테이프는 이 회사가 아직 미네소타채굴및제조회사라 불리고 주요 제품이 사포였던 1930년에 출시되었다. 스카치테이프와 마스킹테이프 모두 회사에서 실험실 기술자로 일하고 한가한 시간에는 실험을 즐기는 대학 중퇴자 리처드 드루의 발명품이었다. 드루의 상사들에게는 놀랍게도, 스카치테이프는 대공황 시기 가격에 민감한 소비자들이 책부터 커튼, 지폐에 이르기까지 온갖 것을 수선하는 데 사용하는 인기 있는 가정용품이 되었다.

수십 년 후, 포스트잇 메모지는 3M의 과학자인 스펜서 실버가 강력한 접착제를 만들려고 하다가 대신에 유난히 약한 접착제를 만들었음을 알게 되면서 우연히 발명되었다.[26] 그는 합창 연습 때 찬송가집에서 떨어지지 않는 "더 나은 책갈피"를 찾고 있던 동료 아트 프라이와 힘을 합쳐 마침내 작고 노란색의 접착 메모지를 완성했다. 열렬한 고

객들은 이것이 책갈피만이 아니라 잊지 않도록 상기시켜 주는 메모, 할 일 목록, 서류철 딱지, 동료에게 보내는 메모, 도서관 대여 책의 강조 표시 등 수많은 용도를 가지고 있음을 깨달았다.

다른 회사들은 아이디어 및 소셜미디어 마케팅을 위해 사용자 생성 콘텐츠를 활용했다. 2006년 유튜브 동영상이 인기를 끌자, 프리토레이●는 제1회 크래시더슈퍼볼Crash the Super Bowl 대회[27]를 열어 자사의 과자인 도리토스의 팬들에게 광고를 직접 만들어 제출해달라고 요청하고 큰 미식축구 시합이 진행되는 동안 우승한 광고를 방송하겠다고 약속했다.

벤앤드제리스Ben & Jerry's는 크라우드소싱을 이용해 체리글라시아 같은 새로운 아이스크림 맛을 개발한다. 그리고 레고Lego는 1990년대 후반 사업 부진에 직면한 이후 고객 협업과 팬 상호작용을 수용했다.

2003년 레고는 2억 3,800만 달러의 손실을 보고하고 파산을 고려하고 있었다.[28] 하지만 2021년 상반기에는 매출 36억 2,000만 달러에 순이익 9억 9,200만 달러를 기록했다.[29] 이렇듯 놀라운 반전은 기본으로 돌아가기(레고 보석 장식 같은 것을 줄이고 "벽돌로 되돌아"가기), 디지털 마케팅에 집중하기, 성인 팬에 대한 새로운 이해에서 비롯했다. 성인 팬들의 온라인 참여는 레고 제품에 대한 풀뿌리 지지와 새로운 아이디어의 원천을 제공했다.

●　Frito-Lay. 미국에 본사가 있는 식품회사 펩시코의 자회사로, 스낵류를 주로 생산한다.

2008년 이 회사는 인기를 끌고 있는 아이디어 플랫폼을 시작해서 사용자들이 새로운 레고 프로젝트를 위한 제안을 하도록 장려했다. 레고 웹사이트에 따르면, 채택된 아이디어는 창작자로 인정받을 수 있는 데다가 총 순매출액의 1퍼센트를 받을 수 있다.[30] 팬이 디자인한 인기 있는 제품에는 레고 타자기, 레고판 비틀스의 노란 잠수함, NASA 여성 과학자들로 구성된 레고 세트가 포함된다.[31]

패러다임을 바꾸는 가설이 아웃사이더에 의해 공식화되고 확인되는 가장 유명한 사례 가운데 하나는 현재 대부분의 초등학생이 알고 있는 한 이론이다. 공룡이 약 6,600만 년 전에 거대한 소행성에 의해 멸종했다는 이론 말이다. 그 우주 암석은 샌프란시스코만 한 크기로 히로시마에 투하된 원자폭탄 100억 개의 위력으로 지구를 강타해, 대재앙을 초래한 쓰나미, 지진, 태양을 가리는 숨 막히는 먼지 및 잔해로 이루어진 구름을 일으켰던 것으로 추정된다.

지구상 생명체의 진화에 대한 우리의 사고방식에 혁명을 일으킨 이 이론은 고생물학자가 아니라 부자지간인 노벨상 수상 물리학자 루이스 앨버레즈와 지질학자 아들 월터 앨버레즈가 공식화했다. 1980년 두 사람이 충돌 이론을 발전시키는 논문을 처음 발표했을 때, 공룡의 멸종은 일련의 대규모 화산 폭발 탓이라고 보거나 좀 더 점진적인 진화

상의 쇠퇴 이론을 지지하는 많은 전문가들로부터 널리 비웃음을 받았다.[32]

　이 앨버레즈 가설은 두 부자가 (공룡이 지구를 지배하던) 백악기 암석과 제3기 암석이 분리되는 경계 지역에서 고수준의 이리듐을 발견한 데서 뿌리를 두었다. 이리듐은 지각에는 거의 존재하지 않고 소행성 같은 외계 물체에서 높은 수준으로 발견되는 금속이다. 이들의 이론은 1991년 멕시코 유카탄 반도 해안에서 약간 떨어진 칙술루브 충돌 분화구가 발견되면서 입증되었다.[33] 폭이 약 150킬로미터에 깊이가 약 19킬로미터인 이 충돌 분화구는 시속 69,524킬로미터의 속도로 이동한 것으로 추산되는 소행성에 의해 만들어졌다.

　칙술루브 분화구를 발견한 이도 아웃사이더였다. 글렌 펜필드는 멕시코 석유회사인 페멕스Pemex에서 일하는 지구물리학자였다. 그는 석유 발견 가능성을 알아내기 위해 자력계를 사용해 유카탄 반도 해안에서 좀 떨어진 멕시코 만의 밑바닥 지도를 작성하던 중 절반은 물속에, 절반은 육지 아래에 있는 거대한 접시 형태의 움푹한 곳에 주목하게 되었다. 한편 앨런 힐데브란트라는 대학원생은 앨버레즈 부자가 가설로 내세운 충돌 분화구의 가능한 위치로 카리브 해 지역에 초점을 두었다. 펜필드와 힐데브란트는 함께 페멕스가 몇 년 전 그 지역에서 시추한 유정에서 채취해낸 중요한 암석 표본을 찾아냈다.[34] 이 표본을 실험실에서 분석하자, 마침내 많은 전문가들이 조롱하던 충돌 이론을 뒷받침하는 확실한 증거가 나왔다. 녹은 암석은 백악기 말기까지 거슬러 올라가고 "충격을 받은" 석영의 존재가 소행성의 충돌을 입증했다.

수십 년간의 논쟁 끝에, 앨버레즈 부자의 이론은 2010년 41명의 연구자들에 의해 비준되었다.[35] 그들은 수년간 데이터를 검토하고 『사이언스』에 그 결과를 발표하면서 칙술루브 충돌이 사실상 공룡 멸종의 궁극적 원인이라고 결론지었다.

그 이후로 앨버레즈 부자의 연구는 고생물학자, 지질학자, 물리학자, 화학자, 광물학자, 천문학자들로부터 계속해서 관련 연구를 발생시키고 있다. 월터 앨버레즈는 1997년 출간한 『티라노사우루스와 운명의 분화구』*T. rex and the Crater of Doom*에서 이렇게 쓰고 있다.[36] "이들 각 분야에는 고유한 전통, 고유한 지식 체계, 고유한 전문 언어가 있고, 이런 차이가 일반적으로 전문가가 학문의 경계를 넘어 함께 연구하는 것을 방해하는 장벽을 높인다. 이런 장벽이 우세했다면, 백악기-제3기의 멸종을 이해하는 데 거의 진전이 없었을 것이다."

이런 면에서, 칙술루브는 과학자들이 토론하고 협력하는 방식을 바꾸는 데도 일조했다. "전 세계에서 학제 간 연구 그룹이 생겨났다." 앨버레즈는 이렇게 덧붙인다. "그렇지 않았다면 과학적 무단침입으로 간주되었을 일이 예상되는 일이 되었다." 아웃사이더가 제안하는 틀 밖 생각하기 같은 이런 "무단침입"은 오늘날 가장 획기적이고 혁신적인 아이디어의 원천이 될 수 있다.

스티브 잡스는 창의성을 "점들을 연결하는" 것으로 즐겨 묘사했다.[37] 1996년『와이어드』와의 인터뷰에서 창의적인 사람들은 "자신의 경험을 연결해 새로운 것을 종합할 수 있"다고 주장했다. "그리고 그들이 그렇게 할 수 있는 이유는 다른 사람들보다 더 많은 경험을 하거나 그들의 경험에 대해 더 많은 생각을 하기 때문이다."

잡스는 이렇게 덧붙였다. 유감스럽게도 "우리 업계의 많은 사람들은 다양한 경험을 하지 못한다. 그래서 연결할 점이 충분치 않고, 문제에 대한 폭넓은 시각 없이 선형적 해답으로 끝난다. 인간 경험에 대한 이해가 폭넓을수록, 우리는 더 나은 디자인을 갖게 될 것이다."

잡스는 진지한 선불교 제자였으며 그의 믿음은 애플 제품의 극단적으로 단순한 디자인뿐 아니라 혁신에 대한 생각에도 영향을 미쳤다. 실제로, 잡스는 일본 승려 스즈키 순류鈴木俊降의 책『선심초심』禪心初心과 이 책에 나오는 "초심자의 마음에는 가능성이 많지만 전문가의 마음에는 가능성이 많지 않다"[38]는 개념을 자주 언급했다. 다시 말해, 초심자의 마음은 전문가의 성찰하는 지적 습관으로부터 자유롭고, 그래서 새로운 생각에 더 많이 열려 있다는 것이다. 잡스는 이런 사고방식을 "정말로 뭔가 아는 사람이 아무도 없고", 전문가가 없으며, 모든 것이 아직 너무 많은 면에서 "제한되거나 정의되지 않"고, "모든 것에 엄청난 가능성이 열려 있"는 PC산업과 웹의 초기에 우세하던 사고방식과 비교했다.

초심자의 사고방식이 잡스나 그의 동료들이 40년 전에 시작한 디지털 혁명의 중대하고 때로는 해로운 결과를 예견하는 데 도움이 되지는 못했지만, 잡스의 말은 힌지모멘트가 제공하는 기회와 그것이 불러올 거대한 변화의 물결을 상기시킨다.

9
VUCA-세계에서의
회복력

변동성, 불확실성, 복잡성, 모호성에 대처하기

───────

**미국의 위대함은 다른 어떤 나라보다 더 개몽된 데 있는 게 아니라
자기 잘못을 바로잡는 능력에 있다.**

알렉시 드 토크빌

낙관주의자들은 남아프리카공화국의 주교인 데즈먼드 투
투의 말을 즐겨 인용하는데, 그는 언젠가 이렇게 지적했다.
"위기의 시기는 단지 불안과 걱정의 시기만은 아니다. 잘
선택하거나 잘못 선택할 기회, 가능성을 제공한다."[1]

　우리가 변동성volatility, 불확실성uncertainty, 복잡성comple-
xity, 모호성ambiguity(이른바 VUCA)으로 정의되는 세상, 다
시 말해 코로나19, 국내외에서 제기되는 민주주의에 대한
위협, 불확실한 경제, 기술 혁신이 불러오는 예기치 못한
결과, 가속되는 기후변화의 여파를 해결하기 위해 고군분
투하는 2020년대의 세상에 살고 있는 오늘날 이렇게 선택
해야 할 것이 아주 많다.

현재 세계가 직면한 수많은 위기를 보는 한 가지 방법은 즉각적 조치가 필요한 무서운 경고, 즉 스트레스 테스트로 간주하는 것이다. 트럼프의 법치주의에 대한 공격과 1월 6일의 폭동은 너무 늦기 전에 민주주의를 강화하라는, 빨간색 불이 번쩍거리는 조난신호이다. 말하자면 아직 오지 않은 크리스마스의 유령이 방문해서 시민들에게 긴급한 교훈을 전하고 있는 것이다. 코로나19는 다음 전염병이 닥치기 전에 공중 보건 인프라와 사회안전망을 강화하라는 무서운 충고였다. 그리고 러시아의 우크라이나 침공은 평화로운 이웃 국가에 대한 푸틴의 제국주의적 공격과 주권 및 영토 보전이라는 개념을 약화시키려는 그의 노력을 멈추게 하라는 유럽과 나토NATO와 미국에 대한 긴급한 경종이었다.

지금까지 세계는 조금씩 앞으로 나아가며 시간을 좀 더 벌었다. 미국의 민주주의는 여전히 심각한 위험에 처해 있지만, 2022년 중간선거에서 유권자들은 상원·하원·주지사직에 출마한 유명한 선거 부정론자들을 대부분 거부했다. 국가, 도시, 정부기관이 탄소 발자국을 줄이고 녹색 에너지를 수용하기 위한 조치를 취하면서 기후변화 대비에 진전이 이루어지고 있다. 그리고 서방 동맹은 놀랄 정도로 단결해 푸틴의 침공에 대응해서 우크라이나에 대한 경제 및 군사 지원을 강화했고, 우크라이나인들은 무자비하고 훨씬 더 큰 적과 싸우면서 그들의 용기와 전략적 기량을 보여주었다.

문제는 이런 노력이 강화되고 긴급성 및 추진력을 유지할 수 있을지 여부이다. 또한 과거에서 배운 교훈이 얼마나 지속력을 가질까? 탐욕, 비우량 주택담보대출과 느슨한 규제로 촉발된 2008년 세계 금융 위기 이후, 정부와 은행은 다시는 이런 일이 일어나지 않도록 하겠다고 약속했다. 그러나 10년 후 트럼프는 오바마 시대의 규제를 완화하는 법안에 서명했고,[2] 2023년에는 여러 은행이 파산하면서 금융 시스템이 더 크게 약화될 것이라는 우려가 다시 제기되었다.

위험과 위기는 분명 사람들에게 충격을 줘 무사안일에 빠지지 않게 할 수 있다. 하지만 나오미 클라인은 2007년 출간한 『쇼크 독트린』에서 이를 뒤집는 주장을 했다. 이 책에서 클라인은 "실제의 위기이든 인지된 위기이든 위기만이 진정한 변화를 낳는다"[3]는 보수 경제학자 밀턴 프리드먼의 말을 인용하고, 그의 신자유주의 추종자들이 이 말을 재난과 전쟁을 자유시장 근본주의의 복음을 전파하고 민영화를 통해 기업을 살찌우는 기회로 이용하기 위한 완전한 청사진으로 둔갑시켰다고 주장했다. 이라크전은 이 나라를 "아랍의 싱가포르"로 만들어 외주 계약을 통해 할리버튼* 같은 기업이 돈을 벌 수 있게 하려는 의도가 있었다고 클라인은 주장했다. 클라인은 이렇게 썼다. 2004년 스리랑카를

---

* Halliburton. 미국의 다국적 기업으로 세계에서 가장 큰 석유 채굴 기업들 중 하나.

강타한 파괴적인 쓰나미의 경우 "외국 투자자와 국제 대출 기관이 공황 분위기를 이용해, 아름다운 해안선 전체를 재빨리 대형 리조트를 건설한 기업가들에게 넘겨줘 수십만 명의 어민들이 해안 근처 마을을 재건하지 못하도록 막고 있다."[4]

하지만 위기가 클라인이 말하는 "우리가 심리적으로 정박하지 않은 가소성 있는 순간"[5]을 만들어내고 자유시장의 거물들에게 "그들이 갈망하는 깨끗한 캔버스"를 제공하는 데 열려 있다면, 건설적인 재설정을 위한 기회 또한 만들어낼 수 있다. 위기는 정체를 완화하고, 오랫동안 지연된 개혁 조치를 강제하며, 정치인을 자극해 과거의 결함 있는 정책을 버리고 혁신적이며 심지어 패러다임을 바꾸는 해결책을 제시하도록 할 수 있다. 대공황이라는 비상사태에 대응해 사회보장과 실업보험 같은 혁신적 프로그램을 만들어 미국 정부의 책임을 재정의한 프랭클린 D. 루스벨트의 뉴딜 정책처럼 말이다.

린든 B. 존슨은 존 F. 케네디 암살 후 대통령에 취임해서 국가적 위기의식에 자신이 가진 의회에 대한 탁월한 이해를 조합해 중단되었던 전임자의 감세 법안과 인권 법안을 통과시키고 자신의 야심찬 빈곤과의 전쟁을 위한 토대를 놓았다.

허리케인 카트리나로 뉴올리언스의 제방이 무너졌을

때 이 도시의 약 80퍼센트가 물에 잠겼다. 120만 명의 주민이 대피했고 이재민 20만 명이 발생했다. 복구 노력은 더뎠으나, 2010년 미치 랜드리우가 시장으로 취임하면서 야심찬 재건 계획을 시행했다.[6] 제방과 도로부터 학교와 병원까지 주요 인프라의 재건을 포함했을 뿐 아니라, 장차 이 도시의 회복력을 더욱 높이는 것을 목표로 삼았다. 즉, 미래의 폭풍과 기후변화에 더 잘 대비하고 빈곤과 범죄라는 장기의 문제를 해결하기 위해 더 잘 조직하고 많은 신기술 스타트업을 포함해 경제를 더욱 다각화하고자 했다.

뉴욕시는 코로나19로부터 회복하는 속도가 더디지만 회복력을 발휘한 오랜 역사를 가지고 있다. 9·11 테러 공격[7]으로 세계무역센터에서 2,753명이 사망했고 로어맨해튼은 310억 달러의 경제 피해를 입은 것으로 추산된다. 마이클 블룸버그 시장의 지휘 아래 뉴욕시는 그라운드제로 근처 황폐화된 지역을 재건할 뿐 아니라 야심찬 재개발을 시행하는 계획에 착수했다.[8] 재개발 계획은 민관 협력이 특징으로, 허드슨야드와 하이라인의 건설 및 이스트 강 양쪽 건축 프로젝트로 이어질 것이었다.

뉴욕은 재기의 DNA를 갖고 있다. 이 도시는 파산 위기에 처하고 높은 범죄율 및 이 도시가 돌이킬 수 없이 쇠퇴하고 있다는 두려움에 쫓겨 100만 명 이상의 사람들이 떠났던 1970년대 이후 다시 일어섰다. 최고의 인구통계학자인 조지프 J. 살보가 『뉴욕타임스』에 말한 대로, 당시 뉴욕시가 재기할 수 있었던 핵심 요인은 어려움을 겪고 있는 대도시에서 기회를 본 새로운 이민자의 유입이었다.[9] 1980년대 동안 약 80만 명의 이민자(주로 카리브해, 남아메리카, 아시아, 아프리카 출신)가 뉴욕에 도착해서 중요한 의료 및 서비스 산업 일자리를 얻고 자신의 새로운 사업을 시작했다.

재난 이후 지역 사회와 국가 전체가 빠르게 일어서는 것은 여전히 놀라운 일이다. 제2차 세계대전이 끝날 무렵 5,300만 명이 목숨을 잃었으며[10] 유럽에서만 6,000만 명이 고향을 떠나야 했다.[11] 도시는 돌무더기 밭으로 변하고, 도로는 움푹 패인 데다 잔해로 온통 뒤덮여 있었으며, 다리와 철도는 폭파되거나 사라졌다. 바르샤바에서는 전체 가옥의 90퍼센트가 파괴되었고, 독일에서는 40퍼센트가 사라졌다.

히로시마에서는 이 도시 인구의 약 40퍼센트에 해당하는 14만 명이 핵폭발이나 방사선의 장기 부작용으로 사망한 것으로 추산되며,[12] 나가사키에서는 7만 4,000명이 목숨을 잃은 것으로 추산된다. 일본의 다른 수십 개 도시들이 소이탄 공격을 받아 대부분의 목조 건물이 완전히 불에 타는 바람에 적어도 1,500만 명이 집을 잃었다. 1945년 3월 10일 미국이 도쿄를 폭격해 10만 명이 사망하고 또 다른 10만 명의 집이 파괴된 것으로 추산된다.[13] 너무 많은 재가

하늘에서 떨어져 이날은 검은 눈의 밤으로 알려지게 되었다.

유럽 전역과 아시아 일부 지역의 파괴 정도가 너무 심해서 1945년은 "0년"으로 불리게 되었으며,[14] 국가들은 역사가 토니 주트가 말한 "히말라야 산맥 같이 산적한 과제"에 직면했다. 인프라와 경제를 재건하는 동시에 사회 및 정치 개혁을 위한 광범위한 계획에 착수해야 했던 것이다.

전쟁의 여파로, 독일과 일본은 민주주의 국가이자 미국의 주요 동맹국으로 재탄생하게 되었고, 두 나라 모두 놀라운 경제 호황을 경험했다. 1968년 일본은 미국에 이어 세계 2위 경제대국이 되었으며, 1989년 베를린 장벽이 무너졌을 때 독일은 세 번째로 큰 경제대국이었다.

미국은 공산주의에 대항하는 보루를 건설하고 신뢰할 수 있는 장기의 무역 상대를 창출하며 이 지역을 파시즘의 유혹에 너무 취약하게 만들었던 경제적 어려움과 정치적 굴욕을 방지한다는 많은 목표를 가지고 마셜플랜을 통해 서유럽에 약 130억 달러의 원조를 제공했다. 제2차 세계대전이 끝나고 몇 년 동안 유럽은 이 대륙이 과거 극단주의에 취약하게 만들었던 "실업, 파시즘, 독일 군국주의, 전쟁, 혁명" 같은 "오래된 악마의 귀환을 막"[15]을 미래를 건설하는 노력에 집중했다고 토니 주트는 썼다. 현대의 "탈국가적이고 복지국가이며 협력하고 평화를 사랑하는 유럽은 오늘날 유럽연합 이상주의자들이 즐거이 회상하며 상상하는 낙관적이고 야심차며 미래지향적인 프로젝트에서 탄생한 게 아니었다"고 토니 주트는 상기시킨다. "현대의 유럽은 불안이 낳은 불안정한 자식이었다. 역사의 그늘에 가려진 지도자들은 그 과거를 저지하기 위해 예방책으로서 사회 개혁을 시행하고 새로운 제도를 만들었다."

전쟁 후 변화의 중심에는 유엔과 세계은행 같은 새로운 국제기관이 경제 성장과 정치 안정을 조성할 것이라는 희망이 있었다. 또한 많은 정부가 의료·실업·퇴직 보험을 포함하는 사회안전망에 대한 보조금 지급에서 더 큰 역할을 맡기로 결정했다. 수십 년이 지나 2008년 금융 위기 이후 많은 유럽 국가가 긴축 예산을 채택하면서 이런 공공 서비스 예산을 삭감했다. 이는 불평등과 실업의 증가로 이어질 뿐더러 이후 10년 동안 우익 포퓰리즘의 부상을 이끄는 분노에 기름을 끼얹는 데 일조했다.

"전쟁에 대한 또 다른 불편한 진실은 그것이 파괴와 창조를 모두 가져온다는 점이다." 역사가 마거릿 맥밀런은 2020년 출간한 책 『전쟁은 인간에게 무엇인가』에서 이렇게 썼다. "제트 엔진, 트랜지스터, 컴퓨터 등 과학과 기술의 많은 발전은 전시戰時에 필요했기 때문에 일어났다."[16] 또한 전쟁은 정부로 하여금 새로운 기술과 생명을 구하는 의료에 돈과 자원을 쏟아붓게 했다. 제1차 세계대전 동안의 끔찍한 참호전으로 인해 새로운 방부제와 마취제가 널리 쓰이게 되었다. 1928년 세균학자 앨릭잰더 플레밍이 처음 발견한 페니실린(플레밍은 이를 "곰팡이 주스"라고 불렀다)은 제2차 세계대전 동안 제약회사인 화이자(그렇다, 코로나19 mRNA 백신의 개발을 도운 바로 그 회사이다)가 대량생산해 의료진에게 대량 배포했다.[17] 페니실린과, 설파제로 알려진 다른 항생제[18]는 부상당하고 병든 군인들의 생존율을 제1차 세계대전 동안 참담할 수준인 4퍼센트에서 제2차 세계대전 동안 50퍼센트까지 높이는 데 일조했다.

"전쟁이 이익을 가져오고 사회를 더 강하고 심지어 더 공정하게 만드는 데 도움이 될 수 있다고 말한다고 해서 전쟁을 옹호하는 것은 아니다."[19] 맥밀런은 덧붙인다. "물론 우리는 세상을 개선하거나 약하고 불행한 사람들을 돕거나 평화로운 상태에서 과학과 기술을 발전시키고 싶다. 하지만 평화로운 시기에는 큰 발전을 이루기 위한 의지와 자원을 찾기가 더 어렵다. 빈곤이나 오피오이드 위기*나 기후변화에 대한 조치를 다른 날로 미루기는 너무 쉽다. 전쟁은 우리의 관심을 집중시키고, 좋든 싫든 인류 역사 전반에 걸쳐 그랬다."

이 주장은 대공황 이후 1942년에 오스트리아 태생 경제학자 조지프 슘페터가 밝힌 생각을 상기시킨다.[20] 슘페터는 위기가 이른바 "창조적 파괴" 과정을 촉진함으로써 혁

---

* 미국에서 마약성 진통제의 처방, 중독, 과다 복용이 비정상적으로 많아 문제가 발생하는 현상을 말한다.

신의 요람이 될 수 있다고 주장했다. 오래된 기업의 파괴는 자본을 해방시켜 변혁적인 새로운 산업과 획기적인 제품의 개발로 이어질 수 있으며, 경제 침체의 압력이 발명가와 아웃사이더로 하여금 오래된 문제와 새로운 문제에 대한 창의적 해결책을 찾도록 동기를 부여할 수도 있다.

재정이 어려운 시기에 이루어진 혁신에 대한 기록은 여전히 인상적이다. 기술기업 휴렛패커드Hewlett-Packard는 1938년 팰로앨토(현재 많은 사람들이 실리콘밸리의 발상지로 여긴다)의 차 한 대용 차고에서 스타트업으로 시작했으며, RCA Radio Corporation of America(즉 미국라디오회사로 설립되었다)는 대공황 시기 동안 신생인 텔레비전 사업 분야의 리더로 거듭났다. 듀폰DuPont은 1930년대에 네오프렌(자동차 및 비행기 제조업체들이 빠르게 받아들인 합성 고무)과 나일론을 도입했다.[21] 심각한 "스태그플레이션"(빠른 물가 상승과 성장 둔화의 조합)이 발생한 1970년대에는 현대 생활의 세 가지 필수품인 개인용 컴퓨터, 휴대폰[22](무게가 약 1.1 킬로그램에 통화 시간은 약 30분인 1973년 모델), 바퀴 달린 여행 가방이 처음 나왔다.

2008년 금융 위기 무렵의 몇 년은 비슷하게 스타트업들에게 호황기였다. 특히 디지털 기술을 사용해 사람들이 불안정한 경제와 점점 복잡해지는 세상이 제기하는 문제들을 헤쳐 나갈 수 있도록 돕는 스타트업이 그랬다. 2023년

670억 달러 이상의 가치를 가진 것으로 평가된 에어비앤비 Airbnb는 2008년 현금이 부족한 동거인들에 의해 시작되었다.[23] 이들은 호텔 방을 찾을 수 없거나 호텔 방에 묵을 여유가 없는 사람들에게 자신들의 거실에 있는 에어매트리스를 빌려주기로 했다. 그다음해에 암호화한 메시지 서비스 애플리케이션인 와츠앱WhatsApp이 만들어졌고, 차량 공유 서비스인 우버Uber도 마찬가지였다. 그리고 2010년에는 인스타그램Instagram과 핀터레스트Pinterest가 만들어졌다.

코로나19 자체가 온갖 변화를 촉발해서 각국 정부는 긴축 정책(과 적자 지출에 대한 우려)은 제쳐두고 수조 달러에 달하는 코로나19 구호 및 경기부양을 위한 지출을 신속히 승인하고 사회안전망을 재검토했다. 검사법과 백신을 개발하기 위한 다급한 경쟁은 과학계의 복잡하고 불필요한 요식 절차를 해소하고 전 세계 연구자들 사이에 협력을 촉진했다.

노스캐롤라이나대학교의 부교수이자 작가인 제이넵 투펙치는 "여러 백신(특히 화이자-바이오엔텍과 모더나의 백신)의 기반이 된 새로운 mRNA 기술[24]은 획기적인 과학 및 기술 혁신"이라고 지적한다. 이것은 말라리아 같은 다른 질병의 mRNA 백신으로 이어질 수도 있다. 코로나19가 대유행한 시기 동안 기술은 또한 "평상시 우리 사회가 어떻게 더 잘 기능할 수 있는지 보여주었다"고 투펙치는 덧붙인다. 원격 진료를 이용해 불필요한 의사 방문을 줄이거나, 줌Zoom과 원격 회의를 이용해 재택 학습 및 원격 근무를 할 수가 있다. 물론 디지털 커뮤니케이션이 실제 교실에서의 시간이나 사무실에서의 브레인스토밍을 대체할 수는 없지만, 보충 수단으로서 유용할 수 있고, 우리가 소셜미디어와 중독성 알고리즘의 유해한 부작용을 잘 알고 있는 상황에서는 기술이 제공할 수 있는 이점을 상기시켜준다.

이전의 전염병과 보건 비상사태도 상당한 발전으로 이어졌다.『죽음의 청기사: 1918년의 '코로나19', 스페인독감의 세계문화사』의 저자인 로라 스피니가 "죽음의 해일"[25]로 묘사한 1918년의 독감 발생은 전 세계에서 최소 5,000만 명의 목숨을 앗아갔지만, 이로 인해 각국 정부는 의료 서비스에 대한 접근성을 확대하고, 보건부처를 신설하거나 재구성하며, 미래의 보건 위기에 대한 국제 협력을 확실히 하기 위한 조치를 취했다.

흑사병(1347년에서 1351년 사이에 선페스트가 발생해 유럽 인구의 3분의 1이 사망한 것으로 추산된다)의 경우 "공중 보건의 탄생에 중요한 역할을 했다"고 과학 작가 존 켈리는 주장한다.[26] 그 결과 새로운 검역 및 병원 프로토콜이 탄생했다. 더 중요한 것은 이것이 "오늘날의 이른바 과학적 방법을 위한 장을 마련하는 데 도움이 된" 변화로 이어졌다는 점이라고 그는 말한다. 여기서 과학적 방법이란 "실제적이고 임상 지향적인 의학에 더 역점을 두는 것"으로, 이는 점점 커지는 외과의사 및 경험적 관찰의 영향력을 반영했다.

켈리는 2005년 출간한 『흑사병시대의 재구성』에서 흑사병이 심각한 노동력 부족을 낳았으며 이것이 "기술 혁신의 폭발"로 이어졌다고 썼다. 이 기술 혁신에는 개선된 물레방아와 풍차, 새롭고 더 효율적인 쟁기, 농업 생산성을 높인 두 가지 간단한 발명이 포함된다. "말이 더 세게 끌어당기게 하는 쉽고 저렴한 한 가지 방법은 말이 앞으로 나아갈 때 숨이 막히지 않도록 숨통으로부터 무게를 분산시키는 것임을 누군가가 알아냈다.[27] 그래서 말의 목받침이 탄생했고 이것이 마력을 4배나 증가시켰다. 또 다른 간단한 혁신인 말발굽은 말의 지구력을 개선해 마력을 훨씬 더 크게 증가시켰다."

유럽의 흑사병으로 인한 황폐화는 경제, 정치, 문화의 현재 상황을 뒤흔들었고 오랜 종교 및 철학의 확신을 약화시켰다. 심각한 인구 감소와 노동력 부족은 결국 가난한 사람들의 임금 향상, 사회 이동의 증가, 장원 제도의 붕괴로 이어졌다. 종교성이 폭발적으로 높아졌으나, 결국에는 전염병이 교회에 대한 믿음을 약화시켜 이윽고 종교개혁과 문화 전반의 세속화로 이어지게 하는 씨앗을 심었다. 이런 역학은 인쇄기의 발명과 국제 무역의 성장 같은 다른 발전과 결합해 새로운 인본주의와 합리성을 육성해서 오랜 공백기 후 마침내 우리가 지금 알고 있는, 인문학이 개화하는 르네상스로 나아가게 된다.

2020년 조 바이든이 트럼프를 물리치고 2022년 중간선거에서 유명한 선거 부정론자 다수가 패배하면서 민주주의 지지자들은 안도의 한숨을 내쉬었고, 그해에 브라질의 극우 포퓰리스트인 자이르 보우소나루가 패배하자 더욱 기분이 들떴다. 하지만 민주주의는 선거 결과에 따르기를 거부하는 후보자와 두려움 및 분열을 이용해 권력을 유지하는 권위주의적 포퓰리스트로부터 여전히 심각한 위협을 받고 있다. 공화당 지지자 가운데 약 60퍼센트가 조 바이든을 대통령으로 만든 2020년의 선거 결과를 계속해서 부정하거나 의문을 제기하고 있다. 게다가 해외에서는 극우파가 계속 급증하고 있다. 최근 몇 년 동안 생활비 문제를 강조하고 틱톡에 고양이 동영상을 게시하는 등 부드러운 이미지를 만들려고 노력해온 마린 르펜[28]은 2022년 프랑스 대통령 선거에서 패했으나 41.5퍼센트의 표를 얻어[29] 르펜의 이민배척주의, 즉 반이민자 입장이 프랑스 주류 정치에 얼마나 깊숙이 파고들었는지 보여주었다. 몇 달 후, 신파시즘에 뿌리를 둔 극우 정당의 수장인 조르지아 멜로니가 이탈리아 최초의 여성 총리가 되었다.[30] 게다가 스웨덴에서는 신나치에 뿌리를 둔 정당이 의회에서 두 번째로 많은 의석을 차지했다.[31]

기후변화에 관한 한, 어느 정도 진전이 이루어지고 있다. 예를 들어, 기후변화 부정론은 이제 10년 동안 후퇴하고 있다. 2021년 한 조사에 따르면, 미국인의 78퍼센트가 다른 나라들은 그러지 않더라도 미국은 배출량을 줄여야 한다고 생각한다.[32] 이런 시대정신의 변화는 기후 활동가들의 열정에 찬 활동의 증거이며, 오늘날 홍수, 가뭄, 산불 같은 기상 이변의 큰 증가가 앞으로 더 나쁜 일이 일어날 징조라는 점을 대중이 점점 더 인식하고 있다는 증거이다.

1970년대와 1980년대의 반아파르트헤이트 활동을 모델로 삼은, 화석연료 회사를 대상으로 한 투자철회 운동은 2012년 빌 맥키븐 등의 활동가들이 시작한 소규모 풀뿌리 활동에서 전 세계 운동으로 성장했다. 2021년 말까지 캘리포니아대학교, 옥스퍼드대학교, 케임브리지대학교를 포함한 대학, 재단, 연금 기금, 성공회를 포함한 종교단체(모두 합쳐 투자액이 거의 40조 달러에 달한다)가 석유, 석탄, 가스 관련 주식을 전부 또는 일부 포기하기로 약속했다.

한편 정부기관과 기업은 이 위협에 눈을 떴다. 미군을 예로 들어보자. 미국 국방부는 기후변화가 국가 안보와 임무 수행 능력에 대한 위협임을 깨닫고서 재생 에너지로 전환하고 녹색 기술에 투자하기 위해 혼신의 노력을 기울여왔다. 국방부는 기후변화가 물과 식량을 둘러싼 세계의 갈등을 심화시킬 것으로 예상해 더 뜨겁고 더 살기 힘든 지구에서 기능할 수 있도록 대비하기 위해 노력하고 있다. 사막 환경과 기타 극한 상황에 배치할 수 있도록 병력을 재훈련하고 다시 장비를 갖추어야 하고, 해안 기지는 둔덕과 방파제를 건설해 해수면 상승으로부터 보호해야 한다. 육군은 2030년까지 배출량을 절반으로 줄이고 2035년까지 모든 비전투 차량을 전기화할 계획이며,[33] 해군은 점점 더 대체에너지를 사용하기로 하고 2016년 "대녹색함대"Great Green Fleet 계획을 시작했다.[34]

이는 모두 긍정적인 발전이지만 충분하지는 않다. 코로나19 위기 동안 백신이 공식화, 테스트, 배포된 속도는 세계가 위협의 심각성을 인식할 때 얼마나 빠르게 조치를 취할 수 있는지 보여주었으며, 지구 온난화에 대해서도 똑같은 절박감이 필요하다. 2023년 유엔의 정부 간 기후변화위원회가 발표한 한 보고서는 세계가 화석연료에 대한 의존도를 낮출 시간이 부족하며 지구는 앞으로 10년 내에 임계점을 넘을 것이라고, 다시 말해 온난화를 산업화 이전 수준보다 섭씨 1.5도(화씨 2.7도) 높아지는 정도로 제한하는 목표치를 넘어설 것이라고 경고했다. 1.5도를 넘어서면, 인간과 생태계가 적응하기 점점 더 어려워진다. 식량과 물 부족이 더욱 심각해지고 전염병이 더 많은 생명을 앗아갈 것이며, 치명적인 폭염과 해수면 상승으로 인해 일부 지역은 살 수 없게 되고 다른 지역의 경제를 파괴할 것이다. 온실가스를 통제하기 위해 화석연료 배출량을 낮추려면 전 세계의 엄청난 노력이 필요하다. 이를 위해서는 진지한 국제 협력, 석탄 및 석유 시추 계획의 취소, 청정에너지와 이산화탄소 제거 같은 새로운 기술에 대한 대규모 공공 및 민간 투자가 필요하다.

하지만 유엔 보고서는 "기후 시한폭탄이 째깍거리"고 있기는 하지만 또한 세계가 이 위기와 맞서 싸울 수 있는 도구와, 비록 닫히고 있기는 해도 중대한 변화를 일으킬 수 있는 실행 가능한 기회를 갖고 있다고 강조한다. 이 보고서는 "최근 10년 동안 실행된 선택과 조치가 현재는 물론 수천 년 동안 영향을 미칠 것"[35]이라고 쓰고 있다.

2021년 다큐멘터리 《지구가 변화한 해》*The Year Earth Changed*에서 저명한 데이비드 애튼버러는 코로나19로 인해 10여 개월 동안 인간이 집에 틀어박혀서 인간이 만들어내는 오염에 일시정지 버튼이 눌러졌을 때 세상이 어떤 모습인지 볼 수 있었다고 지적했다. 이 다큐멘터리 영화는 음푸말랑가*의 인적이 끊긴 거리를 돌아다니는 표범과, 케이프타운을 뒤뚱뒤뚱 걸어 다니는 우스운 펭귄의 모습을 보여준다. 인도 잘란다르에서는 봉쇄 기간 스모그가 걷히고 수

● Mpumalanga. 남아프리카공화국의 동부에 위치한 주.

십 년 만에 처음으로 눈 덮인 히말라야 봉우리를 볼 수 있었다. 이런 이미지는 자연의 놀라운 회복력을 보여주며, 애튼버러가 말하듯 우리가 여전히 "새로운 방향에서 재건할 수 있는 기회"를 갖고 있음을 기억하고 좀 더 지속가능한 삶의 방식을 받아들이도록 촉구한다.

거의 2세기 전 일본 에도 시대에 제작된 호쿠사이의 목판화는 추상적인 색상과 선의 사용, 약간 왜곡된 원근법, 여백과 비대칭성에 대한 애호 면에서 흔치 않게 현대적인 것 같다.

호쿠사이의 판화가 주는 친숙함은 일부 반 고흐, 드가, 툴루즈 로트레크, 모네 등 우리가 알고 사랑하는 화가들을 통해 일본 판화가 인상주의와 후기 인상주의에 미친 지울 수 없는 영향에서 비롯한다. 하지만 호쿠사이의 판화가 시대를 초월한 것처럼 느껴지는 진짜 이유는 존재의 우연성과 불교적 평온, 즉 위태로운 삶의 인식과 수용에 대한 기이한 감각 때문이다.《후지산 36경》판화 가운데 다수가 고

요함과 햇빛을 발하면서 사람들이 쌀을 수확하고 어선을 수리하며 물건을 시장에 가져가고 주말에는 숲속을 산책하거나 연을 날리거나 그냥 아름다운 자연을 즐기는 등 평범한 삶의 단조로운 일상을 살아가는 모습을 보여준다. 하지만 종종 위험이 배경의 어딘가에, 거대한 파도, 갑작스러운 폭풍, 폭발할 수도 있는 화산 등의 형태로 도사리고 있다.

동시대인들은 가부키 배우, 게이샤, 사무라이, 스모 선수 등 당시의 유명인사라는 대단히 잘 팔리는 주제를 선호한 반면, 호쿠사이는 풍경과 평범한 사람들의 소박한 삶에 초점을 두었다. 이 평범한 사람들은 어부, 농부, 목수로 장시간 일하는 익명의 아웃사이더이다. 하지만 이들 판화의 주인공은 후지산 자체이다. 후지산은 때로는 먼 지평선에 앉아 있는 친근하고 작은 눈 덮인 봉우리로 등장하고, 때로는 항해하려는 여행자가 사용하는 일종의 나침반으로 등장하며, 그리고 〈산정 아래의 뇌우〉(〈검은 후지산〉으로도 알려져 있다)라는 판화에서는 좀 더 위협적인 존재로 등장한다. 이 판화에서는 후지산이 어둡고 거의 불길한 색으로 묘사되어 있으며 멀리에서는 심상치 않은 구름 덩어리가, 산 아랫부분에서는 번쩍거리는 번개가 보인다. 요컨대 후지산은 가장 아름답고 위협적인 자연을 나타낸다.

사실 후지산은 신성함과 영원함의 상징이 되었으나, 현재 수세기 동안 조용하기는 해도 엄청나게 광포하고 파괴적일 수 있는 활화산이기도 하다. 호쿠사이는 후지산이 제기하는 위협을 잘 알고 있었다. 그의 잘 알려지지 않은 판화 가운데 하나인 〈호에이 분화구의 출현〉(《후지산 36경》보다 몇 년 후에 출판되었다)은 후지산의 마지막 폭발을 묘사한다.[1] 이 폭발은 1707년에 발생했는데,[2] 16일 동안 계속되면서 화산재가 농부들의 들판을 질식시키고 현재의 도쿄와 요코하마만큼이나 멀리까지 떨어져 내렸다.

이 판화에서 폭발력으로 인해 사람들이 허공에서 공중제비를 하는데, 어떤 면에서는 〈거대한 물결〉에서 바람과 물의 힘에 의해 굴러 떨어지는 어선을 연상시킨다. 하지만 이 판화에서는 폭력과 혼란이 훨씬 더 뚜렷하다. 건물이 무너지고 사람과 말이 짓밟히며 필사적으로 도망치려는 남자들과 여자들에게 나무 덩어리와 기와와 용암이 쏟아지고 있다. 이것은 호쿠사이의 일상 삶에 대한 명상이라기보다 만화책의 전투 장면과 피카소의 〈게르니카〉를 초현실적으로 혼합한 이미지이다.

호쿠사이 시대와 우리 시대의 일본은 위협을 안고 살아가는 법을 배운 나라이다. 이 위협은 오늘날 중국, 러시아, 북한을 포함하는 위험한 지역에 위치하는 데서 제기될 뿐 아니라 지질학과 지리학의 재해로 인해 발생하기도 한다. 4개의 지각판이 교차하는, 태평양의 불의 고리 서쪽 가장자리에 자리 잡은 이 나라는 지구의 지진 열점 가운데 하나를 차지하고 있으며 연간 평균 1,500회의 지진을 겪는다.[3] 일본은 대중의 인식을 높이기 위해 9월 1일(1923년 11만 명 이상의 목숨을 앗아간 관동 대지진 기념일)을 방재의 날[4]로 지정하고 학교, 사무실, 노년층 주거단지에서 정기적으로 지진 훈련을 실시한다. 또한 세계에서 가장 엄격한 건축 법규를 시행해 내진 건축을 요구하고 있다.[5]

그럼에도, 진도 9.0의 지진이 이 섬나라를 뒤흔든 2011년 3월 11일에 닥친 삼중의 재해에 대비할 수 있는 것은 아무것도 없었다.[6] 이 지진은 매우 강력해서 지구 자전축이 거의 10센티미터 이동한 것으로 알려졌다. 지진이 40미터 높이에 달하는 쓰나미를, 한 목격자의 말을 빌리자면 "검은 물의 벽"을 일으켜 방벽과 제방이 무너지고 마을과 시내 전체를 휩쓸었다. 물이 또한 후쿠시마 다이이치 원자력 발전소의 전력을 차단했고, 냉각 시스템이 고장 나자 핵 연료봉 중 3개가 녹기 시작해 일련의 끔찍한 폭발, 화재, 생명을 위협하는 방사선의 방출로 이어졌다.

이것은 체르노빌 이후 최악의 원자력 재해였다.

이 세 가지 재난을 합쳐서 18,000명 이상이 사망하고 45만 5,000명 이상이 대피했으며 약 3,600억 달러의 손실이 발생한 것으로 추산된다.[7]

3·11 이후 일본은 수개월, 수년에 걸쳐 복구 및 재건 노

력을 계속하면서도, 어떤 종류의 비상 계획이 피해를 완화할 수 있었을지 이해하고 미래의 재난에 직면해 좀 더 회복력을 갖기 위한 새로운 방법을 찾으려고 많은 이웃 국가 및 동맹국과 함께 이 예상치 못한 재난을 연구하기 시작했다.

전문가들이 마련한 계획에는 약 12.5미터 높이의 방조제 건설, 해안선 근처에 4만 그루의 나무 심기, 예비 통신 및 전기 시스템의 설치, (물 공급 시스템에 내진 배관을 사용하는 것과 같은) 중요한 인프라의 업데이트가 포함되었다.[8]

공무원, 토목 기술자, 비상 관리 컨설턴트는 3·11 대응 노력을 검토하면서 구조 및 대피 계획을 개선하고 미래의 재난을 처리하기 위한 청사진을 만들 방법을 찾고 있었다. 국가와 지역의 지원 노력을 어떻게 조정할 수 있는지, 그리고 인프라 복구와 재난 금융 제공에 대한 책임을 공공 부문과 민간 부문 사이에 어떻게 나눌 수 있는지 미리 계획하는 청사진 말이다.

이런 청사진이 지진과 쓰나미가 자주 발생하는 국가뿐만 아니라 기후변화와 해수면 상승의 위협에 대처하려는 전 세계의 많은 지역에 유용하다는 사실을 전문가들은 깨달았다. 실제로 3·11 이후 인프라를 강화하고 재난 대비에 국민을 적극 참여시키려는 일본의 노력은 국가가 극복할 수 없어 보이는 문제를 해결하기 위해 시작할 수 있는 한 가지 방법을 제시한다. 제도와 대중의 태도에 회복력을 구축하는, 작지만 실제적인 단계부터 시작하는 것이다.

예를 들어, 허위정보와 가짜뉴스는 분열과 불신을 조장하고 민주적 선거를 위협하고 약화시켜서 위험을 크게 증가시키는데, 2022년 유럽연합은 이에 맞서 싸우기 위한 한 걸음을 내딛었다.[9] 페이스북, 유튜브, 틱톡 같은 거대 기술 기업에게 플랫폼을 더 잘 단속하고 위험한 허위정보가 입소문으로 퍼지지 않도록 방지할 것을 요구하는 조치를 채택한 것이다. 폭스뉴스 같은 우익 미디어 플랫폼은 거짓말과 허위정보를 확산시키는 데 대해 책임을 져야 한다. 2023년 도미니언보팅시스템이 제기한 7억 8,750만 달러의 명예훼손 소송에 폭스가 합의했을 때 이런 과정이 시작되기를 일부 감시자들은 바랐다.* 그리고 이른바 주류 언론 매체는 형평성을 유지하는 것이 진실을 말하는 것이라고 혼동하지 말고 명백히 거짓인 이야기(예를 들어 선거 부정론과 기후변화 부정론)를 지지하는 사람들에게 동일한 시간을 내주는 일을 중단해야 한다.

핀란드의 경험이 증명하듯, 미디어 활용 능력 역시 회복력을 키우는 데 필수이다. 2014년 크림 반도 합병 이후 러시아의 선전이 쇄도하자 핀란드는 비판적 사고를 강조하기 위해 설계한 공립학교 교육과정을 시작했다.[10] 학생들은 초등학교부터 사실, 소문, 선전의 차이를 배운다. 정보를 평가하고, 출처의 중요성을 인식하며, 소셜미디어에서 데

• 2020년 미국 대선이 사기라는 주장을 퍼뜨리며 개표기 조작 가능성을 집중 보도한 폭스뉴스는 개표기 업체인 도미니언보팅시스템에 1조원이 넘는 거액의 배상금을 물어주게 되었다.

이터와 심지어 이미지까지 어떻게 조작될 수 있는지 이해하는 법을 배운다. 핀란드는 5년 연속 허위정보에 가장 강한 유럽 국가 목록에서 1위를 차지했다.

더 많은 국가가 미디어 및 역사 문해력을 갖춘 시민을 양성하는 핀란드의 선례를 따라야 한다. 미국의 전국교육발전평가National Assessment of Educational Progress가 2023년에 발표한 보고서에 따르면, 특히 미국에서는 학생 시험 점수가 놀라울 정도로 하락했다.[11] 8학년 학생 가운데 역사에서는 13퍼센트, 윤리에서는 22퍼센트만이 능숙함을 보였다. 동시에 우리는 독립 저널리즘을 더 잘 지원해야 한다. 이는 민주주의가 작동하는 데 필수이며 지역 차원에서도 중요하다. 독립 저널리즘이 지역에서 신뢰할 만하고 신뢰받는 정보원 역할을 할 수 있을 뿐 아니라, 공동체 의식과 시민 참여를 촉진할 수 있다. 디지털 시대에 정보가 어떻게 사용되고 오용될 수 있는지 아는, 정보에 정통하고 교육받은 유권자가 있는 국가는 국내외의 불성실 행위자에게 덜 취약하다. 그리고 그들은 허위정보를 증식시키고 가속화하는 극단의 양극화로 고통받을 가능성이 낮다. 게리맨더링*을 제한하고 예비 선거를 무소속의 유권자에게 개방함으로써 양극화를 더욱 줄일 수도 있다. 이런 변화는 정당의 지지 기반에 영합하는 정치인이 저항할 가능성이 높지만, 국가 전체의 견해를 더 잘 반영하는 후보자에게 도움이 되는 변화

---

* gerrymandering. 자기 정당에 유리하게 선거구를 변경하는 일을 말한다. 1812년 미국의 매사추세츠 주지사 게리Elbridge Gerry가 고친 선거구의 모양이 전설상의 괴물 샐러맨더salamander, 곧 도롱뇽과 비슷하다고 하여 반대당에서 게리의 이름을 붙여 게리맨더라고 야유한 데서 유래한다.

이다. 이는 결국 더 건강하고 회복력이 있는 민주주의에 도움이 된다.

이미 이야기한 대로, 1월 6일 폭동과 도널드 트럼프의 2020년 선거 결과 수용 거부는 미국 민주주의의 너무 취약한 가드레일을 무너뜨렸다. 이는 추가 보호책이 필요하다는 사실을 보여주었다. 2022년 의회에서 통과된 최신 선거개표법[12]이 시작되었으나(이 법안은 선거인단 투표의 인증과 개표에 대해 명확하게 규정하고 있다), 트럼프의 근거 없는 부정선거 주장 이후 공화당 지지 주들이 투표에 더 많은 제한을 가하는 움직임을 보였기 때문에 투표권을 보장하기 위해서는 연방법이 필요하다. 책임은 여전히 법치주의에 매우 중요하다. 이것이 바로 1월 6일 폭동을 일으킨 사람들의 체포와 재판이 여전히 중요한 이유이며, 민주주의를 전복하고 국민의 의지를 뒤집으려 한 혐의를 받는 트럼프 전 대통령의 기소가 여전히 전개되고 있는 미국의 역사에서 중대한 순간인 이유이다.

동시에, 대중은 트럼프가 2024년에 재선될 위험을 인식해야 한다. 두 번째 트럼프 대통령은 첫 번째 대통령일 때보다 훨씬 더 권위주의적일 것이다. 트럼프는 "딥스테이트"*를 제거하겠다고 약속하면서 법무부, FBI, 공무원 조직을 공격하고 대통령의 권한을 사용해 그의 반대자들과 그를 거스르는 사람들에게 정확히 되갚아주겠노라고 맹세하

•   61쪽 각주를 참조하라.

고 있다. 『뉴욕타임스』는 트럼프가 2025년에 재임할 경우 그와 측근들은 행정권을 확대해 연방통신위원회와 연방거래위원회 같은 독립된 기관을 대통령 통제 아래에 두고 자금 압류 관행(즉 의회가 책정한 자금의 지출을 거부하는 것이다)을 부활시킬 계획을 갖고 있다고 보도했다. 요컨대 민주주의를 보호하기 위해 설계된 견제와 균형을 위한 시스템을 무너뜨리려는 것이다.[13]

이런 전개 과정은 지금까지 규범과 전통에 불과하던 것을 법제화하려면 워터게이트 사건 이후의 그것과 같은 개혁이 필요하다는 점을 강조한다. 법학자 잭 골드스미스Jack Goldsmith가 지적하듯, 트럼프 이전에는 대부분의 시스템이 "대통령들이 가진 합리성의 범위, 시스템 내에서 움직이려는 의지의 범위, 정치 및 규범의 제약에 대한 최소한의 이해 범위에 대한 기본 전제를 바탕으로 구축되었다."[14]

그래도 더 어려운 것은 여러 가지 장기 과제일 것이다. 즉, 트럼프와 MAGA 공화당 지지자들이 극단의 정파적 수사법 및 폭력의 정상화를 조장하는 목소리를 낮추고, 그들이 수년 동안 공격해온 민주주의 제도에 대한 대중의 신뢰를 회복하며, 대중 담론의 많은 부분을 감염시킨 양극화를 줄이는 과제 말이다.

트럼프 대통령 임기 중반인 2018년 『아일랜드타임스』

칼럼니스트 핀탄 오툴은 이른바 '예이츠 테스트'[15]를 제안했다. "제안은 간단하다. 평론가와 정치인이 보기에 예이츠를 인용할 만할수록 상황은 나빠진다. 반대로, 히니* 테스트를 해볼 수도 있다. 즉, 희망과 역사의 운이 맞으면 좋은 시절이 시작되는 것이다. 하지만 요즘에는 나이가 더 많은 아일랜드 시인(예이츠)이 정치 담론을 휩쓸고 있는데, 이는 좋은 소식이 아니다." 오툴은 2016년 브렉시트와 도널드 트럼프 당선 이후 "장엄하게 파멸을 예고하는 예이츠의 「재림」"에 대한 온라인 검색이 급증했고 "지속적인 세계의 불안정성"은 "예이츠의 종말론적 비전을 차트 1위를 차지한 곡처럼 인용할 수 있게 만들었다"고 언급했다.

실제로 "중심은 버틸 수 없다", "무정부 상태만이 세상에 풀려나 있다"와 같은 「재림」의 시구가 2016년 소셜미디어에서 수백 번 인용되었다.[16] 그리고 2020년 또 다시 「재림」의 인용이 급증했다.[17] 이 시의 출간 100주년 기념일과 코로나19로 인해 사람들의 불길한 예감은 가속되었다. 예이츠가 이 시를 쓰던 100년 전에도 비슷한 분위기가 만연했다. 충격에 휩싸인 세계는 여전히 제1차 세계대전의 트라우마를 받아들이기 위해 안간힘을 쓰고 있었고, 또한 러시아 혁명, 아일랜드 독립전쟁, 1918년의 유행성 독감(시인의 아내인 조지 하이드-리스가 임신 중에 이 독감을 앓았다)의 여파와 씨름하고 있었다.

● 세이머스 히니Seamus Justin Heaney(1939~2013)도 예이츠와 마찬가지로 아일랜드 시인으로, 예이츠 이후 가장 중요한 시인이라는 평가를 받고 있다.

조 바이든은 연설에서 예이츠의 또 다른 유명한 시의 한 구절을 자주 인용했다. "모든 것이 변했고, 완전히 바뀌었다/ 끔찍한 아름다움이 탄생했다."(「1916년 부활절」) 바이든이 이 시인에게 가진 애정은 십대 시절로 거슬러 올라간다. 말더듬을 극복하는 데 도움을 받으려고 예이츠의 시를 낭송하곤 했던 것이다. 하지만 바이든이 가장 좋아하는 시인은 다른 아일랜드 시인 셰이머스 히니이다.[18] 핀탄 오툴이 더 나은 세상의 선구자로 일컫는 바로 그 시인이다.

바이든이 가장 좋아하는 히니의 구절은 그의 극시 『트로이의 치유』*에서 나왔다.[19] "역사는 말한다, 희망을 두지 마라/ 무덤 이편에./ 그렇다 하더라도 일생에 한 번/ 간절히 기다리던 정의의 해일이/ 일어날 수 있고/ 그리하여 희망과 역사의 운이 맞는다." 이는 낙관적이면서 거의 예언에 가까운 비전이며, 히니는 계속해서 독자들에게 촉구한다. "엄청난 상전벽해를 희망하기를/ 복수의 저편에서./ 이곳에서 더 먼 해안에/ 닿을 수 있다고 믿기를."[20]

히니는 1990년에 이 시를 썼고, 막 세상에 일어난 "놀라운 사건들"[21]이 아니었다면 "대담하게" 이런 위로의 글을 썼으리라고 생각하지 않는다고 말했다. 베를린 장벽의 붕괴, 체코슬로바키아 반체제 인사인 극작가 바츨라프 하벨의 대통령 당선, 루마니아 독재자 차우셰스쿠의 몰락, 그리고 27년 동안의 투옥 끝에 석방된 넬슨 만델라.

1990년 히니가 예언적으로 썼듯이, 이런 중대한 변화가 가능하다면 북아일랜드에서 30년 동안 이어져온 종파 간 폭력을 종식시키는 것은 왜 안 될까? 그리고 8년 후인 1998년에 영국 정부, 아일랜드 정부, 북아일랜드 정당들은 30년간의 폭력 분쟁을 종식시키기 위해 마련된 성금요일 협정(벨파스트 협정)[22]에 서명했다. 이 협정이 완벽하지는 않았지만, 20년 후『가디언』의 한 사설에서 말한 대로 "이 협정은 북아일랜드에 새로운 종류의 평범한 삶의 문을 열었다. 1998년 불만과 괴로움이 타협과 희망으로 바뀌는 것 같았다."[23]

바이든은 몇 년 전『트로이의 치유』의 대사를 인용하기 시작했고, 너무 자주 인용해서 본인의 가족도 기억하고 암송할 수 있다고 말했다. 이 시는 취임 기념행사에서 낭독되었으며, 바이든이 대통령으로서 전쟁 후 화해에 대한 히니의 비전을 심히 분열된 미국의 치유에 대한 은유로 사용하고 싶어했다는 점이 분명해졌다. 실제로 북아일랜드의 종파 간 갈등을 종식시키는 일의 어려움에 대한 히니의 일부 생각은 21세기 미국에서 정파 간 분열을 메우는 일의 어려움과 놀랍도록 비슷하게 들릴 수 있다.

히니는 1996년 친구에게 보낸 편지에서 개인들이 "집단의 충성심 요구"와 "현재 만연한" 이기적 자존심으로 인해 압박감을 느낀다고 썼다.[24] 그는 변화와 화해를 위해서

는 사람들이 "도취된 공격적 반항심"을 멈추고 "시민으로
서 냉철한 조정의 길"로 가는 방법을 찾아야 한다고 결론
지었다. 그렇다면 아마도 "상처받은 정신의 오만함"을 떨
치고 "평범함과 사랑을 회복"할 수 있을 것이다.

서문

1 John T. Carpenter, "Hokusai's Iconic 'Great Wave,'" Metropolitan Museum of Art, July 2, 2014, metmuseum.org/blogs/now-at-the-met/2014/great-wave; "Why the Iconic Great Wave Swept the World," Getty, getty.edu/news/why-the-iconic-great-wave-swept-the-world/.

2 "Q. Who First Originated the Term VUCA (Volatility, Uncertainty, Complexity, and Ambiguity)?," U.S. Army Heritage and Education Center, usawc.libanswers.com/faq/84869.

3 futureoflife.org/open-letter/pause-giant-ai-experiments/; theverge.com/2023/3/29/23661374/elon-musk-ai-researchers-pause-research-open-letter.

4 Eric Schatzberg and Lee Vinsel, "Kranzberg's First and Second Laws," *Technology's Stories* 6, no. 4 (Dec. 2018), technologystories.org/first-and-second-laws/; Rinkesh D, "Kranzberg's Laws of Technology—Understanding Interaction of Society and Technology," AIC-IIITH, aic.iiit.ac.in/kranzbergs-laws-of-technology-understanding-interaction-of-society-and-technology/.

5 Alvin Toffler, *Future Shock* (New York: Bantam Books, 1971).

6 George Prochnik, *Stranger in a Strange Land* (New York: Other Press, 2016), 247–48.

7 ipcc.ch/report/ar6/syr/downloads/report/IPCC_AR6_SYR_LongerReport.pdf.

8 d3qi0qp55mx5f5.cloudfront.net/cpost/i/docs/2023-06_CPOST-NORC_Political_Violence_Survey_Report.pdf?mtime=1690317909.

9 d3qi0qp55mx5f5.cloudfront.net/cpost/i/docs/2023–06_CPOST-NORC_Political_Violence_Survey_Report.pdf?mtime=1690317909.

1. 힌지모멘트

1 Antonio Gramsci, *Selections from the Prison Notebooks* (New York: International Publishers, 1971), 276.

2 Volker Ullrich, *Hitler: Ascent, 1889–1939* (New York: Alfred A. Knopf, 2016), 240.

3 Gorokhovskaia, Shahbaz, and Slipowitz, *Freedom in the World 2023*.

4 Sarah Repucci and Amy Slipowitz, "The Global Expansion of Authoritarian Rule," *Freedom in the World 2022*, Report, Freedom House, freedomhouse.org/sites/default/files/2022-03/FITW_World_2022_digital_abridged_FINAL.pdf.

5 Jennifer Schuessler, "Francis Fukuyama Predicted the End of History. It's Back (Again)," *The New York Times*, May 10, 2022, nytimes.com/2022/05/10/arts/francis-fukuyama-history-liberalism.html.

6 Helen Bushby, "Permacrisis Declared Collins Dictionary Word of the Year," BBC News, Nov. 1, 2022, bbc.com/news/entertainment-arts-63458467.

7 John Micklethwait and Adrian Wooldridge, "Putin and Xi Exposed the Great Illusion of Capitalism," Bloomberg, Mar. 24, 2022, bloomberg.com/opinion/articles/2022-03-24/ukraine-war-has-russia-s-putin-xi-jinping-exposing-capitalism-s-great-illusion?leadSource=uverify%20wall.

8 Olaf Scholz, "The Global Zeitenwende: How to Avoid a New Cold War in a Multipolar Era," *Foreign Affairs*, Dec. 5, 2022, foreignaffairs.com/germany/olaf-scholz-global-zeitenwende-how-avoid-new-cold-war.

9 Kate Connolly, "Germany to Set Up €100bn Fund to Boost Its Military Strength," *The Guardian*, Feb. 27, 2022, theguardian.com/world/2022/feb/27/germany-set-up-fund-boost-military-strength-ukraine-putin; Jen Kirby, "Germany's Dramatic Reversal on Defense, Explained," Vox, Mar. 5, 2022, vox.com/22960493/germany-chancellor-reversal-defense-war-russia-ukraine; "Russia Invades Ukraine: Seven Ways the World Has Changed Since Vladimir Putin Went to War," *Scotsman*, Mar. 3, 2022, scotsman.com/news/opinion/columnists/seven-ways-the-world-has-changed-since-putin-went-to-war-scotsman-says-3594057.

주미

10 Yuval Noah Harari, "Yuval Noah Harari Argues That What's at Stake in Ukraine Is the Direction of Human History," *Economist*, Feb. 9, 2022, economist.com/by-invitation/2022/02/09/yuval-noah-harari-argues-that-whats-at-stake-in-ukraine-is-the-direction-of-human-history.

11 "Eurasia Group's Ian Bremmer: Biggest Threat to World Is Rogue Actors—from Putin to Musk," *Harvard Business Review*, Jan. 19, 2023, hbr.org/2023/01/eurasia-groups-ian-bremmer-biggest-threat-to-world-is-rogue-actors-from-putin-to-musk; "Top Risks 2023," Eurasia Group, eurasiagroup.net/files/upload/EurasiaGroup_TopRisks2023.pdf.

12 James Westfall Thompson, "The Aftermath of the Black Death and the Aftermath of the Great War," *American Journal of Sociology* 26, no. 5 (Mar. 1921): 565, jstor.org/stable/2764425.

13 Barbara W. Tuchman, *A Distant Mirror: The Calamitous 14th Century* (New York: Random House Trade Paperbacks, 2014), 374.

14 Ibid., 262.

15 Ibid., 561.

16 Ibid., 195.

17 Alan Trachtenberg, *The Incorporation of America* (New York: Farrar, Straus and Giroux, 1982), 90.

18 Patrick J. Kiger, "How Robber Barons Flaunted Their Money During the Gilded Age," History, Jan. 24, 2022, history.com/news/robber-barons-gilded-age-wealth; Elise Taylor, "The Real-Life Socialite Rivalry That Likely Inspired *The Gilded Age*," *Vogue*, Feb. 8, 2022, vogue.com/article/the-real-life-socialite-rivalry-that-likely-inspired-the-gilded-age.

19 Michael Kazin, "Populism and Agrarian Discontent," Gilder Lehrman Institute of American History, AP U.S. History Study Guide, ap.gilderlehrman.org/essays/populism-and-agrarian-discontent.

20 Edward T. O'Donnell, "Are We Living in the Gilded Age 2.0?," History, Jan. 31, 2019, history.com/news/second-gilded-age-income-inequality; "America's Economic Injustice," In the Words of Walt Whitman, inthewordsofwaltwhitman.com/self-and-society/americas-economic-injustice/.

21 Andrew C. Baker et al., "Capital and Labor," ed. Joseph Locke, in *The American Yawp*, eds. Joseph Locke and Ben Wright (Stanford,

Calif.: Stanford University Press, 2018), americanyawp.com/text/16-capital-and-labor/.

22 Sheri Berman, "The Great Crack-Up, Then and Now," Project Syndicate, May 4, 2018, project-syndicate.org/onpoint/the-great-crack-up-then-and-now-by-sheri-berman-2018-05.

23 Hannah Arendt, *The Origins of Totalitarianism* (New York: Houghton Mifflin Harcourt, 1985), 323–24.

24 Annie Lowrey, "Millennials Don't Stand a Chance," *The Atlantic*, Apr. 13, 2020, theatlantic.com/ideas/archive/2020/04/millennials-are-new-lost-generation/609832/.

25 Emma Court and Donna Borak, "Remote Work Is Costing Manhattan More Than $12 Billion a Year," Bloomberg, February 12, 2023, bloomberg.com/graphics/2023-manhattan-work-from-home/#xj4y7vzkg.

26 Columbia Business School online, "New Research Shows Prevalence of Remote Work Spurred by COVID-19 Continues to Effect Residential and Commercial Real Estate Values," January 25, 2023, business.columbia.edu/real-estate-news/columbia-news/new-research-shows-prevalence-remote-work-spurred-covid-19-continues.

27 Stephanie Pagones, "Americans Spending Coronavirus Quarantine Streaming 8 Hours of TV per Day," Fox Business, Apr. 16, 2020, foxbusiness.com/lifestyle/americans-coronavirus-quarantine-streaming-services.

28 Sam Haysom, "Does Skim-Watching Videos on 2x Speed Hurt or Help Your Brain?," Mashable, June 11, 2022, mashable.com/article/watching-videos-2x-speed-does-it-work.

29 Sarah Burd-Sharps, Paige Tetens, and Jay Szkola, "Road Rage Shootings Are Continuing to Surge," Everytown Research & Policy, Mar. 20, 2023, everytownresearch.org/reports-of-road-rage-shootings-are-on-the-rise/.

30 Harriet Baskas, "Unruly Passenger Behavior on Airline Flights Is Still Rampant," NBC News, June 17, 2023, nbcnews.com/business/travel/unruly-passenger-behavior-airline-flights-still-rampant-rcna87793.

31 Benjamin Mueller and Eleanor Lutz, "U.S. Has Far Higher Covid Death Rate Than Other Wealthy Countries," *The New York Times*, Feb. 1, 2022, nytimes.com/interactive/2022/02/01/science/covid-

deaths-united-states.html.

32 Ed Yong, "How the Pandemic Defeated America," *The Atlantic*, Sept. 2020, theatlantic.com/magazine/archive/2020/09/coronavirus-american-failure/614191/; Ed Yong, "How Public Health Took Part in Its Own Downfall," *The Atlantic*, Oct. 23, 2021, theatlantic.com/health/archive/2021/10/how-public-health-took-part-its-own-downfall/620457/.

33 Steffie Woolhandler et al., "Public Policy and Health in the Trump Era," *Lancet*, Feb. 10, 2021, thelancet.com/article/S0140-6736(20)32545-9/fulltext.

34 Zbigniew Brzezinski, *Strategic Vision: America and the Crisis of Global Power* (New York: Basic Books, 2012), 49.

35 Jonathan D. Ostry, Prakash Loungani, and Davide Furceri, "Neoliberalism: Oversold?," *Finance and Development* 53, no. 2 (June 2016), imf.org/external/pubs/ft/fandd/2016/06/ostry.htm.

36 Francis Wade, " 'The Liberal Order Is the Incubator for Authoritarianism': A Conversation with Pankaj Mishra," *Los Angeles Review of Books*, Nov. 15, 2018, lareviewofbooks.org/article/the-liberal-order-is-the-incubator-for-authoritarianism-a-conversation-with-pankaj-mishra/.

37 Edward Luce, *The Retreat of Western Liberalism* (New York: Grove Atlantic, 2017), 12.

38 Adam Tooze, *Shutdown: How Covid Shook the World's Economy* (New York: Viking, 2021), 13.

39 Eric Foner, "Teaching Radical History in the Age of Obama (and Bernie)," *Nation*, Jan. 2–9, 2017, ericfoner.com/articles/010217 nation.html.

40 Ciara Nugent, "Chile's Millennial President Is a New Kind of Leftist Leader," *Time*, Aug. 31, 2022, Time.com/6209552/gabriel-boric-chile-constitution-interview/; Orlando Letelier, "The 'Chicago Boys' in Chile: Economic Freedom's Awful Toll," *Nation*, Sept. 21, 2016, thenation.com/article/archive/the-chicago-boys-in-chile-economic-freedoms-awful-toll/.

41 "Doctors Who Put Lives at Risk with Covid Misinformation Rarely Punished," *The Washington Post*, July 26, 2023, www.washingtonpost.com/world/2023/05/08/chile-constitution-kast-boric/2be557b2-ee02-11ed-b67d-a219ec5dfd30_story.html.

42   Jennifer Schuessler, "Professor Who Learns from Peasants," *The New York Times*, Dec. 4, 2012, nytimes.com/2012/12/05/books/james-c-scott-farmer-and-scholar-of-anarchism.html.

43   James C. Scott, *Seeing Like a State: How Certain Schemes to Improve the Human Condition Have Failed* (New Haven: Yale University, 1998).

44   Geoffrey Gertz and Homi Kharas, "Conclusion: Toward a New Economic and Political Model?," in *Beyond Neoliberalism: Insights from Emerging Markets*, eds. Geoffrey Gertz and Homi Kharas, Brookings, May 1, 2019, brookings.edu/wp-content/uploads/2019/05/beyond-neoliberalism-chapter7.pdf; Kemal Dervis, Caroline Conroy, and Geoffrey Gertz, "Politics Beyond Neoliberalism," in *Beyond Neoliberalism*, brookings.edu/wp-content/uploads/2019/05/beyond-neoliberalism-chapter6.pdf.

45   Jared Cohen, "The Rise of Geopolitical Swing States," Goldman Sachs online, May 15, 2023, goldmansachs.com/intelligence/pages/the-rise-of-geopolitical-swing-states.html.

46   cdc.gov/drugoverdose/deaths/index.html#:~:text=More%20than%20one%20million%20people,1999%20from%20a%20drug%20overdose.&text=In%202021%2C%20106%2C699%20drug%20overdose,2021%20(32.4%20per%20100%2C000); washingtonpost.com/health/2022/05/11/drug-overdose-deaths-cdc-numbers/

47   prri.org/press-release/new-prri-report-reveals-nearly-one-in-five-americans-and-one-in-four-republicans-still-believe-in-qanon–conspiracy-theories/

48   washingtonpost.com/politics/2021/01/24/trumps-false-or-misleading-claims-total-30573-over-four-years/.

49   Volker Ullrich, *Hitler: Ascent, 1889–1939* (New York, Alfred A. Knopf, 2016), Kindle edition, p.239

50   washingtonpost.com/opinions/global-opinions/bolshevism-then-and-now/2017/11/06/830aecaa-bf41-11e7-959c-fe2b598d8c00_story.html.

51   Victor Sebestyen, *Lenin: the Man, the Dictator, and the Master of Terror* (New York: Pantheon, 2017), Kindle edition, p.2.

52   Volker Ullrich, *Hitler: Ascent, 1889–1939* (New York: Alfred A. Knopf, 2016), Kindle edition, p.101

53   Hannah Arendt, *The Origins of Totalitarianism* (New York: Houghton

Mifflin Harcourt Publishing Company, 1994), Kindle edition, p.352

54 Emily Cochrane, "Trump Talks Likes (Tariffs) and Dislikes (Media) in V. F. W Speech," *The New York Times*, July 24, 2018, nytimes. com/2018/07/24/us/politics/trump-vfw-veterans-html.

55 cnn.com/2018/07/25/politics/donald-trump-vfw-unreality/index. html.

56 cnn.com/2018/07/25/politics/donald-trump-vfw-unreality/index. html.

57 George Orwell, *1984* (New York: Houghton Mifflin Harcourt Publishing Company, 1989), Kindle edition, p.597

58 statista.com/statistics/1380282/daily-time-spent-online-global/.

2. 해적과 새로운 프랑켄슈타인

1 Sarah Todd, "The Steve Jobs Speech That Made Silicon Valley Obsessed with Pirates," *Quartz*, Oct. 22, 2019, qz.com/1719898/ steve-jobs-speech-that-made-silicon-valley-obsessed-with-pirates.

2 Peter Cohen, "1984: How Apple's TV Ad Changed Everything, and Why 2014 Won't Be Anything Like It Either," iMore, Feb. 28, 2018, imore.com/1984-apples-famous-tv-ad-changed-everything.

3 "Apple—Think Different—Full Version," YouTube, youtube.com/ watch?v=5sMBhDv4sik; "Steve Jobs: 20 Best Quotes," ABC News, Aug. 15, 2011, abcnews.go.com/Technology/steve-jobs-death-20-best-quotes/story?id=14681795/.

4 Luke Dormehl, *The Apple Revolution: Steve Jobs, the Counterculture, and How the Crazy Ones Took Over the World* (London: Ebury Publishing, 2012), 83–84.

5 Stewart Brand, "We Owe It All to the Hippies," *Time*, Mar. 1, 1995, content.time.com/time/subscriber/article/0,33009,982602,00.html.

6 Jack Nicas, "Apple Becomes First Company to Hit $3 Trillion Market Value," *The New York Times*, Jan. 3, 2022, nytimes.com/2022/01/03/ technology/apple-3-trillion-market-value.html.

7 Jeff Cox, "The Value of What Buffett Called 'Financial Weapons of Mass Destruction' Is Plunging," CNBC, May 4, 2018, cnbc. com/2018/05/04/the-value-of-financial-weapons-of-mass-destruction-is-plunging.html.

8   William A. Galston, "The Populist Challenge to Liberal Democracy," *Journal of Democracy* 29, no. 2 (Apr. 2018): 5–19, journalofdemocracy.org/articles/the-populist-challenge-to-liberal-democracy/.

9   David Potter, *Disruption: Why Things Change* (New York: Oxford University Press, 2021), 1.

10 David Johnston and Jim Dwyer, "Threats and Responses: The Investigation; Pre-9/11 Files Show Warnings Were More Dire and Persistent," *The New York Times*, Apr. 18, 2004, nytimes.com/2004/04/18/us/threats-responses-investigation-pre-9-11-files-show-warnings-were-more-dire.html.

11 Philip Rucker and Roberta Costa, "Bannon Vows a Daily Fight for 'Deconstruction of the Administrative State,' " *The Washington Post*, Feb. 23, 2017, washingtonpost.com/politics/top-wh-strategist-vows-a-daily-fight-for-deconstruction-of-the-administrative-state/2017/02/23/03f6b8da-f9ea-11e6-bf01-d47f8cf9b643_story.html.

12 Martin Gurri, *The Revolt of the Public and the Crisis of Authority in the New Millennium* (San Francisco: Stripe Press, 2018), 79.

13 Ibid., 300; Murtaza Hussain, "Trump and Brexit Proved This Book Prophetic—What Calamity Will Befall Us Next?," *Intercept*, Mar. 3, 2019, theintercept.com/2019/03/03/revolt-of-the-public-martin-gurri/.

14 Clay Shirky, *Here Comes Everybody: The Power of Organizing Without Organizations* (New York: Penguin Press, 2008), 20.

15 Rob Walker, "The Trivialities and Transcendence of Kickstarter," *The New York Times Magazine*, Aug. 5, 2011, nytimes.com/2011/08/07/magazine/the-trivialities-and-transcendence-of-kickstarter.html.

16 Kickstarter, kickstarter.com/about.

17 "Silent Meditation," Kickstarter, kickstarter.com/projects/silentmeditation/silent-meditation-on-vinyl.

18 Max Chafkin, "Why Facebook's $2 Billion Bet on Oculus Rift Might One Day Connect Everyone on Earth," *Vanity Fair*, Sept. 8, 2015, vanityfair.com/news/2015/09/oculus-rift-mark-zuckerberg-cover-story-palmer-luckey; Jenna Wortham, "Creator of a Virtual Reality Sensation," *The New York Times*, Mar. 26, 2014, nytimes.com/2014/03/27/technology/creator-of-a-virtual-reality-sensation.

미주

html; Taylor Clark, "How Palmer Luckey Created Oculus Rift," *Smithsonian Magazine*, Nov. 2014, smithsonianmag.com/innovation/how-palmer-luckey-created-oculus-rift-180953049/.

19 Adrianna Rodriguez, "Latinos Are Fastest Growing Population in US Military, but Higher Ranks Remain out of Reach," *USA Today*, Mar. 23, 2020, usatoday.com/in-depth/news/nation/2020/05/23/latino-hispanic-military-high-ranking-commissioned-officer-positions/4668013002/.

20 Johnny Diaz, Maria Cramer, and Christina Morales, "What to Know About the Death of Vanessa Guillen," *The New York Times*, Nov. 30, 2022, nytimes.com/article/vanessa-guillen-fort-hood.html; John M. Donnelly, "Gillibrand Calls New NDAA 'Huge Milestone' in Military Justice," *Roll Call*, Dec. 7, 2022, rollcall.com/2022/12/07/gillibrand-calls-new-ndaa-huge-milestone-in-military-justice.

21 Azi Paybarah, "How a Teenager's Video Upended the Police Department's Initial Tale," *The New York Times*, Apr. 20, 2021, nytimes.com/2021/04/20/us/darnella-frazier-floyd-video.html.

22 Eric Levenson and Aaron Cooper, "Derek Chauvin Found Guilty of All Three Charges for Killing George Floyd," CNN, Apr. 21, 2021, cnn.com/2021/04/20/us/derek-chauvin-trial-george-floyd-deliberations/index.html; John Eligon et al., "Derek Chauvin Verdict Brings a Rare Rebuke of Police Misconduct," *The New York Times*, Apr. 20, 2021, updated June 25, 2021, nytimes.com/2021/04/20/us/george-floyd-chauvin-verdict.html.

23 Thomas Carlyle, *On Heroes, Hero-Worship, and the Heroic in History* (London: Chapman and Hall, 1852), 1.

24 Richard T. Vann, "Historiography," *Britannica*, updated Mar. 24, 2023, britannica.com/topic/historiography; Andrew Port, "History from Below, the History of Everyday Life, and Microhistory," in *International Encyclopedia of the Social and Behavioral Sciences*, 2nd ed., vol. 11 (Amsterdam: Elsevier, 2015), researchgate.net/publication/304194393_History_from_Below_the_History_of _Everyday_Life_and_Microhistory.

25 Dave Roos, "7 Ways the Printing Press Changed the World," History, Mar. 27, 2023, history.com/news/printing-press-renaissance.

26 Robert G. Parkinson, "Print, the Press, and the American Revolution," *Oxford Research Encyclopedia of American History*,

Sept. 3, 2015, doi.org/10.1093/acrefore/9780199329175.013.9.

27 Neil Postman, *Amusing Ourselves to Death* (New York: Penguin Books, 2006), 141.

28 Ibid., 156.

29 Ezra Klein, "How Technology Literally Changes Our Brains," Vox, July 1, 2020, vox.com/podcasts/2020/7/1/21308153/the-ezra-klein-show-the-shallows-twitter-facebook-attention-deep-reading-thinking.

30 Clay Shirky, *Here Comes Everybody* (New York: Penguin Press, 2008), 20.

31 Elizabeth Eisenstein, *The Printing Press as an Agent of Change* (New York: Cambridge University Press, 1980), 437.

32 Ibid., 508.

33 Ibid., 436.

34 Ibid., 366.

35 Ibid., 326.

36 Ibid., 326.

37 Amitabh Ray, "Human Knowledge Is Doubling Every 12 Hours," LinkedIn.com, Oct. 22, 2020, linkedin.com/pulse/human-knowledge-doubling-every-12-hours-amitabh-ray/.

38 Bob King, "9,096 Stars in the Sky—Is That All?" SkyandTelescope.org, Sept. 17, 2014, skyandtelescope.org/astronomy-blogs/how-many-stars-night-sky-09172014/#:~:text=50%2Dmm%20binoculars%20increase%20the,can%20spy%20about%205%20million.&text=Astronomers%20use%20the%20magnitude%20scale%20to%20measure%20star%20and%20planet%20brightne.

39 Christopher Paul and Miriam Matthews, "The Russian 'Firehose of Falsehood' Propaganda Model: Why It Might Work and Options to Counter It," RAND Corporation, 2016, rand.org/pubs/perspectives/PE198.html.

40 Jaron Lanier, "How We Need to Remake the Internet," TED2018, ted.com/talks/jaron_lanier_how_we_need_to_remake_the_internet?language=en.

41 *Ten Arguments for Deleting Your Social Media Accounts Right Now* (New York: Picador/Henry Holt and Co., 2018), 6.

42 Ibid., 20.

43 Trevor Wheelwright, "2022 Cell Phone Usage Statistics: How Obsessed Are We?," Reviews.org, Jan. 24, 2022, reviews.org/mobile/

미주

cell-phone-addiction/.

44 T. S. Eliot, "Burnt Norton," in *Four Quartets* (New York: Harcourt Brace Jovanovich, 1971), 17.

45 Rebecca Seal, "Is Your Smartphone Ruining Your Memory? A Special Report on the Rise of 'Digital Amnesia,'" *Observer*, July 3, 2022, theguardian.com/global/2022/jul/03/is-your-smartphone-ruining-your-memory-the-rise-of-digital-amenesia.

46 "The Playboy Interview: Marshall McLuhan," *Playboy*, Mar. 1969, redacted and edited by Phillip Rogaway, web.cs.ucdavis.edu/~rogaway/classes/188/spring07/mcluhan.pdf.

47 Tristan Harris, "Our Brains Are No Match for Our Technology," *The New York Times*, Dec. 5, 2019, nytimes.com/2019/12/05/opinion/digital-technology-brain.html.

48 Ibid.

49 Gary Marcus, "AI's Jurassic Park Moment," *The Road to AI We Can Trust*, Dec. 10, 2022, garymarcus.substack.com/p/ais-jurassic-park-moment.

50 Kevin Roose, "The Brilliance and Weirdness of ChatGPT," *The New York Times*, Dec. 5, 2022, nytimes.com/2022/12/05/technology/chatgpt-ai-twitter.html.

51 Nico Grant and Cade Metz, "A New Chat Bot Is a 'Code Red' for Google's Search Business," *The New York Times*, Dec. 21, 2022, nytimes.com/2022/12/21/technology/ai-chatgpt-google-search.html; Megan Cerullo, "These Jobs Are Most Likely to Be Replaced by Chatbots Like ChatGPT," CBS News, Feb. 1, 2023, cbsnews.com/news/chatgpt-artificial-intelligence-chatbot-jobs-most-likely-to-be-replaced/; Jonathan Vanian, "Why Tech Insiders Are So Excited About ChatGPT, a Chatbot That Answers Questions and Writes Essays," CNBC, Dec. 13, 2022, cnbc.com/2022/12/13/chatgpt-is-a-new-ai-chatbot-that-can-answer-questions-and-write-essays.html; Gary Marcus, "AI Platforms Like ChatGPT Are Easy to Use but Also Potentially Dangerous," *Scientific American*, Dec. 19, 2022, scientificamerican.com/article/ai-platforms-like-chatgpt-are-easy-to-use-but-also-potentially-dangerous/.

52 Connie Loizos, "Is ChatGPT a 'Virus That Has Been Released into the Wild'?," *TechCrunch*, Dec. 9, 2022, techcrunch.com/2022/12/09/is-chatgpt-a-virus-that-has-been-released-into-the-wild/?.

거대한 풀절

53 Kevin Roose, "A Conversation with Bing's Chatbot Left Me Deeply Unsettled," *The New York Times*, Feb. 16, 2023, nytimes. com/2023/02/16/technology/bing-chatbot-microsoft-chatgpt.html; Kevin Roose, "Bing's A.I. Chat: 'I Want to Be Alive,' " *The New York Times*, Feb. 16, 2023, nytimes.com/2023/02/16/technology/bing-chatbot-transcript.html.

54 Alex Hern, " 'We've Discovered the Secret of Immortality. The Bad News Is It's Not for Us': Why the Godfather of AI Fears for Humanity," *The Guardian*, May 5, 2023, theguardian.com/ technology/2023/may/05/geoffrey-hinton-godfather-of-ai-fears-for-humanity.

55 Manuel G. Pascual, "Geoffrey Hinton: 'We Need to Find a Way to Control Artificial Intelligence Before It's Too Late,' " *El País*, May 12, 2023, english.elpais.com/science-tech/2023-05-12/geoffrey-hinton-we-need-to-find-a-way-to-control-artificial-intelligence-before-its-too-late.html.

56 Mary Shelley, *Frankenstein* (Cambridge, Mass.: MIT Press, 2017).

57 Ibid., loc. 3053.

3. 새 밀레니엄의 문화

1 W. E. B. Du Bois, *The Souls of Black Folk* (New York: Gildan Media, 2019), 13.

2 W.E.B. Du Bois, *The Autobiography of W. E. B. Du Bois* (Diasporic Africa Press, Inc., 1968), 186; John P. Pettman, "Double Consciousness," *The Stanford Encyclopedia of Philosophy* (Spring 2023), eds. Edward N. Zalta and Uri Nodelman, plato.stanford.edu/ entries/double-consciousness.

3 Henry Louis Gates Jr., "Both Sides Now," *The New York Times*, May 4, 2003, nytimes.com/2003/05/04/books/the-close-reader-both-sides-now.html.

4 Bell Hooks, "Choosing the Margin as a Space of Radical Openness," in *Yearning: Race, Gender, and Cultural Politics* (New York: Taylor & Francis, 2015), 149.

5 Marcus J. Moore, *The Butterfly Effect: How Kendrick Lamar Ignited the Soul of Black America* (New York: Atria Books, 2020), 7.

6 Sara Fischer, "Americans Are Consuming More Foreign Content Than Ever," *Axios*, Feb. 16, 2021, axios.com/2021/02/16/americans-consuming-foreign-entertainment-content; Jenna Ryu, "This Is America: 'Squid Game,' K-Beauty, and BTS—What's So Special About Korean Pop Culture?," *USA Today*, Oct. 21, 2021, usatoday.com/story/news/2021/10/21/squid-game-bts-k-beauty-why-korean-pop-culture-making-waves/8437852002/; Choe Sang-Hun, "From BTS to 'Squid Game': How South Korea Became a Cultural Juggernaut," *The New York Times*, Nov. 3, 2021, nytimes.com/2021/11/03/world/asia/squid-game-korea-bts.html.

7 "What Spotify Data Show About the Decline of English," *Economist*, Jan. 29, 2022, economist.com/interactive/graphic-detail/2022/01/29/what-spotify-data-show-about-the-decline-of-english.

8 Lucas Shaw, "The Four New Global Capitals of Music," Bloomberg, Feb. 9, 2021, bloomberg.com/graphics/pop-star-ranking/2021-february/the-four-new-global-capitals-of-music.html.

9 Carmen Chin, "BTS Make History with the Most Number One Hits on the Billboard Hot 100 This Decade," *NME*, Nov. 3, 2022, nme.com/news/music/bts-most-number-one-hits-billboard-hot-100-chart-decade-3341793.

10 Keith Caulfield, "Bad Bunny's 'Un Verano Sin Ti' Is This Year's Top Billboard 200 Album: The Year in Charts," *Billboard*, Dec. 1, 2022, billboard.com/music/chart-beat/bad-bunny-un-verano-sin-ti-top-billboard-200-album-year-charts-2022-1235176756/.

11 Julia Gray, "Iggy Pop Says Mitski Is the Most Advanced American Songwriter He Knows," *Stereogum*, June 13, 2018, stereogum.com/2001533/iggy-pop-says-mitski-is-the-most-advanced-american-songwriter-he-knows/news/.

12 Jan Kott, *Shakespeare Our Contemporary* (New York: Doubleday & Company, Inc., 1964) Trans. Boleslaw Taborski, Kindle Edition, Loc. 4168.

13 Ralph Ellison, *The Collected Essays of Ralph Ellison*, ed. John F. Callahan (New York: Modern Library, 1995), 93.

14 Ibid., 91.

15 Tom Wolfe, "Why They Aren't Writing the Great American Novel Anymore: A Treatise on the Varieties of Realistic Experience," *Esquire*, May 15, 2018, esquire.com/lifestyle/money/a20703846/

거대한 물결

tom-wolfe-new-jounalism-american-novel-essay/; Tom Wolfe, "Stalking the Billion-Footed Beast," *Harper's*, Nov. 1989, harpers. org/archive/1989/11/stalking-the-billion-footed-beast/.

16 Philip Roth, "Writing American Fiction," *Commentary*, Mar. 1961, commentary.org/articles/philip-roth/writing-american-fiction/.

17 Philip Roth, *American Pastoral* (New York: Houghton Mifflin Harcourt, 1997), 86.

18 Carl Schorske, *Fin-de-Siècle Vienna* (New York: Vintage Books, 1981), 15.

19 "Alain Robbe-Grillet," Authors Calendar.info, authorscalendar.info/ grillet.htm.

20 Fredric Jameson, "Postmodernism, or the Cultural Logic of Late Capitalism," web.education.wisc.edu/halverson/wp-content/ uploads/sites/33/2012/12/jameson.pdf.

21 Tommy Orange, *There There* (New York: Knopf Doubleday, 2018), 57.

22 Robert Palmer, *Deep Blues* (New York: Penguin Books, 1982), 17.

23 Ibid., 276. ·

24 Viet Thanh Nguyen, *The Sympathizer* (New York: Grove Press, 2015), 1.

25 " 'The Refugees' Author Says We Should All Know What It Is to Be an Outsider," *All Things Considered*, NPR, Feb. 10, 2017, npr. org/2017/02/10/513694099/the-refugees-author-says-we-should-all-know-what-it-is-to-be-an-outsider.

26 William M. Tsutsui, "Nerd Nation: Otaku and Youth Subcultures in Contemporary Japan," *Education About Asia* 13, no. 3 (Winter 2008), asianstudies.org/wp-content/uploads/nerd-nation-otaku-and-youth-subcultures-in-contemporary-japan.pdf.

27 Patrick Brzeski, "How Japanese Anime Became the World's Most Bankable Genre," *Hollywood Reporter*, May 16, 2022, hollywoodreporter.com/business/business-news/japanese-anime-worlds-most-bankable-genre-1235146810/.

28 Scott D. Pierce, "Everyone Knows 'The Twilight Zone,' Which Returns Monday. Did You Know It Was Never a Hit?," *Salt Lake Tribune*, Mar. 30, 2019, sltrib.com/artsliving/2019/03/31/everyone-knows-twilight/.

29 Charlie Jane Anders, "The Truth About What Went Wrong

with the Third Season of *Star Trek*," *Gizmodo*, Feb. 5, 2015, gizmodo.com/the-truth-about-what-went-wrong-with-the-third-season-o-1684057419/; Dusty Stowe, "Why Star Trek: The Original Series Was Cancelled After Season 3," Screen Rant, May 21, 2019, screenrant.com/star-trek-original-series-cancelled-season-3-reason-why/.

30 Archive of Our Own, archiveofourown.org.

31 Aja Romano, "The Archive of Our Own Just Won a Hugo. That's Huge for Fanfiction," Vox, Aug. 19, 2019, vox.com/2019/4/11/18292419/archive-of-our-own-wins-hugo-award-best-related-work.

32 Mariella Moon, "Netflix Says 142 Million Households Watched Korean Series 'Squid Game,' " *TechCrunch*, Oct. 20, 2021, techcrunch.com/2021/10/20/netflix-says-142-million-households-watched-korean-series-squid-game/.

33 " 'Get Out' Sprang from an Effort to Master Fear, Says Director Jordan Peele," NPR News, WBUR, Mar. 15, 2017, wbur.org/npr/520130162/get-out-sprung-from-an-effort-to-master-fear-says-director-jordan-peele.

34 "Jacob Lawrence," Art Story, theartstory.org/artist/lawrence-jacob/.

35 Smithsonian, "Obama Portrait Unveiling at the Smithsonian's National Portrait Gallery," YouTube, youtube.com/watch?v=uX8muQOfzqA; "President Obama's Speech at the Portrait Unveiling at the Smithsonian National Portrait Gallery," Simon Says, simonsaysai.com/blog/president-obamas-speech-at-the-portrait-unveiling-at-the-smithsonian-national-portrait-gallery-ea84b191df41.

36 Carol Vogel, "The Inside Story on Outsiderness," *The New York Times*, Feb. 24, 2011, nytimes.com/2011/02/27/arts/design/27ligon.html.

37 Jason Moran, "Glenn Ligon," *Interview*, May 22, 2009, interview-magazine.com/art/glenn-ligon.

38 Tim Lewis, "Ai Weiwei: 'An Artist Must Be an Activist,' " *The Guardian*, Mar. 22, 2020, theguardian.com/artanddesign/2020/mar/22/ai-weiwei-an-artist-must-be-an-activist.

39 Casey Schwartz, "Two Frenchmen Photographing for Peace," ABC News, Mar. 8, 2006, abcnews.go.com/International/story?id=2934696&page=1.

거대한 몰입

40 Luke Harding, " 'A Volatile Canvas': Banksy Bequest in Ukraine's Rubble Leaves Dilemma for Preservers," *The Guardian*, Jan. 5, 2023, theguardian.com/world/2023/jan/05/a-volatile-canvas-banksy-bequest-in-ukraines-rubble-leaves-dilemma-for-preservers.

41 "Banksy Graffiti: A Book About the Thinking Street Artist," *HuffPost*, Aug. 30, 2012, huffpost.com/entry/banksy-graffiti-book_n_1827644.

42 Simon Hattenstone, "Something to Spray," *The Guardian*, July 17, 2003, theguardian.com/artanddesign/2003/jul/17/art.artsfeatures.

43 Manas Sen Gupta, "10 Most Expensive Banksy Artworks Sold at Auctions," Lifestyle Asia, Jan. 16, 2022, lifestyleasia.com/kl/culture/art/most-expensive-banksy-art/.

44 Sebastián Vargas, "Seizing Public Space," D+C, Oct. 30, 2015, dandc.eu/en/article/politically-relevant-street-art-has-long-tradition-latin-america; Emma Freedman, "Giving a Voice to the Voiceless: Street Art as a Form of Political Protest," Panoramas, Apr. 26, 2016, panoramas.secure.pitt.edu/art-and-culture/giving-voice-voiceless-street-art-form-political-protest/.

45 Katie Honan and Coulter Jones, "New York City Businesses Fret as Graffiti-Removal Program Is Axed," *Wall Street Journal*, July 19, 2020, wsj.com/articles/new-york-city-businesses-fret-as-graffiti-removal-program-is-axed-11595178000.

46 Jessica Stewart, "Breonna Taylor Commemorated with 7,000-Square-Foot Mural," My Modern Met, July 20, 2020, mymodernmet.com/breonna-taylor-mural-future-history-now.

47 Charles Passy, "George Floyd's Family Says His Iconic Selfie 'Symbolizes Who He Was'—and Helped Shape the Racial-Justice Narrative," MarketWatch, May 26, 2022, marketwatch.com/story/george-floyds-family-says-his-iconic-selfie-symbolizes-who-he-was-and-helped-shape-the-racial-justice–narrative-11653082948.

48 Alexandra Hurtado, "30 Powerful Black Lives Matter Murals from All Over the World You Really Need to See," *Parade*, Mar. 25, 2021, parade.com/1048964/alexandra-hurtado/black-lives-matter-street-art-dc-berlin; Shauna Beni, "Black Lives Matter Murals Around the World, from Kenya to Ireland," *Condé Nast Traveler*, July 30, 2020, cntraveler.com/gallery/black-lives-matter-murals-around-the-world-from-kenya-to-ireland/; Wyatte Grantham-Philips, "Powerful Photos Show 'Black Lives Matter' Painted Across Streets

Nationwide," *USA Today*, June 19, 2020, usatoday.com/story/news/ nation/2020/06/17/black-lives-matter-painted-city-streets-see-art-nyc-washington/3204742001/; Emily Rumball, "Murals Honoring George Floyd Are Being Painted Around the World," *DH News*, June 8, 2020, dailyhive.com/seattle/george-floyd-murals-around-the-world.

49 Jessica Stewart, "Powerful BLM Video Projections Help Reclaim Controversial Robert E. Lee Monument," My Modern Met, July 28, 2020, mymodernmet.com/light-projections-robert-e-lee-memorial.

50 "The 25 Most Influential Works of American Protest Art Since World War II," *The New York Times*, Oct. 15, 2020, nytimes. com/2020/10/15/t-magazine/most-influential-protest–art.html.

4. 깨진 창과 슬라이딩 도어

1 Maggie Astor, "How the Politically Unthinkable Can Become Mainstream," *The New York Times*, Feb. 26, 2019, nytimes. com/2019/02/26/us/politics/overton-window-democrats.html; "The Overton Window," Mackinac Center for Public Policy, mackinac.org/ OvertonWindow; Jason Deparle, "Right-of-Center Guru Goes Wide with the Gospel of Small Government," *The New York Times*, Nov. 17, 2006, nytimes.com/2006/11/17/us/politics/rightofcenter-guru-goes-wide-with-the-gospel-of-small.html.

2 Francesca Willow, "What Is the Overton Window & Why It Matters for Climate Justice Activism," Ethical Unicorn, June 11, 2022, ethicalunicorn.com/2022/06/11/what-is-the-overton-window-why-it-matters-for-climate-justice-activism.

3 Whit Gibbons, "The Legend of the Boiling Frog Is Just a Legend," Savannah River Ecology Laboratory, University of Georgia, Dec. 23, 2007, archive-srel.uga.edu/outreach/ecoviews/ecoview071223.htm.

4 Nick Obradovich and Frances C. Moore, "The Data Is In. Frogs Don't Boil. But We Might," *The Washington Post*, Feb. 25, 2019, washingtonpost.com/weather/2019/02/25/data-are-frogs-dont-boil-we-might/; Frances C. Moore et al., "Rapidly Declining Remarkability of Temperature Anomalies May Obscure Public Perception of Climate Change," *PNAS*, Feb. 25, 2019, pnas.org/doi/10.1073/

pnas.1816541116.

5   Wilson Andrews, Kitty Bennett, and Alicia Parlapiano, "2016 Delegate Count and Primary Results," *The New York Times*, updated July 5, 2016, nytimes.com/interactive/2016/us/elections/primary-calendar-and-results.html.

6   Amelia Malpas, "Win or Lose, Progressive Challengers Have Influenced the Democrats' Agenda," *The Washington Post*, Sept. 30, 2022, washingtonpost.com/politics/2022/09/30/progressives-democrats-the-squad-socialists/.

7   Jim Tankersley and Ben Casselman, "Wealth Tax and Free College Get Poll Support. Democrats Worry It Won't Last," *The New York Times*, July 21, 2019, nytimes.com/2019/07/21/business/wealth-tax-polling-democrats.html.

8   Elizabeth Dohms-Harter, "Wisconsin Conservative Voice Charlie Sykes Is Voting for Joe Biden," *The Morning Show*, WPR, Sept. 9, 2020, wpr.org/wisconsin-conservative-voice-charlie-sykes-voting-joe-biden/.

9   Anna Lührmann et al., "New Global Data on Political Parties: V-Party," Briefing Paper no. 9, V-Dem Institute, Oct. 26, 2020, v-dem.net/static/website/img/refs/vparty_briefing.pdf.

10   Ian Crouch, "Keurig, Papa John's, and the Politicization of American Junk," *The New Yorker*, Nov. 14, 2017, newyorker.com/culture/culture-desk/keurig-papa-johns-and-the-politicization-of-american-junk.

11   Katie Mettler, "We Live in Crazy Times: Neo-Nazis Have Declared New Balance the 'Official Shoes of White People,'" *The Washington Post*, Nov. 15, 2016, washingtonpost.com/news/morning-mix/wp/2016/11/15/the-crazy-reason-neo-nazis-have-declared-new-balance-the-official-shoes-of-white-people/; Ben Popken, "New Balance Rebukes White Supremacists for Adopting Its Sneakers as Hate Symbol," NBC News, Nov. 16, 2016, nbcnews.com/business/consumer/new-balance-rebukes-white-supremacists-adopting-its-sneakers-hate-symbol-n684776; Cam Wolf, "New Balance, Under Armour, and the Year That Sneakers Got Political," *GQ*, Dec. 22, 2017, gq.com/story/new-balance-sneakers-politics-2017.

12   Dan Berman, "Roll Call: Republicans Who Voted for the Bill," *Politico*, June 27, 2013, politico.com/story/2013/06/immigration-

roll-call-vote-093531; Christopher Parker, "The (Real) Reason Why the House Won't Pass Comprehensive Immigration Reform," Brookings, Aug. 4, 2014, brookings.edu/blog/fixgov/2014/08/04/the-real-reason-why-the-house-wont-pass-comprehensive-immigration-reform/.

13   Jeffrey M. Jones, "Democratic, Republican Confidence in Science Diverges," Gallup, July 16, 2021, news.gallup.com/poll/352397/democratic-republican-confidence-science-diverges.aspx.

14   Rani Molla, "Polling Is Clear: Americans Want Gun Control," Vox, June 1, 2022, vox.com/policy-and-politics/23141651/gun-control-american-approval-polling/.

15   Neal Devins and Lawrence Baum, "Split Definitive: How Party Polarization Turned the Supreme Court into a Partisan Court," *Supreme Court Review* 2016, no. 1 (2017), journals.uchicago.edu/doi/pdf/10.1086/691096.

16   "Majority of Public Disapproves of Supreme Court's Decision to Overturn Roe v. Wade," Pew Research Center, July 6, 2022, pewresearch.org/politics/2022/07/06/majority-of-public-disapproves-of-supreme-courts-decision-to-overturn-roe-v-wade/.

17   "Supreme Court Strips Federal Government of Crucial Tool to Control Pollution," *The New York Times*, June 30, 2022, nytimes.com/live/2022/06/30/us/supreme-court-epa.

18   Alec Tyson and Brian Kennedy, "Two-Thirds of Americans Think Government Should Do More on Climate," Pew Research Center, June 23, 2020, pewresearch.org/science/2020/06/23/two-thirds-of-americans-think-government-should-do-more-on-climate/.

19   Sandra Day O'Connor, *The Majesty of the Law* (New York: Random House, 2003), 166–67. See also Linda Greenhouse, "The Supreme Court: The Justices; Context and the Court," *The New York Times*, June 25, 2003, nytimes.com/2003/06/25/us/the-supreme-court-the-justices-context-and-the-court.html.

20   Jeffrey M. Jones, "Confidence in U.S. Supreme Court Sinks to Historic Low," Gallup, June 23, 2022, news.gallup.com/poll/394103/confidence-supreme-court-sinks-historic-low.aspx.

21   Washington's Farewell Address, govinfo.gov/content/pkg/GPO-CDOC-106sdoc21/pdf/GPO–CDOC-106sdoc21.pdf.

22   "Democracy Facing Global Challenges: V-Dem Annual Democracy

Report 2019," V-Dem Institute, May 2019, v-dem.net/static/website/
files/dr/dr_2019.pdf.

23 Milan W. Svolik, "Polarization Versus Democracy," *Journal of
    Democracy* 30, no. 3 (July 2019): 20–32, journalofdemocracy.org/
    articles/polarization-versus-democracy/.

24 Kristen Holmes, "Trump Calls for the Termination of the Constitution
    in Truth Social Post," CNN, Dec. 4, 2022, cnn.com/2022/12/03/
    politics/trump-constitution-truth-social/index.html.

25 Sarah Mervosh, "DeSantis Faces Swell of Criticism over Florida's
    New Standards for Black History," *The New York Times*, July 21,
    2012, nytimes.com/2023/07/21/us/desantis-florida-black-history-
    standards.html; Antonio Planas, "New Florida Standards Teach
    Students That Some Black People Benefited from Slavery Because It
    Taught Useful Skills," NBC News, July 20, 2023, nbcnews.com/news/
    us-news/new-florida-standards-teach-black-people-benefited-
    slavery-taught-usef-rcna95418.

26 Zack Beauchamp, "Ron DeSantis Is Following a Trail Blazed by a
    Hungarian Authoritarian," Vox, Apr. 28, 2022, vox.com/policy-and-
    politics/2022/4/28/23037788/ron-desantis-florida-viktor-orban-
    hungary-right-authoritarian.

27 James Pogue, "Inside the New Right, Where Peter Thiel Is
    Placing His Biggest Bets," *Vanity Fair*, May 2022, vanityfair.com/
    news/2022/04/inside-the-new-right-where-peter-thiel-is-placing-his-
    biggest-bets/.

28 Bob Woodward, "In His Debut in Washington's Power Struggles,
    Gingrich Threw a Bomb," *The Washington Post*, Dec. 24, 2011,
    washingtonpost.com/politics/in-his-debut-in-washingtons-power-
    struggles-gingrich-threw-a-bomb/2011/12/22/gIQA6GKCGP_story.
    html.

29 James Salzer, "Gingrich's Language Set New Course," *The
    Atlanta Journal-Constitution*, July 5, 2016, ajc.com/news/
    local-govt--politics/gingrich-language-set-new-course/
    O5bgK6lY2wQ3KwEZsYTBlO; excerpt from the Gopac pamphlet
    "Language: A Key Mechanism of Control," University of Houston
    online, uh.edu/~englin/rephandout.html.

30 Suzanne Goldenberg, "Tea Party Movement: Billionaire Koch
    Brothers Who Helped It Grow," *The Guardian*, Oct. 13, 2010,

theguardian.com/world/2010/oct/13/tea-party-billionaire-koch-brothers; Tim Mak, "Koch Brothers, Behind Tea Party Wave, Face Democrats' Rising Tide in 2018," *All Things Considered*, NPR, Jan. 30, 2018, npr.org/2018/01/30/581730998/koch-brothers-behind-tea-party-wave-face-democrats-rising-tide–in-2018/.

31 Joshua Green, *Devil's Bargain: Steve Bannon, Donald Trump, and the Nationalist Uprising* (New York: Penguin Books, 2017), 146.

32 Ibid., 146.

33 Alex Krasodomski-Jones, "What Does the Alt-Right Do Now That 'God Emperor' Trump Won?," CNN, Nov. 15, 2016, cnn.com/2016/11/14/opinions/what-next-alt-right-krasodomski-jones-opinion/.

34 Alice Marwick and Becca Lewis, "The Online Radicalization We're Not Talking About," *New York*, May 18, 2017, nymag.com/intelligencer/2017/05/the-online-radicalization-were-not-talking-about.html; Alice Marwick and Rebecca Lewis, *Media Manipulation and Disinformation Online*, Data & Society, datasociety.net/pubs/oh/DataAndSociety_MediaManipulationAndDisinformationOnline.pdf.

35 Daniel Cox and Robert P. Jones, "America's Changing Religious Identity," PRRI, Sept. 6, 2017, prri.org/research/american-religious-landscape-christian-religiously-unaffiliated/; Ed Kilgore, "White Evangelicals Now Outnumbered by Mainline Protestants in U.S.," *New York*, July 8, 2021, nymag.com/intelligencer/2021/07/white-mainline-protestants-outnumber-evangelicals-survey.html.

36 Paul Waldman, "Why Republicans Are Excited About a Culture War They Know They're Losing," *The Washington Post*, Mar. 18, 2022, washingtonpost.com/opinions/2022/03/18/republicans-losing-culture-war/.

37 Staff of the Klanwatch Project, "Ku Klux Klan: A History of Racism," Southern Poverty Law Center, Mar. 1, 2011, splcenter.org/20110228/ku-klux-klan-history-racism.

38 Joshua D. Rothman, "When Bigotry Paraded Through the Streets," *The Atlantic*, Dec. 4, 2016, theatlantic.com/politics/archive/2016/12/second-klan/509468/.

39 Saeed Ahmed, "There Are Certain Moments in US History When Confederate Monuments Go Up," CNN, Aug. 16, 2017, cnn.

com/2017/08/16/us/confederate-monuments-backlash-chart-trnd/;
Becky Little, "How the US Got So Many Confederate Monuments,"
History, Sept. 8, 2021, history.com/news/how-the-u-s-got-so-many-
confederate-monuments; Becca Stanek, "Striking Graphic Reveals
the Construction of Confederate Monuments Peaked During the
Jim Crow and Civil Rights Eras," *Week*, Aug. 15, 2017, theweek.
com/speedreads/718507/striking-graphic-reveals-construction-
confederate-monuments-peaked-during-jim-crow-civil-rights-eras/.

40 James M. Naughton, "Nixon Slide from Power: Backers Gave Final
Push," *The New York Times*, Aug. 12, 1974, nytimes.com/1974/08/12/
archives/nixon-slide-from-power-backers-gave-final-push-former-
defenders.html.

41 Erick Trickey, "Long Before QAnon, Ronald Reagan and the GOP
Purged John Birch Extremists from the Party," *The Washington Post*,
Jan. 15, 2021, washingtonpost.com/history/2021/01/15/john-birch-
society-qanon-reagan-republicans-goldwater/.

42 James Wilson, "White Nationalist Hate Groups Have Grown 55% in
Trump Era, Report Finds," *The Guardian*, Mar. 18, 2020, theguardian.
com/world/2020/mar/18/white-nationalist-hate-groups-southern-
poverty-law-center/; "The Year in Hate & Extremism Report 2021,"
Southern Poverty Law Center, Mar. 9, 2022, splcenter.org/ 20220309/
year -hate -extremism -report -2021.

43 Eileen Sullivan and Katie Benner, "Top Law Enforcement Officials
Say the Biggest Domestic Terror Threat Comes from White
Supremacists," *The New York Times*, May 12, 2021, nytimes.
com/2021/05/12/us/politics/domestic-terror-white-supremacists.
html.

44 splcenter.org/hatewatch/2022/05/17/racist-great-replacement-
conspiracy-theory-explained.

45 nytimes.com/ 2022/05/15/us/replacement-theory-shooting-tucker-
carlson.html.

46 Stephen Neukam, "Trump Opens Campaign Rally with Song
Featuring Jan. 6 Defendants," *Hill*, Mar. 26, 2023, thehill.com/
homenews/campaign/3918877-trump-opens-campaign-rally-with-
song-featuring-jan-6-defendants/; Rob Garver, "Trump Celebrates
Jan. 6 Attack in Large Campaign Rally," VOA, Mar. 27, 2023,
voanews.com/a/trump-celebrates-jan-6-attack-in-large-campaign-

rally/7024839.html.

47 Elaine Godfrey, "Trump Begins the 'Retribution' Tour," *The Atlantic*, Mar. 26, 2023, theatlantic.com/politics/archive/2023/03/donald-trump-rally-waco-2024-campaign/673526/.

48 Gram Slattery, "North Carolina Reports Possible Voter Intimidation, Threats Ahead of Midterm Elections," Reuters, Nov. 4, 2022, reuters.com/world/us/north-carolina-reports-possible-voter-intimidation-threats-ahead-midterms-2022-11-04/.

49 Linda So, "Trump-Inspired Death Threats Are Terrorizing Election Workers," Reuters, June 11, 2021, reuters.com/investigates/special-report/usa-trump-georgia-threats/.

50 Ruby Edlin and Turquoise Baker, "Poll of Local Election Officials Finds Safety Fears for Colleagues—and Themselves," Brennan Center for Justice, Mar. 10, 2022, brennancenter.org/our-work/analysis-opinion/poll-local-election-officials-finds-safety-fears-colleagues-and.

51 Blake Hounshell and Leah Askarinam, "How Many Americans Support Political Violence?," *The New York Times*, Jan. 5, 2022, nytimes.com/2022/01/05/us/politics/americans-political-violence-capitol-riot.html; Daniel A. Cox, "After the Ballots Are Counted: Conspiracies, Political Violence, and American Exceptionalism," Survey Center on American Life, Feb. 11, 2021, americansurveycenter.org/research/after-the-ballots-are-counted-conspiracies-political-violence-and-american-exceptionalism/.

52 Elisabeth Zerofsky, "How the Claremont Institute Became a Nerve Center of the American Right," *The New York Times Magazine*, Aug. 3, 2022, nytimes.com/2022/08/03/ magazine/claremont-institute-conservative.html.

53 Jacob Siegel, "The Red-Pill Prince," *Tablet*, Mar. 30, 2022, tabletmag.com/sections/news/articles/red-pill-prince-curtis-yarvin.

54 Shaun Walker, "Viktor Orbán Sparks Outrage with Attack on 'Race Mixing' in Europe," *The Guardian*, July 24, 2022, theguardian.com/world/2022/jul/24/viktor-orban-against-race-mixing-europe-hungary/; Patrick Smith, "Why Trump and the GOP Love Hungary's Authoritarian Leader," NBC News, Aug. 4, 2022, nbcnews.com/news/world/viktor-orban-cpac-trump-gop-hungary-leader-rcna40199/; David Smith, "Viktor Orbán Turns Texas Conference

into Transatlantic Far-Right Love-In," *The Guardian*, Aug. 6, 2022, theguardian.com/us-news/2022/aug/06/viktor-orban-cpac-far-right-us-trump/.

55 James Pogue, "Inside the New Right, Where Peter Thiel Is Placing His Biggest Bets," *Vanity Fair*, Apr. 20, 2022, vanityfair.com/news/2022/04/inside-the-new-right-where-peter-thiel-is-placing-his-biggest-bets.

56 Donald B. Ayer and Alan Charles Raul, "Naked Republican Hypocrisy Is Destroying Trust in Supreme Court: Reagan, Bush Lawyers," *USA Today*, Oct. 12, 2020, usatoday.com/story/opinion/2020/10/12/republican-mcconnell-hypocrisy-destroying-supreme-court-column/5966069002/.

57 Derek Robertson, "How 'Owning the Libs' Became the GOP's Core Belief," *Politico Magazine*, Mar. 21, 2021, politico.com/news/magazine/2021/03/21/owning-the-libs-history-trump-politics-pop-culture-477203.

58 Erica Chenoweth, "The Trump Years Launched the Biggest Sustained Protest Movement in U.S. History. It's Not Over," *The Washington Post*, Feb. 8, 2021, washingtonpost.com/politics/2021/02/08/trump-years-launched-biggest-sustained-protest-movement-us-history-its-not-over/; Crowd Counting Consortium, sites.google.com/view/crowdcountingconsortium/home.

5. 저항군의 반격

1 Simon Black, "The Importance of Making Trouble: In Conversation with Frances Fox Piven," *Canadian Dimension*, July 26, 2016, canadiandimension.com/articles/view/the-importance-of-making-trouble-in-conversation-with-frances-fox-piven/; Mie Inouye, "Frances Fox Piven on Why Protesters Must 'Defend Their Ability to Exercise Disruptive Power,' " *Jacobin*, June 17, 2020, jacobin.com/2020/06/frances-fox-piven-protests-movement-racial-justice/.

2 Inouye, "Frances Fox Piven on Why Protesters Must 'Defend Their Ability to Exercise Disruptive Power.' "

3 National Data: Deaths, COVID Tracking Project at The Atlantic, covidtracking.com/data/national/deaths/.

4   Heather Long and Andrew Van Dam, "U.S. Unemployment Rate Soars to 14.7 Percent, the Worst Since the Depression Era," *The Washington Post*, May 8, 2020, washingtonpost.com/business/2020/05/08/april-2020-jobs-report/.

5   Alex Altman, "Why the Killing of George Floyd Sparked an American Uprising," *Time*, June 4, 2020, time.com/5847967/george-floyd-protests-trump/.

6   Larry Buchanan, Quoctrung Bui, and Jugal K. Patel, "Black Lives Matter May Be the Largest Movement in U.S. History," *The New York Times*, July 3, 2020, nytimes.com/interactive/2020/07/03/us/george-floyd-protests-crowd-size.html.

7   Giovanni Russonello, "Why Most Americans Support the Protests," *The New York Times*, June 5, 2020, nytimes.com/2020/06/05/us/politics/polling-george-floyd-protests-racism.html; Zeynep Tufekci, "Do Protests Even Work?," *The Atlantic*, June 24, 2020, theatlantic.com/technology/archive/2020/06/why-protests-work/613420/.

8   Martin Luther King Jr., "Letter from Birmingham Jail," Apr. 16, 1963, Bill of Rights Institute, billofrightsinstitute.org/primary-sources/letter-from-birmingham-jail.

9   Angela Davis, interview, Channel 4 News, YouTube, youtube.com/watch?v=peyv1-a48qk.

10 Erica Chenoweth and Jeremy Pressman, "This Is What We Learned by Counting the Women's Marches," *The Washington Post*, Feb. 7, 2017, washingtonpost.com/news/monkey-cage/wp/2017/02/07/this-is-what-we-learned-by-counting-the-womens-marches/.

11 German Lopez, "It's Official: March for Our Lives Was One of the Biggest Youth Protests Since the Vietnam War," Vox, Mar. 26, 2018, vox.com/policy-and-politics/2018/3/26/17160646/march-for-our-lives-crowd-size-count/.

12 Mary Jordan and Scott Clement, "Rallying Nation," *The Washington Post*, Apr. 6, 2018, washingtonpost.com/news/national/wp/2018/04/06/feature/in-reaction-to-trump-millions-of-americans-are-joining-protests-and–getting-political/.

13 Susannah Savage, "Protests over Food and Fuel Surged in 2022—the Biggest Were in Europe," *Politico*, Jan. 17, 2023, politico.eu/article/energy-crisis-food-and-fuel-protests-surged-in-2022-the-biggest-were-in-europe/.

거대한 물결

14   Michael Hais and Morley Winograd, "The Future Is Female: How the Growing Political Power of Women Will Remake American Politics," Brookings, Feb. 19, 2020, brookings.edu/blog/fixgov/2020/02/19/the-future-is-female-how-the-growing-political-power-of-women-will-remake-american-politics/.

15   Leah Gose and Theda Skocpol, "Resist, Persist, and Transform: The Emergence and Impact of Grassroots Resistance Groups Opposing the Trump Presidency," Harvard University, scholar.harvard.edu/files/thedaskocpol/files/resist_persist_and_transform_3-21-19_.ap_.pdf.

16   Li Zhou, "A Historic New Congress Will Be Sworn in Today," Vox, Jan. 3, 2019, vox.com/2018/12/6/18119733/congress-diversity-women-election-good-news/; Samantha Cooney, "Here Are Some of the Women Who Made History in the Midterm Elections," Time, Nov. 19, 2018, time.com/5323592/2018-elections-women-history-records/; Leslie Shapiro et al., "125 Women Won Their Elections," The Washington Post, Nov. 6, 2018, washingtonpost.com/graphics/2018/politics/women-congress-governor/?noredirect=on&utm_term=.0f83e54ccb69/ .

17   Peter Kenyon, "Iran Demonstrators Vow to Continue Protests Despite Ongoing Crackdowns," NPR, Jan. 6, 2023, npr.org/2023/01/06/1147376644/iran-protests-crackdown-mahsa-amini/; Nilo Tabrizy, Atthar Mirza, and Babak Dehghanpisheh, "Videos Show Evidence of Escalating Crackdown on Iranian Protests," The Washington Post, Feb. 2, 2023, washingtonpost.com/world/2023/02/02/iran-protests-government/; Farnaz Fassihi and Cora Engelbrecht, "Three More Executed in Iran over Protests," The New York Times, May 22, 2023, nytimes.com/article/iran-protests-death-sentences-executions.html.

18   Vivian Yee and Farnaz Fassihi, " 'They Have Nothing to Lose': Why Young Iranians Are Rising Up Once Again," The New York Times, Sept. 24, 2022, nytimes.com/2022/09/24/world/middleeast/iran-protests-raisi-khamenei-hijab.html; Jessie Yeung et al., "Iranian Women Burn Their Hijabs as Hundreds Protest Death of Mahsa Amini," CNN, Sept. 21, 2022, cnn.com/2022/09/21/middleeast/iran-mahsa-amini-death widespread-protests-intl-hnk.

19   Erica Chenoweth and Zoe Marks, "Revenge of the Patriarchs: Why

Autocrats Fear Women," *Foreign Affairs*, Feb. 8, 2022, foreignaffairs. com/articles/china/2022-02-08/women-rights-revenge-patriarchs.

20 Andrew Ross Sorkin, "Occupy Wall Street: A Frenzy That Fizzled," *The New York Times*, Sept. 17, 2012, archive.nytimes.com/dealbook. nytimes.com/2012/09/17/occupy-wall-street-a-frenzy-that-fizzled/.

21 Nina Mandell, "Occupy Atlanta Offshoot of Wall Street Protest Denies Rep. John Lewis Chance to Speak at Gathering," *Daily News*, Oct. 10, 2011, protect-us.mimecast.com/s/Z9Y-CrkY5gI8QVo11h3Di9-J?domain=nydailynews.com; Andrew Anthony, " 'We Showed It Was Possible to Create a Movement from Almost Nothing': Occupy Wall Street 10 Years On," *The Guardian*, Sept. 12, 2021, theguardian.com/ us-news/2021/sep/12/occupy-wall-street-10-years-on/; Joan Walsh, "The Man Who Blocked John Lewis Speaks," *Salon*, Oct. 13, 2011, salon.com/2011/10/13/the_man_who_blocked_john_lewis_speaks/.

22 Michael Levitin, *Generation Occupy: Reawakening American Democracy* (Berkeley, California: Counterpoint, 2021, Kindle edition, pp. 212–13.

23 Ibid., 126–27.

24 Irving Howe, "The Decade That Failed," *The New York Times*, Sept. 19, 1982, nytimes.com/1982/09/19/magazine/the-decade-that-failed.html.

25 Maya King, "How Stacey Abrams and Her Band of Believers Turned Georgia Blue," *Politico*, Nov. 8, 2020, politico.com/news/2020/11/08/ stacey-abrams-believers-georgia-blue-434985.

26 Maya King, "Black Lives Matter Launches a Political Action Committee," *Politico*, Oct. 9, 2020, politico.com/news/2020/10/09/ black-lives-matter-pac-428403; Erin Aubry Kaplan, "Black Lives Matter as Electoral Powerhouse," *American Prospect*, Nov. 17, 2020, prospect.org/politics/black-lives-matter-as-electoral-powerhouse/.

27 Alicia Garza, *The Purpose of Power: How We Come Together When We Fall Apart* (New York: One World, 2021), 137.

28 Ibid., 216.

29 Michael Levitin, "Occupy Wall Street Did More Than You Think," *The Atlantic*, Sept. 14, 2021, theatlantic.com/ideas/archive/2021/09/ how-occupy-wall-street-reshaped-america/620064/; Susan Berfield, "Wal-Mart's Black Friday Strikes: Are the Workers Already Winning?," Bloomberg, Nov. 28, 2014, bloomberg.com/news/

articles/2014-11-28/wal-mart-black-friday-strikes-are-the-workers-already-winning #xj4y7vzkg?leadSource=uverify%20wall; Michael Sainato, "US Retail Employees Call Out Working Conditions with Black Friday Protests," *The Guardian*, Nov. 29, 2019, theguardian.com/business/2019/nov/29/black-friday-protests-working-conditions-labor-issues/.

30 Steven Greenhouse, "Young Workers Are Organizing. Can Their Fervor Save Unions?," *The Washington Post*, Sept. 2, 2022, washingtonpost.com/outlook/2022/09/02/young-workers-unions-starbucks-amazon/.

31 Bureau of Labor Statistics, "Union Members—2017," press release, Jan. 19, 2018, bls.gov/news.release/archives/union2_01192018.pdf.

32 Caroline O'Donovan, "Facebook Played a Pivotal Role in the West Virginia Teacher Strike," *BuzzFeed News*, Mar. 7, 2018, buzzfeednews.com/article/carolineodonovan/facebook-group-west-virginia-teachers-strike/; Gregory Krieg, "Is the West Virginia Teachers' Strike the Future of American Labor?," CNN, Mar. 5, 2018, cnn.com/2018/03/05/politics/west-virginia-teachers-strike-future-unions/index.html; Andrew Van Dam, "Teacher Strikes Made 2018 the Biggest Year for Worker Protest in a Generation," *The Washington Post*, Feb. 14, 2019, washingtonpost.com/us-policy/2019/02/14/with-teachers-lead-more-workers-went-strike-than-any-year-since/; Dana Goldstein, "Teachers in Oklahoma and Kentucky Walk Out: 'It Really Is a Wildfire,' " *The New York Times*, Apr. 2, 2018, nytimes.com/2018/04/02/us/teacher-strikes-oklahoma-kentucky.html.

33 Laura Spinney, *Pale Rider: The Spanish Flu of 1918 and How It Changed the World* (New York: PublicAffairs, 2017), Kindle edition, pp. 253, 255.

34 Steven Greenhouse, "Op-Ed: A New Generation Is Reviving Unions. The Old Guard Could Help," *Los Angeles Times*, May 23, 2022, latimes.com/opinion/story/2022-05-23/starbucks-amazon-apple-union-campaigns-history/.

35 Abigail Higgins, "More Starbucks Stores Want to Unionize. These Women and Nonbinary Workers Are Leading the Push," *The Washington Post*, Mar. 4, 2022, washingtonpost.com/lifestyle/2022/03/04/starbucks-employees-unionizing/; Megan

Brenan, "Approval of Labor Unions at Highest Point Since 1965," Gallup, Sept. 2, 2021, news.gallup.com/poll/354455/approval-labor-unions-highest-point-1965.aspx.

36   Ahiza García-Hodges, "Biden's Vow to Be 'Most Pro-union President' Tested in First Year," NBC News, Jan. 20, 2022, nbcnews.com/business/economy/bidens-vow-union-president-tested-first-year-rcna12791.

37   Simmone Shah, "The Writers Strike Is Taking a Stand on AI," *Time*, May 4, 2023, time.com/6277158/writers-strike-ai-wga-screenwriting/; Mia Galuppo, "All the Actors Strike Questions You Were Afraid to Ask," *The Hollywood Reporter*, July 20, 2023, hollywoodreporter.com/business/business-news/sag-actors-strike-faq–questions-1235538870/.

38   Charlotte Alter, "He Came Out of Nowhere and Humbled Amazon. Is Chris Smalls the Future of Labor?," *Time*, Apr. 25, 2022, time.com/6169185/chris-smalls-amazon-labor-union/; "We're Organizing Unions at Amazon and Starbucks. We Won't Back Down," interview with Christian Smalls and Jaz Brisack, *Jacobin*, May 26, 2022, jacobin.com/2022/05/amazon-starbucks-labor-union-busting-nlrb; Jodi Kantor and Karen Weise, "How Two Best Friends Beat Amazon," *The New York Times*, Apr. 2, 2022, nytimes.com/2022/04/02/business/amazon-union-christian-smalls.html.

39   Amelia Lucas, "Here's a Map of Starbucks Stores That Voted to Unionize," CNBC, Dec. 9, 2022, cnbc.com/2022/12/09/map-of-starbucks-stores-that-voted-to-unionize.html; "These Baristas Take You Inside the Union Fight Against the US's Largest Coffee Chain," CNN Business, cnn.com/videos/business/2022/11/01/starbucks-union-buffalo-memphis-store-vote-risk-takers-orig.cnn-business.

40   Walter Orechwa, "What Can We Learn from TikTok, Free Weed, and an Amazon Union Campaign?," Projections, projectionsinc.com/what-we-learn-from-amazons-union-campaign/; Rani Molla, "How a Bunch of Starbucks Baristas Built a Labor Movement," *Vox*, Apr. 8, 2022, vox.com/recode/22993509/starbucks-successful-union-drive/.

41   Abigail Johnson Hess, "The 2020 Election Shows Gen Z's Voting Power for Years to Come," CNBC, Nov. 18, 2020, cnbc.com/2020/11/18/the-2020-election-shows-gen-zs-voting-power-for-years-to-come.html.

거대한 물결

42 Charlotte Alter, "How Millennial Leaders Will Change America," *Time*, Jan. 23, 2020, time.com/magazine/us/5770116/february-3rd-2020-vol-195-no-3-u-s/.

43 Kim Parker, Nikki Graf, and Ruth Igielnik, "Generation Z Looks a Lot Like Millennials on Key Social and Political Issues," Pew Research Center, Jan. 17, 2019, pewresearch.org/social-trends/2019/01/17/generation-z-looks-a-lot-like-millennials-on-key-social-and-political-issues/; "On the Cusp of Adulthood and Facing an Uncertain Future: What We Know About Gen Z So Far," Pew Research Center, May 14, 2020, pewresearch.org/social-trends/2020/05/14/on-the-cusp-of-adulthood-and-facing-an-uncertain-future-what-we-know-about-gen-z-so-far-2/.

44 Ronald Brownstein, "The GOP's Demographic Doom," *The Atlantic*, Oct. 23, 2020, theatlantic.com/politics/archive/2020/10/millennials-and-gen-z-will-soon-dominate-us-elections/616818/; Rob Griffin, William H. Frey, and Ruy Teixeira, "America's Electoral Future: The Coming Generational Transformation," Center for American Progress, Oct. 19, 2020, americanprogress.org/article/americas-electoral-future-3/.

45 Andrew B. Lewis, *The Shadows of Youth: The Remarkable Journey of the Civil Rights Generation* (New York: Hill and Wang, 2009), 301–2.

46 Ibid., 305.

47 Martin Luther King Jr., "I Have a Dream," Aug. 28, 1963, American Rhetoric, americanrhetoric.com/speeches/mlkihaveadream.htm.

48 Tony Judt, *Ill Fares the Land* (New York: Penguin Press, 2010), 163.

49 Abraham Lincoln, Gettysburg Address, Nov. 19, 1863, abrahamlincolnonline.org/lincoln/speeches/gettysburg.htm.

50 King, "I Have a Dream."

51 Ron Fournier, "Obama's New American Exceptionalism," *The Atlantic*, July 28, 2016, theatlantic.com/politics/archive/2016/07/obamas-new-american-exceptionalism/493415/.

52 Ruth Umoh, "Barack Obama on Success: Not a Marathon or Sprint, but a 'Relay Race,'" CNBC, Dec. 27, 2017, cnbc.com/2017/12/27/barack-obama-to-prince-harry-leadership-success-is-a-relay-race.html.

53 Barack Obama, "Remarks at the Selma Voting Rights March

미주

Commemoration in Selma, Alabama," Mar. 4, 2007, presidency. ucsb.edu/documents/remarks-the-selma-voting-rights-march-commemoration-selma-alabama.

54 John Lewis, *Across That Bridge: Life Lessons and a Vision for Change* (New York: Grand Central Publishing, 2012), Kindle edition, p.15.

6. 불법 국가

1   Alessandra Stanley, "This Thing of Ours, It's Over," *The New York Times*, Apr. 8, 2007, nytimes.com/2007/04/08/arts/television/08stan. html.

2   "Frank Sobotka," IMDb, imdb.com/title/tt0749423/characters/ nm0061777.

3   Andrew Unterberger, "*The Sopranos* Is the Hottest Show of 2020," *GQ*, May 8, 2020, gq.com/story/the-sopranos-is-the-hottest-show-of-2020.

4   *The Sopranos*, "Pilot," season 1, episode 1, aired Jan. 10, 1999, on HBO.

5   *The Sopranos*, "Made in America," season 6, episode 21, aired June 10, 2007, on HBO.

6   Alexis de Tocqueville, *Democracy in America*, trans. Henry Reeve, vol. 2 (New York: Penguin Books, 2014); Kindle edition: Digireads. com Publishing, 2016), p.5.

7   Tami Luhby, "Many Millennials Are Worse Off Than Their Parents—a First in American History," CNN, Jan. 11, 2020, cnn.com/2020/01/11/ politics/millennials-income-stalled-upward-mobility-us/index.html.

8   Brett Martin, *Difficult Men: Behind the Scenes of a Creative Revolution: From "The Sopranos" and "The Wire" to "Mad Men" and "Breaking Bad"* (New York: Penguin Books, 2014), 84.

9   *Breaking Bad*, "Seven Thirty-Seven," season 2, episode 1, aired Mar. 8, 2009, on AMC.

10 "'Breaking Bad': 25 Most Badass Quotes," *Hollywood Reporter*, hollywoodreporter.com/gallery/breaking-bad-quotes-20-badass-612801/10-i-am-the-one-who-knocks/.

11 Alan Sepinwall, *The Revolution Was Televised: The Cops, Crooks,*

Slingers, and Slayers Who Changed TV Drama Forever (self-published edition, 2012), 112.

12 Ibid., 80.

13 *The Wire*, season 1, episode 6, aired July 7, 2002, on HBO.

14 David Simon, introduction to *"The Wire": Truth Be Told*, by Rafael Alvarez (New York: Pocket Books, 2009), 7.

15 Matt Zoller Seitz and Alan Sepinwall, *The Sopranos Sessions* (New York: Abrams Press, 2019), 417.

16 "Happy 220th Birthday to James Fenimore Cooper," *Face-to-Face* (blog), National Portrait Gallery, npg.si.edu/blog/happy-220th-birthday-james-fenimore-cooper.

17 "Shane: A Man Has to Be What He Is, Joey: 1953," YouTube, youtube.com/watch?v=oeqR625n2LQ.

18 Herman Melville, *Moby-Dick*, Project Gutenberg, gutenberg.org/files/2701/2701-h/2701-h.htm.

19 Richard E. Meyer, "The Outlaw: A Distinctive American Folktype," *Journal of the Folklore Institute* 17, nos. 2/3 (May–Dec. 1980): 94–124, jstor.org/stable/3813890.

20 David Riesman, *The Lonely Crowd: A Study of the Changing American Character*, with Nathan Glazer and Reuel Denney (New Haven: Yale University Press, 2000).

21 Michiko Kakutani, "Jeans Now Need Their Own Specialist Scholars: Call It Jeanitics," *The New York Times*, Aug. 8, 2006, nytimes.com/2006/08/08/books/08kaku.html; David Skinner, "The Graying of the 'Greening of America,' " *Washington Examiner*, Dec. 19, 2005, washingtonexaminer.com/weekly-standard/the-graying-of-the-greening-of-america.

22 David Sharp, "Don't Toss Those Old Jeans: 125-Year-Old Levi's Sell for Nearly $100K," *Mercury News*, May 26, 2018, mercurynews.com/2018/05/26/dont-toss-those-old-jeans-125-year-old-levis-sell-for-nearly-100k/.

23 "The Ritual Sit Set," Goop, goop.com/b-yoga-the-ritual-sit-set/one-size/p/?variant_id=99542.

24 Food & Wine, "Goop Opened a Ghost Kitchen to Deliver You a 'Clean' Lunch," March 8, 2021, Yahoo Finance; finance.yahoo.com/news/goop-opened-ghost-kitchen-deliver-153628264.html.

25 Colleen Kratofil, "Luxury Fashion Brands That Are Anti-fur," *People*,

June 30, 2021, people.com/style/fur-free-luxury-fashion-brands/.

26 "Victory! 'I'd Rather Go Naked Than Wear Fur' Goes Out with a Bang," PETA, peta.org/features/id-rather-go-naked-than-wear-fur-campaign-ends/; Oscar Holland, "PETA Ends 'I'd Rather Go Naked' Anti-fur Campaign After Three Decades," CNN, Feb. 5, 2020, cnn.com/style/article/peta-naked-fur-campaign-ends/index.html.

27 Taylor Rogers, "Companies Urged to Honour Racial Justice Pledges," *Financial Times*, Jan. 18, 2022, ft.com/content/f29449c1-aa80-40b3-9794-5b02bb557019.

7. 원심력 공화국

1 Steven Levy, *Hackers: Heroes of the Computer Revolution* (Sebastopol, California: O'Reilly Media, 2010), 23–25.

2 "The Origins of the Internet," in "A Short History of the Internet," Science and Media Museum, Dec. 3, 2020, scienceandmediamuseum.org.uk/objects-and-stories/short-history-internet#what-is-packet-switching.

3 "History of the Web," World Wide Web Foundation, webfoundation.org/about/vision/history-of-the-web/.

4 Tim Berners-Lee, "One Small Step for the Web…," Medium, Sept. 29, 2018, medium.com/@timberners_lee/one-small-step-for-the-web-87f92217d085.

5 Solid, solidproject.org; Thomas Macaulay, "Web Inventor Tim Berners-Lee: Screw Web3—My Decentralized Internet Doesn't Need Blockchain," TNW, June 23, 2022, thenextweb.com/news/web-inventor-tim-berners-lee-screw-web3-my-decentralized-internet-doesnt-need-blockchain; Peter Verdegem, "Tim Berners-Lee's Plan to Save the Internet: Give Us Back Control of Our Data," *Conversation*, Feb. 5, 2021, theconversation.com/tim-berners-lees-plan-to-save-the-internet-give-us-back-control-of-our-data-154130; Greg Noone, "What Is Web 3.0? Three Visions for the Internet's Future," *Tech Monitor*, Aug. 13, 2021, techmonitor.ai/technology/emerging-technology/how-will-the-web-future-evolve.

6 Gavin Wood, "What Is Web 3? Here's How Future Polkadot Founder Gavin Wood Explained It in 2014," Yahoo, Jan. 4, 2022, yahoo.com/

video/3-future-polkadot-founder-gavin-155942673.html.

7   Joshua Davis, "The Crypto-currency," *The New Yorker*, Oct. 3, 2011, newyorker.com/magazine/2011/10/10/the-crypto-currency.

8   Paul R. La Monica, "Crypto Crash and Gold Sell-Off Show There's No Place for Investors to Hide," CNN Business, Nov. 10, 2022, cnn.com/2022/11/10/investing/bitcoin-crypto-ftx-gold.

9   Alexis de Tocqueville, *Democracy in America*, trans. Arthur Goldhammer (New York: The Library of America, 2012), 595.

10 Joseph Ellis, *The Cause: The American Revolution and Its Discontents, 1773–1783* (New York: W. W. Norton), Epilogue.

11 Hamilton to Washington, Mar. 24, 1783, Founders Online, founders.archives.gov/documents/Hamilton/01-03-02-0191.

12 Ellis, *Cause*, Kindle edition, p.322.

13 "State Partisan Composition," National Conference of State Legislatures, Feb. 28, 2023, ncsl.org/about-state-legislatures/state-partisan-composition.

14 Hillel Italie, "Book Ban Attempts Reach Record High in 2022, American Library Association Report Says," Canvas, *PBS NewsHour*, Mar. 23, 2023, pbs.org/newshour/arts/book-ban-attempts-reach-record-high-in-2022-american-library-association-report-says; American Library Association, "American Library Association Reports Record Number of Demands to Censor Library Books and Materials in 2022," press release, Mar. 22, 2023, ala.org/news/press-releases/2023/03/record-book-bans-2022; Eesha Pendharkar, "A School Librarian Pushes Back on Censorship and Gets Death Threats and Online Harassment," *Education Week*, Sept. 22, 2022, edweek.org/policy-politics/a-school-librarian-pushes-back-on-censorship-and-gets-death-threats-and-online-harassment/2022/09.

15 Theodoric Meyer, Maggie Severns, and Meridith McGraw, " 'The Tea Party to the 10th Power': Trumpworld Bets Big on Critical Race Theory," *Politico*, June 23, 2021, politico.com/news/2021/06/23/trumpworld-critical-race-theory-495712; Terry Gross, "Uncovering Who Is Driving the Fight Against Critical Race Theory in Schools," *Fresh Air*, NPR, June 24, 2021, npr.org/2021/06/24/1009839021/uncovering-who-is-driving-the-fight-against-critical-race-theory-in-schools; Sarah Schwartz, "Who's Really Driving Critical Race Theory Legislation? An Investigation," *Education Week*, July 19, 2021,

edweek.org/policy-politics/whos-really-driving-critical-race-theory-legislation-an-investigation/2021/07.

16 Kelsey Butler, "Blue States Vow to Be Abortion Havens if Roe v. Wade Overturned," Bloomberg Law, May 3, 2022, news.bloomberglaw.com/health-law-and-business/blue-states-vow-to-be-abortion-havens-if-roe-v-wade-overturned; Lisa Kashinsky, Shia Kapos, and Victoria Colliver, "Blue States Want to Become Abortion Safe Havens. It Will Cost Them," *Politico*, May 11, 2022, politico.com/news/2022/05/11/blue-states-abortion-safe-havens-00031526.

17 apnews.com/article/abortion-ohio-ballot-e3db04beec5c1edd860df5d648adfd60

18 Myah Ward, "Blue State Gun Laws on the Chopping Block with Supreme Court Ruling," *Politico*, June 23, 2022, politico.com/news/2022/06/23/blue-state-gun-laws-scotus-00041934; Jeremy B. White and Katelyn Cordero, "The Supreme Court Knocked Back Blue States on Gun Restrictions. They're Seeing How Far They Can Step Forward," *Politico*, July 8, 2022, politico.com/news/2022/07/08/blue-states-test-limits-of-gun-laws-after-supreme-court-raises-the-bar-00044486; Ali Watkins, "After Another Mass Shooting, New Jersey Tightens Gun Laws," *The New York Times*, July 5, 2022, nytimes.com/2022/07/05/nyregion/new-jersey-gun-law-murphy.html.

19 Elizabeth Shogren, "As Trump Retreats, States Are Joining Forces on Climate Action," *Yale Environment 360*, Oct. 9, 2017, e360.yale.edu/features/as-trump-retreats-states-are-stepping-up-on-climate-action; Sam Ricketts, Rita Cliffton, and Lola Oduyeru, "States Are Laying a Road Map for Climate Leadership," Center for American Progress, Apr. 30, 2020, americanprogress.org/article/states-laying-road-map-climate-leadership/; Sophie Quinton, "Trump's Environmental Actions Spark Resistance in Many States," Pew Charitable Trusts, Jan. 22, 2018, pewtrusts.org/en/research-and-analysis/blogs/stateline/2018/01/22/trumps-environmental-actions-spark-resistance-in-many-states/.

20 Michael Bloomberg and Carl Pope, *Climate of Hope* (New York: St. Martin's Press, 2017), 21.

21 C40, c40.org/ about -c40/.

22 Linda Poon, Laura Millan Lombraña, and Sam Dodge, "Cities

Are Our Best Hope for Surviving Climate Change," Bloomberg, Apr. 21, 2021, bloomberg.com/graphics/2021-cities-climate-solutions/?leadSource=uverify%20wall.

23 Ori Brafman and Rod A. Beckstrom, *The Starfish and the Spider: The Unstoppable Power of Leaderless Organizations* (New York: Penguin Books), 17–21.

24 Gregor Jost et al., "How COVID-19 Is Redefining the Next-Normal Operating Model," *McKinsey Quarterly*, Dec. 10, 2020, mckinsey. com/capabilities/people-and-organizational-performance/our-insights/how-covid-19-is-redefining-the-next-normal–operating-model.

25 Zeynep Tufekci, *Twitter and Tear Gas: The Power and Fragility of Networked Protest* (New Haven: Yale University Press, 2017), xiii.

26 Ibid., loc. 257.

27 Ibid., loc. 319–20.

28 Moisés Naím, *The End of Power: From Boardrooms to Battlefields and Churches to States, Why Being in Charge Isn't What It Used to Be* (New York: Basic Books, 2014), 1.

29 Tracy McNicoll, "Yellow Vests at Crossroads as Anti-Semitic Incidents Cloud Message," France 24, Feb. 19, 2019, france24. com/en/20190219-france-yellow-vest-protests-crossroads-anti-semitic-insults-cloud-message-finkielkraut; Adam Nossiter, "Anti-Semitic Taunts by Yellow Vests Prompt French Soul-Searching," *The New York Times*, Feb. 18, 2019, nytimes.com/2019/02/18/world/europe/france-antisemitism-yellow-vests-alain-finkielkraut. html; Alexander Hurst, "The Ugly, Illiberal, Anti-Semitic Heart of the Yellow Vest Movement," *New Republic*, Jan. 7, 2019, newrepublic. com/article/152853/ugly-illiberal-anti-semitic-heart-yellow-vest-movement.

30 Linda Pattillo, "Shadowy Threat of Extremist Hate Groups Quietly Growing," CNN, Apr. 24, 1998, cnn.com/SPECIALS/views/y/9804/pattillo.unholywar/.

31 Christine Abizaid (director, National Counterterrorism Center), statement for the record, U.S. Senate Committee on Homeland Security and Government Affairs, Annual Threat Assessment to the Homeland, Nov. 17, 2022, dni.gov/index.php/newsroom/congressional-testimonies/congressional-testimonies-2022/

item/2342-2022-ata-d-nctc-opening-statement-of-record-to-the-hsgac; J. M. Berger, "The Strategy of Violent White Supremacy Is Evolving," *The Atlantic*, Aug. 7, 2019, theatlantic.com/ideas/archive/2019/08/the-new-strategy-of-violent-white-supremacy/595648/.

32 Liam Collins, "Rapid and Radical Adaptation in Counterinsurgency: Task Force 714 in Iraq," Modern War Institute, Sept. 28, 2021, mwi.usma.edu/rapid-and-radical-adaptation-in-counterinsurgency-task-force-714-in-iraq/.

33 Simon Shuster and Vera Bergengruen, "Inside the Ukrainian Counterstrike That Turned the Tide of the War," *Time*, Sept. 26, 2022, time.com/6216213/ukraine-military-valeriy-zaluzhny/; Kris Osborn, "Ukraine's Decentralized Command Puts Russia on the Defensive," *National Interest*, Sept. 10, 2022, nationalinterest.org/blog/buzz/ukraines-decentralized-command-puts-russia-defensive-204714.

34 Meredith Deliso, "Why Russia Has Suffered the Loss of an 'Extraordinary' Number of Generals," ABC News, May 8, 2022, abcnews.go.com/International/russia-suffered-loss-extraordinary-number–generals/story?id=84545931.

35 Max Boot, "Russia Keeps Losing Wars Because of Its Dysfunctional Military Culture," *The Washington Post*, Apr. 12, 2022, washingtonpost.com/opinions/2022/04/12/ukraine-military-culture-advantage-over-russia/.

36 "State of Resilience: How Ukraine's Digital Government Is Supporting Its Citizens During the War," Tony Blair Institute for Global Change, Mar. 18, 2022, institute.global/insights/tech-and-digitalisation/state-resilience-how-ukraines-digital-government-supporting-its-citizens-during-war; Elise Labott, " 'We Are the First in the World to Introduce This New Warfare': Ukraine's Digital Battle Against Russia," *Politico Magazine*, Mar. 8, 2022, politico.com/news/magazine/2022/03/08/ukraine-digital-minister-crypto-cyber-social-media-00014880.

37 Ben Smith, "How Investigative Journalism Flourished in Hostile Russia," *The New York Times*, Feb. 21, 2021, nytimes.com/2021/02/21/business/media/probiv-investigative-reporting-russia.html; Scott Pelley, "Bellingcat: The Online Investigators

Tracking Alleged Russian War Crimes in Ukraine," CBS News, May 15, 2022, cbsnews.com/news/bellingcat-russia-putin-ukraine-60-minutes-2022-05-15/.

38 Labott, "'We Are the First in the World to Introduce This New Warfare.'"

8. 변방성을 최대한 활용하기

1 Daniel J. Boorstin, "The Fertile Verge: Creativity in the United States," scribd.com/document/117696334/Fertile-Verge-by-Daniel-Boorstin#.

2 Britta Glennon, "Why the Trump Administration's Anti-immigration Policies Are the United States' Loss and the Rest of the World's Gain," Brookings, July 20, 2020, brookings.edu/blog/up-front/2020/07/20/why-the-trump-administrations-anti-immigration-policies-are-the-united-states-loss-and-the-rest-of-the-worlds-gain/; Sonia Paul, "The Trump Administration Is Driving Away Immigrant Entrepreneurs," *Defense One*, June 9, 2018, defenseone.com/ideas/2018/06/trump-administration-driving-away-immigrant-entrepreneurs/148829/.

3 Maya Kosoff, "12 Immigrants Behind Some of Silicon Valley's Biggest Companies," *Vanity Fair*, Feb. 3, 2017, vanityfair.com/news/photos/2017/02/12-immigrants-behind-some-of-silicon-valleys-biggest-companies; Sara Salinas, "More Than Half of the Top American Tech Companies Were Founded by Immigrants or the Children of Immigrants," CNBC, May 30, 2018, cnbc.com/2018/05/30/us-tech-companies-founded-by-immigrants-or-the-children-of-immigrants.html; Tina Huang, Zachary Arnold, and Remco Zwetsloot, "Most of America's 'Most Promising' AI Startups Have Immigrant Founders," Center for Security and Emerging Technology, Oct. 2020, cset.georgetown.edu/wp-content/uploads/CSET-Most-of-Americas-Most-Promising-AI-Startups-Have-Immigrant-Founders.pdf.

4 Shai Bernstein, Rebecca Diamond, Abhisit Jiranaphawiboon, Timothy McQuade, and Beatriz Pousada, "The Contribution of High-Skilled Immigrants to Innovation in the United States" (Dec. 17,

2022), 2, stanford.edu/~diamondr/BDMP.pdf.

5   Robert Krol, "Effects of Immigration on Entrepreneurship and Innovation," *Cato Journal* (Fall 2021), cato.org/cato-journal/fall-2021/effects-immigration-entrepreneurship-innovation.

6   Neal Gabler, *An Empire of Their Own: How the Jews Invented Hollywood* (New York: Knopf Doubleday, 2010), 5.

7   David Lehman, *A Fine Romance: Jewish Songwriters, American Songs* (New York: Schocken Books, 2009), 20.

8   Ibid., 10.

9   Michiko Kakutani, "Myths, Dreams, Realities—Sam Shepard's America," *The New York Times*, Jan. 29, 1984, nytimes.com/1984/01/29/theater/myths-dreams-realities-sam-shepard-s-america.html.

10 Joel Rose, "If COVID-19 Vaccines Bring an End to the Pandemic, America Has Immigrants to Thank," *All Things Considered*, NPR, Dec. 18, 2020, npr.org/2020/12/18/947638959/if-covid-19-vaccines-bring-an-end-to-the-pandemic-america-has-immigrants-to-than.

11 Andreas Kluth, "Here's to the Immigrant Heroes Behind the BioNTech Vaccine," Bloomberg, Nov. 13, 2020, bloomberg.com/opinion/articles/2020-11-13/here-s-to-the-immigrant-heroes-behind-the-biontech-pfizer-vaccine?leadSource=uverify %20wall.

12 "Katalin Kariko, Ph.D," Penn Medicine, pennmedicine.org/providers/profile/katalin-kariko.

13 Gina Kolata and Benjamin Mueller, "Halting Progress and Happy Accidents: How mRNA Vaccines Were Made," *The New York Times*, Jan. 15, 2022, nytimes.com/2022/01/15/health/mrna-vaccine.html; Gina Kolata, "Kati Kariko Helped Shield the World from the Coronavirus," *The New York Times*, Apr. 8, 2021, nytimes.com/2021/04/08/health/coronavirus-mrna-kariko.html; Carolyn Y. Johnson, "A One-Way Ticket. A Cash-Stuffed Teddy Bear. A Dream Decades in the Making," *The Washington Post*, Oct. 1, 2021, washingtonpost.com/health/2021/10/01/katalin-kariko-covid-vaccines/; David Cox, "How mRNA Went from a Scientific Backwater to a Pandemic Crusher," *Wired*, Dec. 2, 2020, wired.co.uk/article/mrna-coronavirus-vaccine–pfizer-biontech.

14 Philip Ball, "The Lightning-Fast Quest for COVID Vaccines—and What It Means for Other Diseases," *Nature*, Dec. 18, 2020, nature.com/

articles/d41586-020-03626-1.

15   "Novel 2019 Coronavirus Genome," Virological.org, virological.
     org/t/novel-2019-coronavirus-genome/319; Jon Cohen, "Chinese
     Researchers Reveal Draft Genome of Virus Implicated in Wuhan
     Pneumonia Outbreak," *Science*, Jan. 11, 2020, science.org/content/
     article/chinese-researchers-reveal-draft-genome-virus-implicated-
     wuhan-pneumonia-outbreak.

16   Jon Gertner, "Unlocking the Covid Code," *The New York Times
     Magazine*, Mar. 25, 2021, nytimes.com/interactive/2021/03/25/
     magazine/genome-sequencing-covid-variants.html

17   Susie Neilson, Andrew Dunn, and Aria Bendix, "Moderna's
     Groundbreaking Coronavirus Vaccine Was Designed in Just 2 Days,"
     Insider, Dec. 19, 2020, businessinsider.com/moderna-designed-
     coronavirus-vaccine-in-2-days-2020-11.

18   Claire Klobucista, "A Guide to Global COVID-19 Vaccine Efforts,"
     Center on Foreign Relations, Dec. 5, 2022, cfr.org/backgrounder/
     guide-global-covid-19-vaccine-efforts; World Health Organization,
     "COVAX Announces Additional Deals to Access Promising COVID-19
     Vaccine Candidates; Plans Global Rollout Starting Q1 2021," news
     release, Dec. 18, 2020, who.int/news/item/18-12-2020-covax-
     announces-additional-deals-to-access-promising-covid-19-vaccine-
     candidates-plans-global-rollout-starting-q1-2021.

19   Charlie Campbell, "Exclusive: The Chinese Scientist Who Sequenced
     the First COVID-19 Genome Speaks Out About the Controversies
     Surrounding His Work," *Time*, Aug. 24, 2020, time.com/5882918/
     zhang-yongzhen-interview-china-coronavirus-genome/; Victoria Gill,
     "Coronavirus: Virus Provides Leaps in Scientific Understanding," BBC
     News, Jan. 10, 2021, bbc.com/news/science-environment-55565284;
     Jon Gertner, "Unlocking the Covid Code," *The New York Times
     Magazine*, Mar. 25, 2021, nytimes.com/interactive/2021/03/25/
     magazine/genome-sequencing-covid-variants.html; Mark Zastrow,
     "Open Science Takes on the Coronavirus Pandemic," *Nature*, Apr.
     24, 2020, nature.com/articles/d41586-020-01246-3.

20   "Open Source Project Hubs for COVID-19," New America,
     newamerica.org/digital-impact-governance-initiative/reports/
     building-and-reusing-open-source-tools-government/open-source-
     project-hubs-for-covid-19/.

21 Erin Hale, "How Taiwan Used Simple Tech to Help Contain Covid-19," BBC News, Feb. 25, 2022, bbc.com/news/business-60461732; Eric Jaffe, "How Open Data and Civic Participation Helped Taiwan Slow Covid," *Sidewalk Talk* (blog), Mar. 27, 2020, medium.com/sidewalk-talk/how-open-data-and-civic-participation-helped-taiwan-slow-covid-b1449bab5841.

22 U.S. General Services Administration, About CitizenScience.gov, citizenscience.gov/about/#; Citizen Science, *Scientific American*, www.scientificamerican.com/citizen-science/.

23 Luc Rinaldi, "A Kickstarter Approach to Science," *Maclean's*, Aug. 11, 2015, macleans.ca/economy/business/a-kickstarter-approach-to-science/; About Us, Wazoku, wazoku.com/about-us/; What Challenge Will You Solve Today?, Wazoku, wazoku.com/challenges/.

24 "Innovation Through Co-creation: Engaging Customers and Other Stakeholders," Mack Center for Technological Innovation, Wharton School, University of Pennsylvania, Nov. 18, 2011, mackinstitute. wharton.upenn.edu/wp-content/uploads/2012/12/Innovation-through-Co-Creation_Full-Conference-Summary.pdf.

25 "Richard Gurley Drew," National Inventors Hall of Fame, invent. org/inductees/richard-gurley-drew; Emily Matchar, "How the Invention of Scotch Tape Led to a Revolution in How Companies Managed Employees," *Smithsonian Magazine*, June 20, 2019, smithsonianmag.com/innovation/how-invention-scotch-tape-led-revolution-how-companies-managed-employees-180972437.

26 "History Timeline: Post-it Notes," Post-it, post-it.com/3M/en_US/post-it/contact-us/about-us/; "A Mishap with a Bookmark Changed How We Communicate, Forever," 3M, 3m.com.au/3M/en_AU/company-au/news-releases/full-story/?storyid=c2e52b7a-c422-4383-84a7-9c3f883ebdad.

27 Paul R. La Monica, "Doritos: You Create Our Super Bowl Commercial," CNN Money, Sept. 14, 2006, money.cnn. com/2006/09/14/news/funny/doritos_superbowl/index. htm; Chris Plante, "Doritos and the Decade-Long Scam for Free Super Bowl Commercials," *Verge*, Feb. 3, 2016, theverge. com/2016/2/3/10898942/doritos-super-bowl-commercial-contest.

28 Daryl Austin, "The Inside Story of How a 'Band of Misfits' Saved Lego," *National Geographic*, July 21, 2021, nationalgeographic.

com/culture/article/adult-legos; Johnny Davis, "How Lego Clicked: The Super Brand That Reinvented Itself," *Observer*, June 4, 2017, theguardian.com/lifeandstyle/2017/jun/04/how-lego-clicked-the-super-brand-that-reinvented-itself.

29 "Lego Towers over Competition with Record 2021 Profit," Motley Fool, Sept. 28, 2021, fool.com/investing/2021/09/28/lego-towers-over-competition-with-record-2021-prof/; Associated Press, "Lego Profit Surges as Revenue Jumps 46%," MarketWatch, Sept. 28, 2021, marketwatch.com/story/lego-profit-surges-as-revenue-jumps–46-01632815116.

30 Product Idea Guidelines, Lego, ideas.lego.com/guidelines.

31 Austin, "Inside Story of How a 'Band of Misfits' Saved Lego"; Davis, "How Lego Clicked."

32 Ronak Gupta, "What Wiped Out the Dinosaurs?," *Wire*, May 10, 2016, thewire.in/environment/what-wiped-out-the-dinosaurs; Yarris, "Alvarez Theory on Dinosaur Die-Out Upheld," newscenter. lbl.gov/2010/03/09/alvarez-theory-on-dinosaur/#:~:text=An%20international%20panel%20of%20experts,the%20extinction%20of%20the%20dinosaurs; Diana Crow, "A Catastrophic Hypothesis," *Lateral*, Aug. 23, 2018, lateralmag.com/columns/paradigms/a-catastrophic-hypothesis.

33 Geoff Brumfiel, "Geologists Find Clues in Crater Left by Dinosaur-Killing Asteroid," *All Things Considered*, NPR, May 6, 2016, npr. org/sections/thetwo-way/2016/05/06/476871766/geologists-find-clues-in-crater-left-by-dinosaur-killing-asteroid; Riley Black, "What Happened the Day a Giant, Dinosaur-Killing Asteroid Hit the Earth," *Smithsonian Magazine*, Sept. 9, 2019, smithsonianmag.com/science-nature/dinosaur-killing-asteroid-impact-chicxulub-crater-timeline-destruction-180973075/; Douglas Preston, "The Day the Dinosaurs Died," *The New Yorker*, Mar. 29, 2019, newyorker.com/magazine/2019/04/08/the-day-the-dinosaurs-died.

34 Charles Q. Choi, "Chicxulub Asteroid Impact: The Dino-Killer That Scientists Laughed At," Space.com, Feb. 7, 2013, space.com/19681-dinosaur-killing-asteroid-chicxulub-crater.html; Michael J. Benton, "How Does an Invisible Underwater Crater Prove an Asteroid Killed the Dinosaurs?," *Conversation*, Apr. 14, 2016, theconversation. com/how-does-an-invisible-underwater-crater-prove-an-asteroid-

killed-the-dinosaurs-57711; Sean B. Carroll, "The Day the Mesozoic Died," *Nautilus*, Jan. 13, 2016, nautil.us/the-day-the-mesozoic-died-235760/.

35 Yarris, "Alvarez Theory on Dinosaur Die-Out Upheld"; Paul Rincon, "Dinosaur Extinction Link to Crater Confirmed," BBC News, Mar. 4, 2010, news.bbc.co.uk/2z/hi/8550504.stm.

36 Walter Alvarez, *T. rex and the Crater of Doom* (Princeton, NJ: Princeton University Press, 2013), 83–84.

37 Gary Wolf, "Steve Jobs: The Next Insanely Great Thing," *Wired*, Feb. 1, 1996, wired.com/1996/02/jobs-2/; Steve Jobs, commencement address, Stanford University, June 12, 2005, news.stanford.edu/2005/06/12/youve-got-find-love-jobs-says/.

38 Shunryu Suzuki, *Zen Mind, Beginner's Mind* (Boulder, Colorado: Shambhala Publications, 2020), 1.

9. VUCA-세계에서의 회복력

1 Desmond Tutu, *Crying in the Wilderness* (London: Mowbray, 1990), 15.

2 David Enrich, "Back-to-Back Bank Collapses Came After Deregulatory Push," *The New York Times*, Mar. 13, 2023, nytimes.com/2023/03/13/business/signature-silicon-valley-bank-dodd-frank-regulation.html.

3 Naomi Klein, *Shock Doctrine: The Rise of Disaster Capitalism* (New York: Picador, 2011), 174.

4 Ibid., 9.

5 Ibid., 25–26.

6 Klint Finley, "How New Orleans Built a Bustling Tech Hub in Katrina's Wake," *Wired*, Aug. 28, 2015, wired.com/2015/08/new-orleans-built-bustling-tech-hub-katrinas-wake/; Jaquetta White, "Mitch Landrieu Says Hurricane Katrina, While Tragic, Spurred Positive Change for New Orleans," NOLA.com, Apr. 29, 2015, nola.com/news/politics/mitch-landrieu-says-hurricane-katrina-while-tragic-spurred-positive-change-for-new-orleans/article_398e4077-efc3-54e1-80be-c52701abac4c.html; Tom Dart, "New Orleans Launches Resilience Roadmap to Tackle Climate and Social Challenges,"

The Guardian, Aug. 26, 2015, theguardian.com/cities/2015/aug/26/new-orleans-resilience-roadmap-climate-social-issues; Amy Liu, "Building a Better New Orleans: A Review of and Plan for Progress One Year After Hurricane Katrina," Brookings Institution, Aug. 2006, brookings.edu/wp-content/uploads/2016/06/200608_katrinareview.pdf; "Hurricane Katrina Statistics Fast Facts," CNN, Jan. 16, 2023, cnn.com/2013/08/23/us/hurricane-katrina-statistics-fast-facts/index.html.

7   "September 11 Attacks," History, updated Mar. 27, 2023, history.com/topics/21st-century/9-11-attacks#section_6; nytimes.com/2021/09/06/nyregion/9-11-ground-zero-victims-remains.html

8   Alina Selyukh, "How New York City Rebuilt Anew After Its Darkest Day," *15 Years Later: The Sept. 11 Terrorist Attacks*, NPR, Sept. 8, 2016, npr.org/2016/09/08/492960193/how-new-york-city-rebuilt-anew-after-its-darkest-day.

9   Annie Correal, "How N.Y.C.'s Population Expert Says the City Will Bounce Back," *The New York Times*, Apr. 1, 2021, nytimes.com/2021/04/01/nyregion/nyc-population-pandemic-recovery.html.

10 "World War II," Defense Casualty Analysis System, Defense Manpower Data Center, Office of the Secretary of Defense, U.S. Department of Defense, dcas.dmdc.osd.mil/dcas/app/conflictCasualties/ww2.

11 "The Blast of World War II," *Britannica*, britannica.com/topic/history-of-Europe/The-blast-of-World-War-II.

12 Seren Morris, "How Many People Died in Hiroshima and Nagasaki?," *Newsweek*, Aug. 3, 2020, newsweek.com/how-many-people-died-hiroshima-nagasaki-japan-second-world-war-1522276.

13 "Legacy of the Great Tokyo Air Raid," *Japan Times*, Mar. 15, 2015, japantimes.co.jp/opinion/2015/03/15/editorials/legacy-great-tokyo-air-raid.

14 Neal Ascherson, "Year Zero: A History of 1945 by Ian Buruma—Review," Oct. 11, 2013, book review, *The Guardian*, theguardian.com/books/2013/oct/11/year-zero-1945-ian-buruma-review.

15 Tony Judt, *Postwar: A History of Europe Since 1945* (New York: Penguin Books, 2006), 6.

16 Margaret MacMillan, *War: How Conflict Shaped Us* (New York: Random House, 2020), 25.

17 Judah Ginsberg, "Pfizer's Work on Penicillin for World War II Becomes a National Historic Chemical Landmark," ACS, news release, June 12, 2008, acs.org/pressroom/newsreleases/2008/june/pfizers-work-on-penicillin-for-world-war-ii-becomes-a-national-historic-chemical-landmark.html.

18 "Find Out What Medical Development Helped World War II Soldiers," *Britannica*, britannica.com/video/222824/medical-inventions-World-War-II; Ellen Hampton, "How World War I Revolutionized Medicine," *The Atlantic*, Feb. 24, 2017, theatlantic.com/health/archive/2017/02/world-war-i-medicine/517656/.

19 MacMillan, *War*, 28.

20 Barry Eichengreen, "Schumpeter's Virus: How 'Creative Destruction' Could Save the Coronavirus Economy," *Prospect*, May 26, 2020, prospectmagazine.co.uk/ideas/economics/40254/schumpeters-virus-how-creative-destruction-could-save-the-coronavirus-economy; Sharon Reier, "Half a Century Later, Economist's 'Creative Destruction' Theory Is Apt for the Internet Age: Schumpeter: The Prophet of Bust and Boom," *The New York Times*, June 10, 2000, nytimes.com/2000/06/10/your-money/IHT-half-a-century-later-economists-creative-destruction-theory-is.html; Richard Florida, "Innovation and Economic Crises," *The Atlantic*, July 17, 2009, theatlantic.com/national/archive/2009/07/innovation-and-economic-crises/20576/.

21 Tom Nicholas, "Innovation Lessons from the 1930s," *McKinsey Quarterly*, Dec. 2008, hbs.edu/ris/Publication%20Files/Tom_McKinsey_Quarterly_8421a1a0-0104-4cf1-843d-fc32fa51dd0a.pdf.

22 *Britannica*, "Martin Cooper," britannica.com/biography/Martin-Cooper.

23 "How Airbnb Was Built: It Started as Air Beds on the Floor for a Conference," *NZ Herald*, Oct. 9, 2020, nzherald.co.nz/business/how-airbnb-was-built-it-started-as-air-beds-on-the-floor-for-a-conference/MRDCZ3E6VBGNU4CVSTJ5PXJOTE/; Knowledge at Wharton, "The Inside Story Behind the Unlikely Rise of Airbnb," *Knowledge at Wharton*, Apr. 26, 2017, knowledge.wharton.upenn.edu/podcast/knowledge-at-wharton-podcast/the-inside-story-behind-the-unlikely-rise-of-airbnb/.

24 Zeynep Tufekci, "3 Ways the Pandemic Has Made the World Better,"

The Atlantic, Mar. 18, 2021, theatlantic.com/health/archive/2021/03/three-ways-pandemic-has-bettered-world/618320/.

25 Laura Spinney, "The World Changed Its Approach to Health After the 1918 Flu. Will It After the COVID-19 Outbreak?," *Time*, Mar. 7, 2020, time.com/5797629/health-1918-flu-epidemic/.

26 John Kelly, *The Great Mortality: An Intimate History of the Black Death, the Most Devastating Plague of All Time* (New York: HarperCollins, 2005), Kindle edition, pp.325–26.

27 Ibid., 62.

28 Paul Kirby, "French Election: Far-Right Le Pen's Long Quest for Power in France," BBC News, Apr. 22, 2022, bbc.com/news/world-europe-61147709.

29 Rick Noack, Michael Birnbaum, and Elie Petit, "France's Macron Wins Presidency, Holding Off Le Pen's Far-Right Threat to Upend Europe and Relations with Russia," *The Washington Post*, Apr. 24, 2022, washingtonpost.com/world/2022/04/24/french-election-2022-results/.

30 Associated Press, "Italy's Far-Right Leader Giorgia Meloni Forms New Government," NBC News, Oct. 21, 2022, nbcnews.com/news/world/italy-far-right-leader-giorgia-meloni-new-government-fascist-roots-rcna53453/.

31 Steven Erlanger and Christina Anderson, "How the Far Right Bagged Election Success in Sweden," *The New York Times*, Sept. 17, 2022, nytimes.com/2022/09/17/world/europe/sweden-far-right-election.html.

32 Fredrik Carlsson et al., "The Climate Decade: Changing Attitudes on Three Continents," Resources for the Future, Jan. 2021, rff.org/publications/working-papers/the-climate-decade-changing-attitudes-on-three-continents/.

33 Michael Birnbaum and Tik Root, "The U.S. Army Has Released Its First-Ever Climate Strategy. Here's What That Means," *The Washington Post*, Feb. 10, 2022, washingtonpost.com/climate-solutions/2022/02/10/army-military-green-climate-strategy/.

34 "The Great Green Fleet," *All Hands*, allhands.navy.mil/Features/GGF/.

35 "Ar6 Synthesis Report: Summary for Policymakers Headline Statements," Intergovernmental Panel on Climate Change, 2023,

ipcc.ch/report/ar6/syr/rsources/spm–headline-statements/.

에필로그

1   "Rare Hokusai Woodblock Is Themed on 1707 Mt. Fuji Eruption," *Asahi Shimbun*, May 6, 2019, asahi.com/ajw/articles/13063386; "Hokusai, a Master of the Elements," *Elemental Japan*, Aug. 15, 2020, elementaljapan.com/2020/08/15/hokusai-a-master-of-the-elements/.

2   Naomichi Miyaji et al., "High-Resolution Reconstruction of the Hoei Eruption (AD 1707) of Fuji Volcano, Japan," *Journal of Volcanology and Geothermal Research* 207, nos. 3–4 (2011): 113–29, sciencedirect.com/science/article/abs/pii/S0377027311001879.

3   Brett Israel, "Japan's Explosive Geology Explained," Live Science, Sept. 15, 2022, livescience.com/30226-japan-tectonics-explosive-geology-ring-of-fire-110314.html.

4   J. Charles Schencking, "The Great Kantō Earthquake of 1923 and the Japanese Nation," *Education About Asia* 12, no. 2 (Fall 2007), asianstudies.org/wp-content/uploads/the-great-kanto-earthquake-of-1923-and-the-japanese-nation.pdf; Yuko Tamura, "Take Some Time to Refresh Your Emergency Vocabulary on Disaster Prevention Day," *Japan Times*, Sept. 1, 2022, japantimes.co.jp/life/2022/09/01/language/take-time-refresh-emergency-vocabulary-disaster-prevention-day.

5   Bob Yirka, "Japanese Companies Develop Quake Damping Pendulums for Tall Buildings," Phys.org, Aug. 2, 2013, phys.org/news/2013-08-japanese-companies-quake-damping-pendulums.html; "Construction Expertise from Japan: Earthquake Proof Buildings," PlanRadar, May 27, 2022, planradar.com/gb/japan-earthquake-proof-buildings; Martha Henriques, "How Japan's Skyscrapers Are Built to Survive Earthquakes," BBC Future, Jan. 16, 2019, bbc.com/future/article/20190114-how-japans-skyscrapers-are-built-to-survive-earthquakes.

6   Kevin Voigt, "Quake Moved Japan Coast 8 Feet, Shifted Earth's Axis," CNN, April 20, 2011, cnn.com/2011/WORLD/asiapcf/03/12/japan.earthquake.tsunami.earth/index.html.

거대한 물결

7　Mari Yamaguchi, "Still Recovering, Japan Marks 10 Years Since Tsunami Hit," AP News, Mar. 11, 2021, apnews.com/article/world-news-yoshihide-suga-tsunamis-japan-earthquakes-9779f932f820581 5c0b217aab6b6a42b; Elizabeth Ferris and Mireya Solís, "Earthquake, Tsunami, Meltdown—the Triple Disaster's Impact on Japan, Impact on the World," Brookings, Mar. 11, 2013, brookings.edu/blog/up-front/2013/03/11/earthquake-tsunami-meltdown-the-triple-disasters-impact-on-japan-impact-on-the-world/.

8　Michael Carlowicz, "Ten Years After the Tsunami," Earth Observatory, earthobservatory.nasa.gov/images/148036/ten-years-after-the-tsunami.

9　European Commission, "Digital Services Act: EU's Landmark Rules for Online Platforms Enter into Force," press release, Nov. 16, 2022, ec.europa.eu/commission/presscorner/detail/en/IP_22_6906; Adam Satariano, "E.U. Takes Aim at Social Media's Harms with Landmark New Law," *The New York Times*, Apr. 22, 2022, nytimes.com/2022/04/22/technology/european-union-social-media-law.html.

10　Jon Henley, "How Finland Starts Its Fight Against Fake News in Primary Schools," *The Guardian*, Jan. 29, 2020, theguardian.com/world/2020/jan/28/fact-from-fiction-finlands-new-lessons-in-combating-fake-news; Eliza Mackintosh, "Finland Is Winning the War on Fake News. What It's Learned May Be Crucial to Western Democracy," CNN, edition.cnn.com/nteractive/2019/05/europe/finland-fake-news-intl/; Jenny Gross, "How Finland Is Teaching a Generation to Spot Misinformation," *The New York Times*, Jan. 10, 2023, nytimes.com/2023/01/10/world/europe/finland-misinformation-classes.html.

11　ipcc.ch/report/ar6/syr/rsources/spm-headline-statements.

12　Clare Foran, "Congress Passes First Legislative Response to January 6 Capitol Attack," CNN, Dec. 23, 2022, cnn.com/2022/12/23/politics/congress-legislation-january-6-capitol-attack/index.html; Amy B. Wang and Liz Goodwin, "House Joins Senate in Passing Electoral Count Act Overhaul in Response to Jan. 6 Attack," *The Washington Post*, Dec. 23, 2022, washingtonpost.com/politics/2022/12/19/electoral-count-reform-omnibus/.

13　Jonathan Swan, Charlie Savage, and Maggie Haberman, "Trump and Allies Forge Plans to Increase Presidential Power in 2025," *The New York Times*, Updated July 18, 2023, nytimes.com/2023/07/17/us/politics/trump-plans-2025.html.

14　David Montgomery, "The Abnormal Presidency," *The Washington Post*, Nov. 10, 2020, washingtonpost.com/graphics/2020/lifestyle/magazine/trump-presidential-norm-breaking-list/.

15　Fintan O'Toole, " 'Yeats Test' Criteria Reveal We Are Doomed," *Irish Times*, July 28, 2018, irishtimes.com/opinion/fintan-o-toole-yeats-test-criteria-reveal-we-are-doomed-1.3576078.

16　William Butler Yeats, "The Second Coming," Poetry Foundation, poetryfoundation.org/poems/43290/the-second-coming.

17　Scott Simon, "Opinion: Reading William Butler Yeats 100 Years Later," *Weekend Edition Saturday*, NPR, Nov. 28, 2020, npr.org/2020/11/28/939561949/opinion-reading-william-butler-yeats-100-years-later; Dorian Lynskey, " 'Things Fall Apart': The Apocalyptic Appeal of WB Yeats's the Second Coming," *The Guardian*, May 30, 2020, theguardian.com/books/2020/may/30/things-fall-apart-the-apocalyptic-appeal-of-wb-yeats-the-second-coming.

18　Chloe Foussianes, "Joe Biden's Love of Irish Poet Seamus Heaney Dates Back to His Teenage Years," *Town & Country*, Jan. 19, 2021, townandcountrymag.com/society/politics/a35253095/joe-biden-seamus-heaney-irish-poet/; Jonathan Jones, "Joe Biden's Love for Seamus Heaney Reveals a Soul You Can Trust," Books Blog, *The Guardian*, Nov. 9, 2020, theguardian.com/books/booksblog/2020/nov/09/joe-biden-love-for-seamus-heaney-poetry.

19　Paul Corcoran, "Why Joe Biden Keeps Quoting Seamus Heaney on When 'Hope and History Rhyme,' " *America: The Jesuit Review*, Mar. 17, 2021, americamagazine.org/arts-culture/2021/03/17/joe-biden-seamus-heaney-240256.

20　Seamus Heaney, *The Cure at Troy* (New York: Farrar, Straus and Giroux, 1991), 77.

21　Mark Ringer, "THEATER; Ancient Troy Meets Modern Troubles in a Poet's Drama," *The New York Times*, Mar. 29, 1998, nytimes.com/1998/03/29/theater/theater-ancient-troy-meets-modern-troubles-in-a-poet-s-drama.html.

22　"Good Friday Agreement: Wat Is It?," BBC News, Apr. 3, 2023, bbc.

com/news/uk-northern-ireland-61968177.

23   "The Guardian View on the Good Friday Agreement: Still a Shared Achievement," *The Guardian*, Apr. 9, 2018, the guardian.com/commentisfree/2018/apr/09/the-guardian-view-on-the-good-friday-agreement-still-a-shared-achievement.

24   Heaney to Marianne McDonald, quoted in Marianne McDonald, "Seamus Heaney: An Irish Poet Mines the Classics," in *Seamus Heaney and the Classics: Bann Valley Muses*, ed. Stephen Harrison, Fiona Macintosh, and Helen Eastman (Oxford: Oxford University Press, 2019), 133–34.

미주

Azhar, Azeem, *The Exponential Age: How Accelerating Technology Is Transforming Business, Politics and Society* (New York: Diversion Books, 2021).

Balfour, Amelie, *Hokusai: Thirty-Six Views of Mount Fuji* (New York: Prestel, 2019).

Beard, Mary, *S.P.Q.R.: A History of Ancient Rome* (New York: W.W. Norton & Company, 2016).

Bishop, Bill, *The Big Sort: Why the Clustering of Like-Minded America Is Tearing Us Apart* (New York: Mariner Books, 2009).

Boorstin, Daniel J., *The Daniel J. Boorstin Reader* (New York: The Modern Library, 1995).

Bremmer, Ian, *The Power of Crisis: How Three Threats—and Our Response—Will Change the World* (New York: Simon & Schuster, 2022).

Bridgeman, Tess, and Brianna Rosen, "National Security Implications of Trump's Indictment: A Damage Assessment," *Just Security*, June 10, 2023. https://www.justsecurity.org/86887/national-security-implications-of-trumps-indictment-a-damage-assessment/.

Brockman, John, ed., *Culture: Leading Scientists Explore Societies, Art, Power, and Technology* (New York: Edge Foundation, Inc., 2011).

Brownstein, Ronald, *The Second Civil War: How Extreme Partisanship Has Paralyzed Washington and Polarized America* (New York: Penguin Books, 2008).

Cantor, Norman F., *In the Wake of the Plague: The Black Death & the World It Made* (New York: Simon & Schuster, 2015).

Carney, Timothy P., *Alienated America: Why Some Places Thrive While Others Collapse* (New York: Harper Paperbacks, 2020).

Chenoweth, Erica, *Civil Resistance: What Everyone Needs to Know* (New York: Oxford University Press, 2021).

Christensen, Clayton M., *The Innovator's Dilemma: When New Technologies*

거대한 물결

Cause Great Firms to Fail (Boston: Harvard Business Review Press, 2015).

Diamond, Jared, *Upheaval: Turning Points for Nations in Crisis* (New York: Little, Brown and Company, 2019).

Foner, Eric, *The Second Founding: How the Civil War and Reconstruction Remade the Constitution* (New York: W.W. Norton & Company, 2019).

Forrer, Matthi, ed., *Hokusai: Prints and Drawings* (New York: Prestel, 2019).

Fukuyama, Francis, *The End of History and the Last Man* (New York: Free Press, 2006).

Fussell, Paul, *The Great War and Modern Memory* (New York: Oxford University Press, 2013).

Gerstle, Gary, *The Rise and Fall of the Neoliberal Order: America and the World in the Free Market Era* (New York: Oxford University Press, 2022).

Gitlin, Todd, *Occupy Nation: The Roots, the Spirit, and the Promise of Occupy Wall Street* (New York: It Books/HarperCollins, 2012).

Glaude, Eddie S., Jr., *Begin Again: James Baldwin's America and Its Urgent Lessons for Today* (New York: Chatto & Windus, 2021).

Gleick, James, *The Information: A History, a Theory, a Flood* (New York: Vintage, 2011).

Goldberg, Jeffrey, "Trump: Americans Who Died in War Are 'Losers' and 'Suckers,' " *The Atlantic*, Sept. 3, 2020, theatlantic.com/politics/archive/2020/09/trump-americans-who-died-at-war-are-losers-and-suckers/615997/?utm_source=twitter&utm_medium=social&utm_campaign=share.

Grandin, Greg, *The End of the Myth: From the Frontier to the Border Wall in the Mind of America* (New York: Metropolitan Books, 2020).

Guth, Christine M. E., *Hokusai's Great Wave* (Honolulu: University of Hawaii Press, 2015).

Hale, Grace Elizabeth, *A Nation of Outsiders: How the White Middle Class Fell in Love with Rebellion in Postwar America* (New York: Oxford University Press, 2011).

Hamilton, Alexander, James Madison, and John Jay, *The Federalist Papers* (Dublin, OH: Coventry House Publishing, 2015).

Herbst, Susan, *Politics at the Margin: Historical Studies of Public*

Expression Outside the Mainstream (New York: Cambridge University Press, 1994).

Herlihy, David, and Samuel K. Cohn, Jr., eds., *The Black Death and the Transformation of the West* (Cambridge, MA: Harvard University Press, 1997).

Hirschman, Charles, "Contributions of Immigrants to American Culture," *Daedalus* 142, no. 3, Summer 2013.

Hofstadter, Richard, *Anti-intellectualism in American Life* (New York: Vintage, 1963).

———, *The Age of Reform: From Bryan to FDR* (New York: Vintage Books, 2011).

Hooks, Bell, *Feminist Theory: From Margin to Center* (New York: Routledge, 2015).

Huizinga, Johan, *The Waning of the Middle Ages* (Chicago: Steppenwolf Press, 2019).

Isaacson, Walter, *Steve Jobs* (New York: Simon & Schuster, 2011).

Jones, Steve, *Antonio Gramsci* (New York: Routledge, 2006).

Kakutani, Michiko, "Democracies Around the World Are Under Threat. Ours Is No Exception," *Los Angeles Times*, Oct. 31, 2020, latimes.com/opinion/story/2020-10-31/op-ed-democracies-around-the-world-are-under-threat.

Klein, Ezra, *Why We're Polarized* (New York: Simon & Schuster, 2020).

Lanier, Jaron, *You Are Not a Gadget* (New York: Vintage Books, 2011).

Lipset, Seymour Martin, and Earl Raab, *The Politics of Unreason: Right-Wing Extremism in America, 1790–1970* (New York: Harper & Row, 1970).

Luce, Edward, *The Retreat of Western Liberalism* (New York: Atlantic Monthly Press, 2017).

MacMillan, Margaret, *The Rhyme of History: Lessons of the Great War* (Washington, D.C.: Brookings Institution Press, 2013).

Marantz, Andrew, "Does Hungary Offer a Glimpse of Our Authoritarian Future?" *The New Yorker*, July 4, 2022, newyorker.com/magazine/2022/07/04/does-hungary-offer-a-glimpse-of-our-authoritarian-future.

Markoff, John, *What the Dormouse Said: How the Sixties Counterculture Shaped the Personal Computer Industry* (New York: Penguin Books, 2006).

McLuhan, Marshall, Quentin Fiore, and Shepard Fairey (illustrator), *The Medium Is the Massage: An Inventory of Effects* (Berkeley: Gingko Press, 2001).

Mishra, Pankaj, *Age of Anger: A History of the Present* (New York: Farrar, Straus and Giroux, 2017).

Monbiot, George, *How Did We Get into This Mess?: Politics, Equality, Nature* (Brooklyn: Verso, 2017).

Muller, Jan-Werner, *What Is Populism?* (Philadelphia: University of Pennsylvania Press, 2016).

Nisbet, Robert A., *The Sociology of Emile Durkheim* (New York: Oxford University Press, 1974).

Orwell, George, *Nineteen Eighty-Four* (New York: Mariner Books, 2013).

Osnos, Evan, *Wildland: The Making of America's Fury* (New York: Farrar, Straus and Giroux, 2021).

Palmer, Robert, *Blues & Chaos: The Music Writing of Robert Palmer*, edited by Anthony DeCurtis (New York: Scribner, 2009).

Parker, Ashley, and Josh Dawsey, "Constraints on Presidency Being Redefined in Trump Era, Report Fallout Shows," *The Washington Post*, Apr. 22, 2019, washingtonpost.com/politics/constraints-on-presidency-being-redefined-in-trump-era-report-fallout-shows/2019/04/22/6ebed060-6510-11e9-a1b6-b29b90efa879_story.html.

Piven, Frances Fox, *Challenging Authority: How Ordinary People Change America* (Washington, D.C.: Rowman & Littlefield, 2006).

Pomerantsev, Peter, *Nothing Is True and Everything Is Possible* (New York: PublicAffairs, 2015).

Potter, David, *Disruption: Why Things Change* (New York: Oxford University Press, 2021).

Raymond, Eric S., *The Cathedral & the Bazaar: Musings on Linux and Open Source by an Accidental Revolutionary* (Sebastopol, CA: O'Reilly Media, Inc., 2001).

Ross, Carne, *The Leaderless Revolution: How Ordinary People Will Take Power and Change Politics in the 21st Century* (New York: Plume, 2013).

Rubin, Jennifer, *Resistance: How Women Saved Democracy from Donald Trump* (New York: William Morrow, 2021).

Schama, Simon, *The American Future: A History* (New York: Ecco Press,

2009).

Schmidt, Michael S., Alan Feuer, Maggie Haberman, and Adam Goldman, "Trump Supporters' Violent Rhetoric in His Defense Disturbs Experts," *The New York Times*, June 10, 2023, nytimes. com/2023/06/10/us/politics/trump-supporter-violent-rhetoric.html.

Scott, James C., *Seeing Like a State: How Certain Schemes to Improve the Human Condition Have Failed* (New Haven: Yale University, 1998), Kindle edition.

Snyder, Timothy, *The Road to Unfreedom: Russia, Europe, America* (New York: Crown, 2018).

Stiglitz, Joseph E., "The End of Neoliberalism and the Rebirth of History," Project Syndicate, Nov 4. 2019, project-syndicate.org/commentary/end-of-neoliberalism-unfettered-markets-fail-by-joseph-e-stiglitz-2019-11?barrier=accesspaylog.

Thompson, Helen, *Disorder: Hard Times in the 21st Century* (New York: Oxford University Press, 2022).

Tooze, Adam, *Crashed: How a Decade of Financial Crises Changed the World* (New York: Penguin Books, 2018).

Wilson, Colin, *The Outsider* (New York: Jeremy P. Tarcher/Putnam,1982).

Wolfe, Tom, ed., *The New Journalism* (New York: Picador Books, 1975).

Wu, Tim, *The Master Switch: The Rise and Fall of Information Empires* (New York: Vintage Books, 2010).

거대한 물결